編 関東大震災90周年
記念行事実行委員会

関東大震災 記憶の継承

歴史・地域・運動から現在を問う

日本経済評論社

はしがき

本書は、二〇一三（平成二五）年に開催された、関東大震災九〇周年記念行事の成果をもとに構成されている。関東大震災時には、自然災害としての地震による被害だけでなく、虐殺事件という「人災」が発生したことから、震災後から現在に至るまで様々なかたちで追悼および調査研究が進められてきたが、九〇周年に際して、関東大震災をめぐる社会的関心および日本社会の情勢には、これまでにない大きな転機が訪れている。

一点目は、二〇一一年に起こった東日本大震災である。首都直下型地震の可能性が指摘される中、関東大震災が注目され、九〇周年には多くの追悼行事、シンポジウム、展示会等が開催された。二点目は、関東大震災の体験者が激減したことである。体験者から直接話を聞くことが困難になったことで、震災の記憶の継承が大きな課題となった。三点目は、日本社会で排外主義的な風潮が強まったことである。関東大震災時の朝鮮人、中国人虐殺事件に関する教科書副読本の記述変更、公的博物館の展示が変更をせまられる事態が起こった。

本記念行事実行委員会は、関東大震災時の虐殺事件の犠牲者追悼と調査に携わってきた団体と、市民運動や歴史教育・研究等からこの問題に関わってきた団体から構成されている。一九七三（昭和四八）年の七〇周年時に始まったこの枠組みは、八〇周年を経て、現在の九〇周年に引き継がれている（詳細は田中正敬氏によるあとがき参照）。上記の変化を受け、本実行委員会では九〇周年の課題をどのように設定するかについて、再三にわたって議論を行った。

排外主義が強まる状況の中、関東大震災時の虐殺事件の現代的意義と課題を検証する必要があること。近年の新たな研究動向の成果である救援・復興・記憶の問題について検討すること。埋もれた記憶の掘り起こしの過程を、地域と在日の視点から検討すること。新たな研究対象や問題設定による研究に学ぶこと。九〇周年記念行事の学習会・記念集会では以上のようなテーマの報告が行われた。

現在、様々な研究領域から多様な震災研究が進展している。関東大震災も同様で飛躍的に研究が進んだ一方、虐殺事件を震災の多様な側面の一コマと見なす、あるいは言及しないといった事態が教材や学会等でしばしば起こるようになった。本実行委員会では、虐殺事件を関東大震災の本質をなす重要な要素として、新たな研究動向に学びつつ、震災全体の中で位置づける必要性があると考えており、本書の構成もその点が大きな特徴となっている。

以下、本書の構成と各論考の内容を紹介しておきたい。

第1部「虐殺と国家責任」には、関東大震災時の虐殺事件に関して、現在の社会状況に即したアクチュアルな視点から三つの論考が収録されている。第1章「関東大震災後の社会と軍国主義への道」(山田朗)は、大震災前後の「デモクラシー」の時代から戦争の時代へ至る日本社会の転換期における大震災の影響を、東日本大震災後の現在と比較しつつ考察している。第2章「震災九〇周年時の歴史研究と歴史教育の課題」(坂本昇)では、長年教育の現場に関わり、関東大震災七〇、八〇周年時に記念集会の実行委員長を務めた著者が、九〇周年の現在から、研究運動の意義を考察している。第3章「二〇〇三年「日弁連勧告」の意義と現状——差別的・排外的傾向が強まる中で」(米倉勉)では、日本弁護士連合会の人権擁護委員会が提出した関東大震災時の虐殺事件に関する勧告書(日弁連勧告)について、同勧告に関わった著者が、その意義と現状を考察している。

第2部「救援・復興・記憶」には、関東大震災時の救援と復興、記憶の問題に関する四つの論考が収録されている。第4章「関東大震災における下賜金について」(北原糸子)は、災害史研究の先駆者である著者が、大震災時の下賜金の配分過程および、新発見資料(震災死亡者調査表)の分析から朝鮮籍死亡者の動向の一端を明らかにしている。第5章「フィールドワークからみる「帝都復興事業」——復興橋梁と同潤会アパートを中心に」(東海林次男)では、帝都復興事業について、フィールドワークの知見からその現代的意義を検討している。第6章「関東大震災の公的な記念施設と復興期の社会意識」では、大震災の公的な記念施設の成立過程と震災復興期の社会意識との関連に着目し、一九二〇年代から三〇年代にかけての日本社会の変化における大震災の影響について考察している。第7章「震災遭難児童弔魂像の建立と関東大震災の「記憶」」（椎名則明）では、東京都横網町公園内に建立された「震災遭難児童弔魂像（悲しみの群像）」に着目し、震災の記憶の継承に際しての震災モニュメントのあり方について考察している。

第3部「記憶の掘り起こし――「地域」「在日」の視点から」では、埋もれた記憶の掘り起こし活動について、「地域」と「在日」の視点から四つの論考が収録されている。第8章「解放直後の在日朝鮮人運動と「関東大虐殺」問題――震災追悼行事の検討を中心に」（鄭栄桓）は、朝鮮解放直後の在日朝鮮人による虐殺事件の慰霊・追悼、真相究明、責任追及等について考察している。第9章「八広に追悼碑ができるまで――東京の朝鮮人虐殺の実態」（西崎雅夫）は、二〇〇九年に東京都墨田区八広の「関東大震災時韓国・朝鮮人殉難者追悼之碑」が建立されるまでの経緯と、同区四ツ木橋周辺の虐殺の実態について考察している。第10章「千葉県での朝鮮人虐殺の解明と記憶の継承について――『地域に学ぶ関東大震災』刊行を通して」（小笠原強）は、千葉県で発生した虐殺事件の解明・追悼に取り組む団体の特徴と意義について検討している。第11章「記録映画『隠された爪跡』と『払い下げられた朝鮮人』」（呉充功・小薗崇明）では、朝鮮人虐殺に関する二本の映画について、同映画の呉充功監督が、制作の経緯と背景等を詳細に記載している。また、若い世代の著者が呉監督の生い立ちから映画撮影過程、映画にかける思いについて考察している。

第4部「さまざまな視点からの探求」では、新たな研究対象や問題設定による四つの論考が収録されている。第12章「関東大震災下に「誤殺」されたろう者について」（小薗崇明）は、大震災時に朝鮮人に間違えられて虐殺された「ろう者」（聾者・聴覚障害者）に関する論考である。第13章「関東大震災時の朝鮮人留学生の動向」（裵姈美）は、大震災を経験した朝鮮人留学生の認識や対応について、朝鮮内の動向や朝鮮総督府の対策とともに考察している。第14章「共同の夢――アナーキズムと震災」（飛矢崎雅也）は、大杉栄のアナーキズム思想を手がかりに政治権力と民衆の複雑な関係を指摘している。第15章「関東大震災下の亀戸事件と小林多喜二」（藤田廣登）は、小樽高商在学時代の小林多喜二が、関東大震災被災者義捐金募金の演劇に出演したこと、亀戸事件に関心を寄せていたことに着目し、南葛労働運動が多喜二に与えた影響を指摘している。

各部の最後には、その部のテーマの関連ブックガイドを掲載した。また、資料編として、関東大震災九〇周年記念集会の記録および加盟団体の紹介、当日会場で開催された企画展示「関東大震災時の中国人虐殺」の記録を収録した。巻末の関連年表では、二〇〇三年の関東大震災八〇周年から現在までの「関東大震災関連事項」および「主な著作」を掲載した。この間の関東大震災をめぐる動向を考える目安となれば幸いである。

なお、カバー掲載した、萱原白洞・作「東都大震災過眼録」は、所蔵者の萱原健子氏および画像データ所蔵先の神奈川大学日本常民文化研究所非文字資料研究センターのご協力により掲載させていただくことができた。この場を借りてお礼申し上げる。萱原白洞（一八九六～一九五二）は、香川県出身の画家で、震災当時、住んでいた東京の淀橋町柏木（現・新宿）付近で被災後、震災を題材にした絵巻や画帖を多数描いた。カバー上には、震災時の火炎渦に巻き込まれる人々の場面、下には後ろ手に縛られた人々が自警団に切りつけられている場面が描かれている。表紙には鎮魂の場面を掲載した。

関東大震災一〇〇周年時には、直接的な体験者は物理的にほぼ皆無となり、より一層、記憶をいかに継承していくかが問われることになるだろう。関東大震災は、周年行事終了後に関心が薄れがちであったが、継続的な取り組みが行われることが望まれる。地域での追悼や実態解明の取り組みの継承は喫緊の課題である。本書が関東大震災の記憶の継承に少しでも役に立てれば幸いである。

二〇一四年八月

高野宏康（編集委員代表）

目次

第3部　記憶の掘り起こし――「地域」「在日」の視点から

第4部 さまざまな視点からの探究

第1部　虐殺と国家責任

第1章　関東大震災後の社会と軍国主義への道

山田朗

はじめに――本稿の目的

関東大震災（一九二三年）からわずか八年で満州事変（三一年）が起こり日本は戦争の時代に突入する。「デモクラシー」から戦争へ、何が日本社会を変えたのか？　本稿の目的は、一九二〇年代から三〇年代への歴史の転換における関東大震災の役割を、東日本大震災後の現代日本と比較しながら考えることにある。

1　時代背景

日露戦争（一九〇四～〇五年）において日本は、朝鮮と中国東北部の権益確保をめざして朝鮮・中国へ出兵してロシアと対決した。戦後、日本は日露協商を結び、ロシアと「満蒙」の勢力圏を分割するとともに、韓国を併合した。一九世紀以来の欧米列強によるアジア侵略と日本の膨張によって、中国を中心とした東アジアの旧秩序は崩壊し、辛亥革命（一九一一年）によって清朝も崩壊した。清朝は崩壊をとげ、中華民国は成立したものの民主勢力と軍閥の相克の中で、二〇年代まで続くアジア大激動の時代が始まった。

中国の混乱・分裂とおりしも勃発した第一次世界大戦（一九一四～一八年）に乗じて日本は、「二一か条要求」（一五年）によって中国における権益・勢力圏を単独で拡大させようとした。これは、中国に権益をもつ欧米列強からは日本による中国独占化の兆候と見られるようになる。中国をめぐる英・米との潜在的衝突の構図が成立したといえる。日清・日露戦争を成功事例として二〇世紀になっても一九世紀的膨張主義を継続した日本であったが、第一次世界大戦後に世界の新たな「民族自決」と社会主義の潮流に直面することになる。

第一次世界大戦の結果、ロシア・ドイツ・オーストリア・オスマン帝国などの君主国が崩壊し、多数の国民国家が成立し、「民族自決」が世界的潮流になった。第一次世界大戦で植民地に支えられた帝国主義本国も、この世界的潮流を無視することはできず、植民地支配のあり方を政治支配から経済支配へと重点をシフトさせていったが、第一次世界大戦期に中国と太平洋において権益の拡大に成功した日本は、ロシア革命によって「満蒙」を分割してきたロシア帝国が崩壊するとシベリア出兵（一九一八～二五年）を行い、さらに膨張主義を加速させた。

だが、一九一九年の三・一独立運動と五・四運動によって日本も他民族のナショナリズム＝「民族自決」の潮流の洗礼を受け、さらには大戦後の反動恐慌（二〇年）による経済の変調、ワシントン会議（二一～二二年）による欧米列強の巻き返しにより、日本単独による膨張は抑制されることになった。さまざまな部面における「頭打ち」状況の中、まさにこのタイミングで起こったのが関東大震災（二三・九・一）と震災恐慌であった。後述するように、大震災は社会不安を醸成し、そこに対外的危機（中国における権益喪失の危機）と経済的危機（震災恐慌・金融恐慌）が重なり、二七～二九年を転換点として日本の政治と社会は大きく変質していくのである。

清朝崩壊から始まった中国の混乱と分裂は、蔣政権による北伐の開始（一九二六年）により、中華民国国民政府による国家統一という形に進むかにみえたが、この動きは、華北・満州における権益喪失の強い危機感を日本の支配者・軍部に抱かせ、時の田中義一内閣を山東出兵（二七～二八年）へと進ませた。そして、山東出兵は関東軍による張作霖爆殺という軍部暴走の発火点を作った。関東大震災の際の甘粕事件（大杉栄・伊藤野枝らの虐殺）、河本大作による張作霖爆殺事件は、軍人（将校）が職権を濫用して部下をテロリズムに利用したという点で共通しており、軍紀の崩壊を象徴する事件であった。

大陸における権益の危機、国内における経済危機とあわせて、常設四個師団を廃止した宇垣軍縮は日本の職業軍人たちにとっては、国防と自らの生活の危機として受けとめられ、彼らの多くを国家改造運動（〝昭和維新〟）へと走らせる契機となった。世界恐慌の勃発（一九二九年）によって国内の経済危機がさらに深刻化すると、国家改造運動は、満蒙の武力占領による「満蒙問題の解決」をめざす動きとテロリズムによる政党政治の打倒をめざす動きに収斂し、前者は満州事変として、後者は浜口雄幸狙撃、血盟団事件、五・一五事件となって噴出し、日本は戦争とテロリズムの時代へと暗転していく。

2　日本社会を変化させた要因(1)――アジア情勢の激動＝権益問題

日本社会を戦争とテロリズムの時代へと向けたのは、関東大震災に端を発する社会不安・不満の鬱積がその背景をなしている。こうした社会不安・不満を土台にして、危機感が煽られた時、日本の政治と社会は急激に転回したのである。その危機感とは、一つは日露戦争以来、日本が中国で拡大させてきた権益が脅かされているという焦燥感であり、もう一つは政治・経済の閉塞状況から来るものである。

まず第一の要因であるアジア情勢の変化について見ておこう。清朝が崩壊して、中国は混乱・分裂状態に陥ったが、ナショナリズムを背景とした五・四運動と北伐によって渾沌とした星雲状態から次第に統一される方向性が見えてきた時、日本の政治家・軍人に中国の権益を確保しようという焦燥感が高まり、それが山東出兵へとつながっていく。

また、五・四運動と時を同じくして朝鮮でおこった三・一独立運動は、日本の支配層に朝鮮に対する植民地政策の見直しを余儀なくさせたが、同時に、三・一独立運動は、日本国内では「朝鮮人の暴動」と報道されたため、多くの日本人に恐怖感を植え付けたことも確かである。この恐怖感が、関東大震災に際しては、官憲による「朝鮮人による暴動」というデマを信じさせ、無抵抗な人びとを殺傷する残虐行為に走らせる土台になったといえる。

また、中国におけるナショナリズムの高揚は、日本と中国の関係だけでなく、日本と欧米諸国との関係を変化させていくことになる。中国のナショナリズムに対する列強と日本の対応は、次第に乖離していく。英米は、蒋介石政権の権益回収政策に反発しつつも、次第に蒋政権を支援する（影響力を行使する）ことで権益の維持を図ろうとする。他方で、日本は、蒋介石政権と対決することで権益の維持・拡大を図った。まさに二〇世紀になって一九世紀型の膨張主義戦略を展開したといえる。この蒋政権をめぐる列強と日本のスタンスの乖離は、中国の権益をめぐる英米と日本の対立を次第に顕在化させていくことになる。

3　日本社会を変化させた要因⑵——国内状況＝政治・経済の閉塞状況

日本社会を変化させた要因の第二は、政治・経済の閉塞状況である。関東大震災による首都壊滅のショックのなかで朝鮮人や中国人、社会主義者らの虐殺といったこれまでに見られなかった殺伐とした空気も生み出され、日本社会の現状と先行きへの不安は、流言蜚語・不安をあおる噂の増大となって現出する。また、明治以来、人心を収攬する〝核〟としての役割を果たしてきた天皇の不在（裕仁皇太子の摂政就任〔一九二一年〕は、事実上の大正天皇の引退を意味した）という状況も重なっていた。

震災が起点となって、一九二〇年以来の不況は震災恐慌という形で深刻化し、そこでの不良債権の処理をめぐって金融恐慌が起き、さらには世界恐慌が追い討ちをかけるという経済の負のスパイラルに日本は落ち込んでしまう。金融恐慌以降の経済状況の悪化は、中小企業・銀行の破綻・没落をまねく一方、財閥系大企業・銀行の隆盛を際立たせ、格差社会を多くの人びとに実感させる結果となった。また、世界恐慌による輸出産業である製糸業（生糸生産）の大損害とデフレは、米価・繭価の暴落を招き、日本の輸出産業を底辺で支えていた農村を極端に疲弊させたのである。

こうした経済状況の逼迫による社会的な格差・貧困の進展は、不平等感の社会的蔓延をもたらし、「四民平等」をもたらしたはずの明治維新以来の近代化が軍閥・藩閥・財閥などの特権階級を生み出したことへの反発が、政治不信や国家改造願望へと収斂されていくのである。

政治の閉塞状況は、震災恐慌・金融恐慌・世界恐慌へと続く経済混乱への対応を誤った政党政治によってもたらされた。政策の善し悪しというものは、多分に政策実行のタイミングの善し悪しということで、世界恐慌の大津波が押し寄せてきたまさにその時に金解禁政策を実施し金本位制に復帰する（世界経済とストレートにリンクする）という防潮堤をあえて開放するという政策を実行してしまい、都市部・農村部をともに窮乏のどん底に陥れてしまったのであるから、時の民政党政権が信頼を失ったのはやむを得ない面があったが、それは単に特定政党の支持低下ではなく、政党政治そのものの信頼失墜につながったことがこの時代の特徴であった。

なぜ、民政党の経済政策の失敗が、政党政治全体の信頼失墜につながったのか。これは、世界恐慌によって急速に国内の経済状況が悪化するのと同時並行で、ロンドン海軍軍縮条約の締結（一九三〇年）にともなう「統帥権干犯」問題が起き、政党政治排斥の空気が醸成されたからである。もっとも、この時期に政党政治排斥の動きが突出するのは、政党政治の定着にともなう負の側面、政党政治の腐敗が、政党排斥の空気を自らで助長してしまったという面があったことも否めない。つまり、「我田引鉄」（自分の選挙区に鉄道を敷設することで票を得る）という言葉に象徴される政権政党による露骨な利益誘導による選挙対策とその金権体質、野党による手段を選ばぬ倒閣戦術など、政党政治に対するマイナスイメージを強める要因が重なったといえる。

4　日本社会を変化させた要因(3)――「国家改造」グループの突出

政党政治が混迷したとしてもそれを意図的に破壊しようとする勢力が出てこない限り、政治と社会が急激に転換することはない。一九二〇年代から三〇年代にかけて、日本の政治と社会を大きく変化させたのは、軍部を中心とした勢力が既存の政党政治を動揺させる方向に動いたからである。

軍人たちを「国家改造」に走らせた底流には、日露戦争後にむしろ強まった軍部における藩閥支配による閉塞感、第一次世界大戦＝国家総力戦を見聞することによる危機感（日本軍は欧米軍隊に後れを取っているのではないかという焦燥感）があったことは確かである。また、国際的な「協調」を大義名分にした軍縮の実行、とくに常設師団四個を廃止した宇垣軍縮（一九二五年）は、深刻な後遺症を残したといえる。人員整理（職業軍人の馘首）と数多くの郷土部隊の廃止は、反軍縮の強いしこりを残したし、若手将校の中には長州閥を田中義一から事実上〝相続〟した宇垣一成に対する反発を生み出した。その宇垣が軍縮の推進者となったことが、昭和の軍閥抗争の源を作ったといえる。

陸軍の中の「革新」をめざす運動は、一九二一年にドイツのバーデン・バーデンで永田鉄山・小畑敏四郎・岡村寧二が盟約を結んだ時から始まるとされているが、二七・二八年頃から彼らを中心とした活動は、「一夕会」の結成などに見られるように半ば公然たるものになってきた。そして、陸軍の「革新」というレベルから急速に国家全体の「革新」「国家改造」を志向するものへと変わっていく。こうした潮流は、「満蒙問題の解決が先か」（石原莞爾）、「国家改造が先か」（皇道派）という論争をも生み出していく。

中国における権益問題（北伐による権益の危機）に端を発した危機感は、経済状況の悪化を背景に急速に社会的な不安・不満を鬱積させた。一九三〇年代になると、それらを土台にして「国家改造」派によるテロ・クーデター未遂、対外侵略が続発するようになる。三〇年一一月には浜口雄幸首相狙撃事件（翌年八月浜口死去）を皮切りに、三一年三月には三月事件（桜会・大川周明らによる宇垣内閣樹立クーデター未遂）が、九月には関東軍の石原莞爾・板垣征四郎らが中心となって満州事変が、一〇月には十月事件（橋本欣五郎らによる軍部内閣樹立クーデター未遂）が、三二年二月には井上準之助前蔵相暗殺（血盟団事件）が、三月には団琢磨三井合名理事長暗殺（同前）が起きた。この間に、政権は民政党から政友会へと代わったが、三一年一二月に成立した犬養毅内閣において皇道派・荒木貞夫が陸相に就任すると、「国家改造」派とりわけ皇道派はさらに勢いづいた。そして、その犬養内閣も、海軍青年将校・陸軍士官候補生・血盟団残党・愛郷塾（橘孝三郎主宰）らによる五・一五事件によって首相が暗殺され、崩壊するにいたる。「憲政の常道」が確立したとされる護憲三派内閣の成立（二五年）から五・一五事件（三二年）までがわずか七年余り、関東大震災（二三年）から見てもわずか九年のことである。歴史の〝動き〟を実感できる機会は必ずしも多くないが、歴史というものは動くときにはこのように急激に動くということである。

おわりに

現在、私たちは当たり前のように、「戦後何年」という言い方をする。これは、一九四五年の敗戦を基準にして、その前を「戦前」、その後を「戦後」と自然に呼称している。敗戦を基準にした時間感覚である。しかし、これから何年かたった時に、二〇一三年のことを「戦前」と呼ぶようなことになっているかもしれない。現在＝「戦後」を「戦前」にしないために私たちは何をしたらよいのだろうか。

本稿で述べてきたように、中国情勢の変動（かつては権益問題、現在は領土問題）、経済的危機、大災害などによる社会的な不安・不満の鬱積という状態を見ると、一九二〇年代から三〇年代初頭にかけての時期と今日は非常に多くの類似点がある。かつては、人びとの危機感と政治不信が軍を中心とする「国家改造」勢力によって吸い上げられ、定着・安定したと思われた政党政治は瞬く間に崩壊してしまったのである。

近代になってからのこの一五〇年間、日本は中国・韓国（北朝鮮）との間でゆがんだ形でしか結びつきをもってこられなかった。それゆえに、中国・韓国（北朝鮮）がらみの問題が起きると、途端に排外主義的なナショナリズムが高揚しやすい素地がある。

今日、政界やネット空間では、歴史修正主義的な言説が非常に強まっている。彼らが「自虐的」と断じるような、まさに国家・国家主義を批判しているとみなされるもの、「日本人としての誇りを傷つける」とみなされるものを「反日的」として根こそぎ排除しようとする動きが強まっている。

だが、それらの主張しているところは、歴史を直視せず、「日本人としての誇りを傷つける」とみなされるものをなかったことにして、日本国家が行った政策の成功したと見える部分だけを自画自賛し、それをもって「誇り」としようとしている。歴史には、正もあれば負のあるし、陽もあれば陰もある。それらをトータルに直視してこそ、さまざまな教訓や智恵を歴史から学び取ることができる。むしろ、人間は、心地よい成功が、次の失敗の伏線になったことを、さまざまな失敗が次の立ち直りの土台になったということを学ぶべきである。私たちの国家や社会の失敗を自省することは、決して「自虐」ではない。人間は、失敗から学ぶという叡知を持っている。歴史から学ぶという偉大さをもっている。だが、それと同時に、失敗をなかなか自覚できない、歴史の教訓をいとも簡単に忘れ去ってしまうという弱点を持っている。

関東大震災から九〇年という節目にあたり、私たちはまさに歴史から何を学び、そこから未来構築のために何を生かしたら良いのか、その構想力を試される時に直面しているのである。

参考文献

（1）宮地正人監修『日本近現代史を読む』（新日本出版社、二〇一〇年）。
（2）歴史教育者協議会編『日本社会の歴史』下（大月書店、二〇一二年）。
（3）山田朗『日本は過去とどう向き合ってきたか』（高文研、二〇一三年）。

第2章　震災九〇周年時の歴史研究と歴史教育の課題

坂本昇

はじめに

私は、一九九三年の関東大震災七〇周年、二〇〇三年の八〇周年にあたり、実行委員会の事務局長をお引き受けした。私個人としてまた集会参加者や各地の賛同者にとって、この間研究運動はどのような意義をもったものなのか、歴史研究と歴史教育を中心に再考してみたい。

1　七〇周年に際する研究・運動の成果

七〇周年は、震災や虐殺事件の目撃者・亀戸事件や南葛労働運動の体験者など、直接の体験談を聞く大変貴重な機会となったが、その方々の多くは亡くなり、九〇周年の今はほとんど不可能になったことが本当に残念である。

(1)　朝鮮人・中国人虐殺事件・亀戸事件などをめぐって

松尾章一や平形千恵子・坂本昇らは、虐殺事件の主体は軍隊であると提起した。松尾らは、軍隊・政府関係文書を収集した。『関東大震災政府陸海軍関係史料』（参考文献の欄参照）などが刊行され、軍隊が朝鮮人・中国人殺害などに深く関与していたことが実証されうる基礎資料が整備された。

一方、自警団の構成や役割も明らかにされてきた。山田昭次は、自警団をその成立の契機から次の四つのタイプに分類した。自然発生的に成立したもの、デマの流布により警戒のために一斉にできたもの、県の通牒に基づいて権力側の要請によりつくられたもの（東京周辺の県）、震災以前に警察の主導下で地域有力者を中心に組織されていたものの四つである。山田は、組織した地域有力者や組織された民衆の政治意識、社会意識のさらなる分析が課題であるとし、国家責任と民衆責任を追及する。また山田は、戦前・戦後に立てられた追悼碑・慰霊碑のほぼすべてを検証しつつ、日本人が自己の責任を具体的に記したものがほとんどないことを指摘した。

また、中国人虐殺事件研究では、仁木ふみ子ら「関東大震災の時殺された中国人労働者を悼む会」の活動が特筆される。大島町事件・王希天殺害事件などを追究してきた今井清一・田原洋らの先行研究がさらに深められた。仁木は、大震災前の中国人労働者の就労状況を明らかにし、警察とりわけ亀戸署の朝鮮人・中国人・社会主義者への弾圧策と、労働ブローカーらの中国人排斥の実態を事件の背景として指摘した。

亀戸事件については、二村一夫らの先行研究を深めた加藤文三によって、権力犯罪の実態、犠牲者を九名とするのではなく一〇名、殺害日時は九月四日夜から五日にかけてであることや、平沢計七・川合義虎ら事件の犠牲者を中心とした南葛労働運動の特徴（統一戦線理論と大衆路線など）が確認された。

(2) 大震災と現代の課題

金原左門は、災害と民衆の対決の歴史という側面から近代社会史を深めるべきであることなどを提起した。また、清水恵介・宮村攝三・池上洋通・林茂夫・榎本武光・大内要三らからは、液状化への対策、防災計画と自衛隊の治安出動、災害時の人権侵害など現代の社会問題が、震災史研究の課題であることが報告された。七〇周年記念集会や事前学習会で、こうした視点で震災史を追究したことは特記してよいと思う。阪神・淡路大震災や東日本大震災の影響もあり、現代・現在の問題として関東大震災から何を学ぶかということも課題化しているからである。

(3)　軍隊の権力犯罪と史実の隠蔽

関東大震災直後に引き起こされた亀戸事件や朝鮮人殺害事件・中国人殺害事件・甘粕事件は、自警団による朝鮮人殺害を含みつつも、軍隊と内務省・警視庁上層部による権力犯罪であった。軍隊による蛮行について、「関東戒厳司令部詳報」（以下「詳報」と略記、前掲史料集収録）を検討してみたい。「詳報」は、これまで部分的に利用されてきたが、七〇周年に際して全面的に収集し、刊行された。二〇部だけ作成され、極秘扱いの文書であった。「詳報」第三巻の第四章には「震災警備ノ為兵器ヲ使用セル事件調査表」という資料が添付されている。戒厳部隊が兵器を使用した合計二〇件の事件をまとめたものである。部隊名・日時・場所・関係部隊・兵器使用者・被兵器使用者（犠牲者）・処置（殺害方法）が順に記載された大変重要な資料である。たとえば、騎兵第一三連隊の一九二三年九月五日午前三時頃の記事として、労働運動家が亀戸警察署内で「刺殺」された亀戸事件のことが詳細に書かれている。もちろん二〇件だけのはずはない。亀戸事件などは、遺族や南葛労働会などが、亀戸警察署に抗議して真相を追求したこともあり、隠しきれなかったのであろう。隠しきれない二〇件に絞って作表したのだと推定される。なお二〇〇三年の日本弁護士連合会の小泉内閣への勧告（後述）でも、この二〇件のうち一二件を軍隊による朝鮮人殺害事件として認定した。

次に、隠蔽しようとしつつも部分的に露見した隠蔽工作の実例について見てみよう。その実例の第一は、「詳報」第二巻「第三章・警備（兵力使用）」の表紙に残された、以下の但し書きである。曰く「警備（兵力使用）ニ関スル部内ノ計画意見其他ノ機密事項ハ別冊ニ之ヲ収録シ陸軍省、参謀本部、東京警備司令部ニ夫々《それぞれ》一部ヲ提出ス」。つまり、極秘扱いの「詳報」にさえ載せられず、別冊にした三部の機密記録があるはずなのである。これは残念ながら未発見である。「兵力使用」の権力犯罪の中心部が隠蔽されたのである。実例の第二は、「詳報」第五巻には一部に意図的な欠損部分があるということである。第九章から第十二章の目次のうち、第十一章は切り取られて紙で補修してある。本文にも第十一章はない。第十一章前後の構成は、「第十章・輸送」の内容は「避難支那人ノ輸送」「避難鮮人ノ輸送」などである。「第十二章・情報及宣伝」は「鮮人ノ不逞行為」などの「情報」等の記述である。したがって、切り取られた第十一章には、朝鮮人殺害・中国人殺害などの事件が記述されていたと推定してほぼ間違いないであろう。「詳報」に記載された（または隠蔽された）史実から、「権力犯罪」が見えてくる。

中国人殺害事件も、自警団による事件ではない。明らかに軍隊による殺害行為である。亀戸事件・甘粕事件（大杉栄らの殺害）、王希天殺害事件などもいずれも、自警団事件ではない。さらに、軍隊が直接手を下しはしなかったが、いわば間接的に殺害に関与した事件も確認されている。軍隊から地域住民へ「呉れるから取りに来い」と命令した「朝鮮人の払い下げ」の実例である（千葉県内の調査は『いわれなく殺された人びと』参照）。

2　震災八〇周年記念集会の成果から

(1)　日弁連勧告

二〇〇三年八月二五日、関東大震災に関する研究・運動関係者にとっては、画期的な出来事が報じられた。日本弁護士連合会に設置された委員会が、小泉内閣に対して、関東大震災時の朝鮮人殺害事件などに関する日本政府の責任を明らかにして、謝罪すること、集団虐殺の再発防止措置をとることなどを勧告した（本書第3章米倉勉講演記録参照）。軍隊を中心とした国家犯罪が明らかにされた。

八〇周年記念集会でこの経過を報告した日弁連の担当弁護士の一人・米倉勉は、「歴史研究の成果」であるとしてこれまでの研究運動の労苦をねぎらって下さった。また記念集会では、山田昭次が朝鮮人殺害の国家責任と、国家責任を追及してこなかった民衆責任問題を啓発した。外国人・外国籍報告者五人、阪神淡路大震災の教訓、香川県・石井雍大、千葉県・平形千惠子、東京の東海林次男など長年研究に取り組まれた方々の貴重な報告などは、報告集の各論文を参照されたい。

(2)　絵画資料の発掘から

八〇周年に向けた第二回学習会で、新井勝紘は、小学生が千葉県で見聞した情景を描いた絵画を紹介した。朝鮮人と思われる人物が里芋畑に追い込められて、肩章をつけた軍服の軍人や、自警団と思われる人物群に取り囲まれているのである。軍人が指揮し、自警団と一緒になって殺害しようとしている絵である。また挿絵画家河目悌二遺品の水彩画では、自警団員による殺害、警察官による朝鮮人の連行、背嚢を背負い銃を突きつける兵士などが描かれている。これこそ軍隊・警察・自警団が一体となって、朝鮮人の殺害に及んだ場面である。これらの絵画資料は、各地の資料館展示や私が担当したNHK高校日本史講座などでも利用され、歴史教育などの貴重な資料となっている。そして現在、それらの新井の研究は、高野宏康らに継承され、墨田区の東京都震災慰霊堂に隣接した復興記念館のリニューアル展示として活用されることになったのである。

3　歴史教育の成果と課題

(1)　教科書記述の改善

「高校日本史」などのいくつかの教科書に研究運動の成果が反映されるようになったことは特筆したい。東京書籍版「日本史A」には、震災直後に「戒厳令」がしかれたこと、「警察・軍隊・行政が流言を適切に処理しなかった」ため、民衆の不安が増大して流言をひろげることになったことなどを記述している。朝鮮人・中国人の虐殺については「軍隊や自警団によって」と明記し、さらに「天罰論」「国民精神作興詔書」や宇垣軍縮・軍事教練などを解説した上で「時代は転換し、重苦しい不安と深刻な動揺がおとずれようとしていた」とまとめている。虎ノ門事件への影響、関東戒厳司令部の写真、大杉栄夫妻の写真、亀戸事件の側注、関東大震災時の学生セツルメント活動などについて解説したコラムなどで、見開き二頁が構成されている。震災前後の社会の構造・事件の実態や、時代の転換（ファシズムの萌芽期）がわかるような記述になっている。これらは、朝鮮人虐殺事件や亀戸事件などと軍隊の責任（国家責任）が曖昧な教科書記述があるなかで、研究の成果を取り入れた一つの到達点を示している。警察署長などの「朝鮮人救出美談」などを強調している教科書もあるが、日本の帝国主義的統治や虐殺の史実が後景に退くような記述は是正されなければならない。

(2) 二〇一三年の副教材等記述改悪問題

東京都は、二〇一一年四月に全都立高校に『江戸から東京へ』（以下「準教科書」）を配布した後、日本史必修化（日本史Aまたは B、これらを履修しない高校は準教科書を使用させる）が始められた一二年四月には新版の準教科書を高校一年生全員分送りつけた。この際に、一九五一年アメリカ議会における「マッカーサー証言」を恣意的に引用してアジア太平洋戦争肯定化などの改悪が行われていた。ところが二〇一三年版も再改悪が行われたことが判明した。「朝日新聞」（一月二五日付）は「関東大震災　朝鮮人『虐殺』の記述消える」と報じた。一二年度版までは「碑には、大震災の混乱のなかで数多くの朝鮮人が虐殺された」と書かれていたが、一三年度版では「碑には、大震災の混乱のなかで、『朝鮮人の尊い命が奪われました』と記されている」（傍点部「の」は「が」の間違い。以下の記述参照）とした。

この日、記者会見で猪瀬直樹都知事は「形容詞を少しかえるぐらいのことは、大した意味はないと思いますよ」と答えたという。しかし大問題である。第一に、墨田区横網町公園内の関東大震災朝鮮人犠牲者追悼碑文の一部を恣意的に利用していることである。碑文は「この歴史／永遠に忘れず……」という藤森成吉の献詩と、「……あやまった策動と流言蜚語のため六千余名にのぼる朝鮮人が尊い命を奪われました」などと書かれている。「虐殺」という言葉は使用していないが、主旨は虐殺事件の追悼文なのである。第二に、歴史研究への冒瀆である。前述の通り七〇周年・八〇周年の研究運動では、朝鮮人虐殺事件は、一部地域の自警団事件や千葉県のように軍隊が地域住民に朝鮮人を払下げて殺害させた事件などを含みつつも、軍隊・内務省及び警察が一体となって引き起こした権力犯罪であったことを明らかにした。甘粕事件（大杉栄ら殺害事件）や亀戸事件は戒厳令下の軍隊の蛮行であった（前掲「関東戒厳司令部詳報」など参照）。つまり今回の改悪は暴挙と言わざるをえない。

類似の歴史教材改悪問題が横浜市で起こった。横浜の中学校副読本『わかる横浜』の関東大震災記述についてである。二〇〇九年度から使用されていた旧版では「政府は戒厳令を発動し、軍隊を横浜に出動させた。理由は自警団の中に朝鮮人を殺害する行為に走るものがいたからである」と書かれ、戒厳令発動の経緯・理由の記述などには問題が多いものだった。そのため執筆者（研究者）の要望を受けて、一二年版は「軍隊や警察、在郷軍人会や青年団を母体として組織された自警団などは朝鮮人に対する迫害と虐殺を行い、また中国人をも殺傷した。横浜でも各地で自警団が組織され、異常な緊張状態のもとで、朝鮮人や中国人が虐殺される事件が起きた」と修正された。軍隊・警察の関与や中国人虐殺事件などが書かれ、また全体状況と横浜での惨状を分けて記述し、かなり正確かつ豊かな記述になったと思われる。しかし一二年六月末に「産経新聞」が批判記事を掲載し、政治問題化させた。七月の横浜市議会で自民党議員がこの報道に基づいて質問し、市長から「改善・改訂」を約束する回答を引き出した。市民団体や歴史研究者連名による要請なども行われたが、市議会における保守派の攻撃が続く中で、九月二五日に市教育委員会は、副読本の記述は「誤解を招きかねないのでこの点に留意して指導すること」「……『虐殺』という語句については『殺害』という言葉に置き換えて指導すること」などを要旨とする通知を各学校長に出し、さらに二八日付けで一二年版修正に関して四名の職員を戒告等の懲戒処分とすることを発表した。改悪される副読本は一三年六月に生徒たちに配布された。内容を精査して、批判の声を大きくしていかねばならない。

まとめ――歴史と現在から何を学ぶか

今も、歴史の歪曲や「風化」を防ぐために、朝鮮人犠牲者・中国人犠牲者などの追悼会や亀戸事件追悼会などは、毎年各地で開催されている。八〇周年記念集会で李修京《イスウギョン》は、フランス人作家バルビュスらの影響を受けた小牧近江らの『種蒔く人』の運動や、その継承者としての金基鎮《キムキジン》という人物のインターナショナルな活動が、今日の韓国で高く評価されていることを紹介した。私は大きな感銘を受けた。また私たちの研究や運動の意味は「殺された者の意志や願望、想いを生者が継承し、被殺者の視点から歴史と人権を考えて」いくこと（山田昭次）にあった。

こうした意義に加えて、ヒューマニズムのインターナショナルな継承・発展の道を切り開く展望をもつことができた。在日二世の河正雄は八〇周年記念集会で「惨劇を風化させないことが私達の務めであると、日本と韓国『二つの祖国』で私は生きている」と自身の集会報告を結んだ。

しかし、この間八〇周年の頃には予想しなかったような歴史の真実への歪曲（「『虐殺』事件は不逞鮮人のテロに対する正当防衛であった」など）が進められようとしている。そもそも今回の九〇周年記念集会の統一テーマ（スローガン）を検討・決定した時に、八〇周年の「犠牲者を追悼し、歴史の真実を世界史的視野で学び、『今』を考えよう！」を変更して、「犠牲者を追悼し、史実の歪曲を許さず歴史の真実を学びあい、『今』を考える」（傍点は引用者）とすることにした。これは歴史の真実の歪曲を看過できないと考えたからであった。

現在の民主主義運動の到達点や市民のヒューマニズムに依拠しつつ、歴史の真実に学び、平和・人権・連帯・民主主義の徹底を求める声を、若い人たちとともに世界へ広げていくことが重要である。震災七〇年・八〇周年の研究運動および九〇周年集会の成果を継承したいと切望している。

参考文献

関東大震災七〇周年記念行事実行委員会編『この歴史永遠に忘れず』（日本経済評論社、一九九四年）。

関東大震災八〇周年記念行事実行委員会編『世界史としての関東大震災』（日本経済評論社、二〇〇四年）。

松尾章一監修・田﨑公司・坂本昇ほか編『関東大震災政府陸海軍関係史料』全三巻（日本経済評論社、一九九七年）。

千葉県における追悼調査実行委員会編『いわれなく殺された人びと』（青木書店、一九八三年）。

新井勝紘「『描かれた朝鮮人殺害』論」『隣人』第16号（二〇〇三年三月）。

加藤文三『亀戸事件』（大月書店、一九九一年）。

仁木ふみ子『震災下の中国人虐殺』（青木書店、一九九三年）。

松尾章一『関東大震災と戒厳令』（吉川弘文館、二〇〇三年）。

山田昭次『関東大震災時の朝鮮人虐殺』（創史社、二〇〇三年）。

姜徳相『関東大震災・虐殺の記憶』（青丘文化社、二〇〇三年）。

田中正敬・専修大学関東大震災史研究会編『地域に学ぶ関東大震災』（日本経済評論社、二〇一二年）。

第3章　二〇〇三年「日弁連勧告」の意義と現状——差別的・排外的傾向が強まる中で

米倉勉

1　日弁連勧告（二〇〇三年）の経緯

日本弁護士連合会（日弁連）の人権擁護委員会は、二〇〇三年八月二五日付で、関東大震災における虐殺事件に関する勧告書を公表している。小泉純一郎内閣総理大臣宛で、「国は関東大震災直後の朝鮮人・中国人に対する虐殺事件に関し、軍隊による虐殺の被害者、遺族、および虚偽事実の伝達など国の行為に誘発された自警団による虐殺の被害者、遺族に対し、その責任を認めて謝罪すべきである」と指摘し、この事件の「全貌と真相を調査し、その原因を明らかにすべきである」と勧告している。

同委員会によるこの調査と勧告は、事件当時から日本（東京都品川区大井）に居住する在日朝鮮人の申立による。この方は、自ら虐殺の現場を目撃し、虐殺された朝鮮人の遺体が残酷な仕打ちを受けている場面を見たりして、強い衝撃を受けた経験を持つ。ところが日本政府はこの事件について、責任を認め謝罪したことはない。そこで、同種の事件の再発を防止するためにも政府の責任を明らかにしてほしいというのが、申立の理由であった。

私も、この調査チームの一員として史料収集・調査および勧告書の作成に加わったが、果たして、調査の結果、この虐殺は国の主体的・積極的な関与による惨事であることが明らかとなった。この小論では、その実態の一端を指摘し、その意義と現状について私見を述べたい。

2　朝鮮人虐殺事件（一九二三年九月）の時代背景と異例の戒厳令

時代は朝鮮併合による植民地支配（一九一〇年）から一二年を経たころであり、抑圧された朝鮮人民の間には、独立運動が広がっていた。他民族に対する理不尽な抑圧は、常に、それが呼び起こす自らへの反抗・反撃への「不安」をかき立て、この自ら招いた不安がさらなる弾圧を生む。一九一九年の「三一運動」を経て、当時のわが国の治安当局が抱えていた「自招の不安」は、震災による首都壊滅の状況下で、弾圧者が抱えるこのような危機意識、恐怖感を極限まで高めていた。

この時の事態の特徴の一つは、戒厳令が敷かれたところにある。本来、「戦時若クハ事変ニ際シ」兵備をもって警戒するのが戒厳令であるところ、震災という自然災害に際して宣言したこと自体が異例であり、この戒厳令に合理性があるかどうかは疑わしい。結局、この戒厳令発動の意図は、反日運動が自分たち治安機関に向けられることへの、「自招の恐怖感」による過剰反応であり、歪んだ「防衛」行動ではなかったか。そして重要なことは、この戒厳令が「治安行動が必要」という官憲の自身の危機感を無用に増幅させ、さらにこれが自警団などの民間レベルにも拡大・浸透して、事態を一層重大にしたことである。

3　内務省からの伝令──作られた流言蜚語

当時巷間言われた「朝鮮人による不逞行為」（放火、爆弾所持、井戸への毒物投入など）は、客観的事実ではなく、全くの虚構（流言蜚語）に過ぎなかったことが、すでに警察の文書など様々な史料によって判明している。

そして、この虚構の事実は、当時の治安当局である「内務省警保局」が意図的に流布したものであった。その発端の一例として、海軍省船橋送信所は、九月三日の午前、内務省警保局長発の次の打電を、各地方長官・朝鮮総督府警務局長などに宛てて発している。

東京付近の震災を利用し、朝鮮人は各地に放火し、不逞の目的を遂行せんとし、現に東京市内において爆弾を所持し、石油を注ぎて放火するものあり。既に東京府下には一部戒厳令を施行したるが故に、各地に於いて十分周密なる視察を加え、鮮人の行動に対しては厳密なる取締を加えられたし。（各地方長官宛　内務省警保局長出）

当時の日本の警察組織の体制からすれば、この打電の内容は、同時に各府県の知事ないし内務部長に到達していたものと考えられる。船橋送信所からの打電（都心からの伝騎による伝令は二日午後以前の指示によると推定される）を待つまでもなく、この指示は電報や担当者等による協議によって、内務省警保局から近県担当者へ伝達された。この指示を受けて、各地の地方行政庁は、管下の郡役所・町村役場へ伝達し、その結果、各町村における自警団の結成と「取締り」活動の奨励が浸透したと考えられる。

その一例として、埼玉県における経緯が、一九二三年一二月一五日の衆議院における永井柳太郎議員の質疑に見られる。

・埼玉県の地方課長が、九月二日に東京から本省との打合わせを終えて、午後の五時頃に帰って来まして、そうしてそれを香坂内務部長に報告をして、其報告に基いて香坂内務部長は、守屋属をして県内の各郡役所へ電話を以て急報し、各郡役所は、其移牒されたるものを、或は文書に依り、或は電話によって、之を各町村に伝えたのであります。

その移牒の内容は

東京における震火災に乗じ、暴行を為したる不逞鮮人多数が、川口方面より或は本県に入り来るやも知れず、而も此際警察力微力であるから、各町村当局は在郷軍人分会員、消防手、青年団と一致協力してその警戒に任じ、一朝有事の場合には速に適当の方策を講じるよう、至急相当の手配相成りたし

というものであった。

（官報号外　大正一二年一二月一六日　衆議院議事速記録第五号）

4　刑事判決に判示された事実

こうした経過は、虐殺事件に自ら関わって殺人罪等によって刑事訴追された、自警団構成員などの当事者（被告人）に対する判決書に、犯行に至る経緯としてつぶさに記載されている。

上記埼玉県における例に合わせて、ここでも埼玉県北足立郡片柳村大字染谷（現さいたま市見沼区）で発生した「片柳事件」に関する浦和地方裁判所判決（大正一二年一一月二六日）から引用する。事件は、自警団が槍や日本刀を携帯して警戒に従事していたところ、被害者である朝鮮人が差し掛かったところを追跡し、槍で胸部を突き刺すなどして殺害したという悲惨なものである。

この事件の判決は、その理由中に以下のとおり記載している。

不逞鮮人が過激思想を抱ける一部の内地人と結託して右震災に乗じ東京市等に於いて盛んに爆弾を投じて放火を企て或は井戸へ毒物を投入する等残虐の所為を敢てし〔中略〕との流言浮説頗に喧伝せられ同村地方民は痛く之に刺激を受け興奮し居れる折柄県当局者に於ても咄嗟の間当時誤風説の根拠たる帝都における鮮人の不逞行為に付き其裏偽を探求するの術なかりしより万一の場合を慮り翌二日の夜所轄郡役所を介して夫々管内の町村役場に対し予め消防手在郷軍人分会青年団等の各首脳者と協議し警察官憲と協力の上叙上不逞の輩の襲来に備うべく自警の方策を講ぜられたき旨の通牒を発したるより被告等居村民も亦同三日夜より各自日本刀槍等の凶器を携帯し居村内に於て之警備に従事中〔以下略〕

このように、県当局が郡役所を介して町村役場に自警の方策を講じるよう指示する通牒を発したことにより、現地の消防手、在郷軍人分会、青年団等が協議して自警団を組織し、警察官憲と協力の上で「不逞の輩の襲来に備えた」ことが事実認定の一つとして摘示されているが、この経過は、上記の衆議院議事速記録に記録されている永井柳太郎の質疑と符合し、かつ上記の内務省警保局長発・各地方長官宛の電文の内容とも整合する。

同様の判示は、片柳事件だけではなく、寄居事件・熊谷事件・本庄事件など埼玉県内各地の同種事件の判決に、ほぼ同じ内容で記載されていて、これが埼玉県内各地の虐殺事件に共通する背景事実であることを示している。なお片柳事件については、事件が起きた地域の近くである、現さいたま市見沼区染谷所在の常泉寺に、被害者とされる「姜大興《カンデフン》」さんという朝鮮人青年の慰霊碑が建立されている。

5　治安当局による煽動——明白な国の責任

このようにして、東京、千葉、埼玉、栃木、神奈川など各県において多数の自警団（民間人）による虐殺事件が発生した。その責任は治安当局による煽導・誘導にある。その原因になったのは、内務省警保局長が発した「東京付近の震災を利用し、朝鮮人は各地に放火し、不逞の目的を遂行せんとし、現に東京市内において爆弾を所持し、石油を注ぎて放火するものあり。既に東京府下には一部戒厳令を施行したるが故に、各地に於いて十分周密なる視察を加え、鮮人の行動に対しては厳密なる取締を加えられたし。」という指示であって、このような事実摘示とともに、自警の方策をとって備えよという指示があれば、各地の住民が過剰な武装を備えた自警組織をもって応じたことは、もはや必然的な結果であるというほかない。

だからこそ、各地事件に関する刑事判決は、その背景事情を摘示する必要もあったのだろうと想像される。このような「情状事実」も与して、当時の各刑事判決の宣告刑の水準が著しく軽いものとなっていることが指摘されており、事態の評価としては批判も当然ありえる。しかし同時に、実行者の刑責が緩和された事実は、虐殺行為を民間人に実行させた責任が、これを煽動した官憲にこそあったことを示していると言えよう。

6　軍隊による虐殺――国による直接的加害

日弁連の報告書は、もう一つ、軍隊による虐殺行為についても詳細に述べている。事実認定の根拠となったのは、旧陸軍の文書、警察、政府の文書などであり、調査に当たっては、これらを自衛隊の資料室や東京都公文書館などに足を運んで直接確認した。

上記の、国の関与・指示による自警団（民間人）による虐殺行為と並んで、軍隊の行動という、純粋に国による虐殺行為が多数認められることは、この事件が国の責任による事態であったことを端的に示している。被害にあったのは、朝鮮人だけではなく、多数の中国人も犠牲になっていて、特に東京都江東区大島付近で起きた「大島町事件」や「王希天事件」という大規模な事件を含めて、委員会が史料をもって確認できただけで、それぞれ数百人規模の虐殺が行われた。

ただし、これらは軍隊にとっても違法な殺害行為であるから、ありのまま記録することは憚られたはずであり、おそらく実数どおりの記録として信用することはできないであろう。また、あたかも正当防衛による殺害であったかのように記載された例も見られるが、その記載内容を検討すると、多分にあやふやな推測による「急迫不正の侵害」に過ぎず、日弁連勧告書は、事実は到底正当化できるような事態ではなかったであろうと結論づけている。

7　国の責任を明確にしないまま放置したことの影響

これだけの国による虐殺、そして公権力が煽動した結果としての、国民による虐殺事件という人権侵害が大規模に行われたのに、国の責任を問うことは、その後一貫して全くなされないまま放置された。この無責任な事態が、その後の政策に、さらには日本の社会にどのような影響を残したかを考える必要があるのではないか。

当時の歴史をたどれば、一九二三年の朝鮮人虐殺の後、山東出兵（二七年）、満州事変（三一年）等を経て、一四年後の三七年には南京大虐殺事件が発生する。関東大震災において記憶に焼き付いたはずの、大規模な外国人虐殺事件の責任が曖昧にされたまま放置されたことが、わが国において、その後の他民族への差別と迫害を容認・助長する社会意識を醸成・継続させたことはないだろうか。

関東大震災における朝鮮人虐殺は大災害、南京虐殺事件は戦時という非常事態をそれぞれ背景にしているとはいえ、このような大規模な虐殺事件が軍民によって引き起こされる背景としては、他民族への差別意識が少なからず影響していると思わざるを得ない。そして本件において、上記のように明らかな国の責任が何ら問疑されないまま放置されたことは、公権力による差別的弾圧の正当化を意味している。すなわち被支配民族に対する公然たる差別の正当化が、そのまま社会的に承認され、まかり通ってしまったのである。このようにして、関東大震災における朝鮮人虐殺と、一四年後の南京大虐殺を経て進行する一連の侵略的事態に、歴史的な連続性と因果関係がないかどうか、国の重大な責任を放置したことの結果を検証しなければならないであろう。

8　近年の排外主義の高まり

現在も続く差別意識と排外主義、そしてさらなる攻撃性の高まりは、九〇年前の虐殺事件を思い起こさせる。近年に至って日々報道される、新大久保（東京）や鶴橋（大阪）周辺をはじめ、各地における在日韓国人・朝鮮人へのヘイトスピーチ、ヘイトクライムは、「殺せ！」、「日本から叩き出せ！」など、その内容が攻撃性をますます強めているように見える。ヘイトスピーチとは、「差別の煽動」であると規定されるが、このような実情は、排外的意識や差別意識が攻撃的言動による煽動にまで発展しつつあることを示している。

近年著しく激化したように見えるこうした差別意識、排外的意識の攻撃化は、どこからもたらされているのだろうか。過剰な競争と「自己責任」を標榜する市場原理主義社会、格差社会は、多くの経済的弱者を層として作り出し、希望と展望を持てない鬱屈した空気が蔓延している。その不満と絶望感は、さらに「下層」たる弱者の層を必要とし、これを「在日特権への批判」という排除の論理をもって攻撃する行動で紛らわせるという連鎖を生み出しているように思われる。加えて、中国との尖閣、韓国との竹島をめぐる世論は、排外的・攻撃的論調を高めていて、国内の経済政策、社会政策への不満が対外的攻撃にすり替えられるというコースに向かわされている。しかし、こうした差別意識の根底には、九〇年前からの、公権力を挙げての、他民族への差別的支配と弾圧の歴史が存在するはずである。すなわち、国家による他国への侵略と植民地支配に加えて、公権力によって煽動された民間人の他民族に対する不法な攻撃について、国の重大な責任が問われることなく、そのまま正当化されてしまったことの社会的影響を考えざるを得ないのである。

9　歴史の否定が行き着くところ

そもそも、現在においても数十万人の在日韓国人・朝鮮人が存在することの理由が、戦前における植民地支配と、おびただしい朝鮮人労働者の強制連行にあることは歴史的事実である。しかしその強制の事実の認識は、驚くほど日本人に共有されていない。在日韓国人・朝鮮人への排外的な攻撃と、歴史的経過を無視した「在日特権批判」という混乱した思考は、排除の論理であるとともに、植民地支配や強制連行という歴史的事実の否定を意味しているのではないだろうか。日本の侵略と植民地支配の結果として存在する「在日」という現象と、そこから生じている、彼らが置かれた理不尽な境遇や様々な困難を黙殺して、最低限の在留資格の制度すら「在日特権」として歪曲して攻撃する論理は、このような歴史的事実をすべて否認しなければ成り立ち得ないものだからである。

こうして、九〇年前の歴史的事実である関東大震災における朝鮮人虐殺についても、歴史修正主義というべき「虐殺否定論」が登場していることが指摘されている。これも、侵略の歴史と植民地支配の否定という点で共通した傾向であろう。本件の歴史的事実について、国の責任を放置することなく明確化していたならば、これほどの歴史の否定や、排外的風潮には至らなかったのではないだろうか。

南京大虐殺事件については、周知のとおり、いわゆる「南京虐殺マボロシ論」が繰り返し喧伝されてきた。現在、虐殺事件の被害者である夏淑琴氏を原告として、同氏を「偽物の被害者」であるかのように記載してその名誉を毀損した書籍に関する訴訟（中国判決に基づく執行許可請求事件）を担当しているが、被告である出版社を「支援する会」の集会では、「暴支膺懲」（「支那の暴戻を断固膺懲する」という当時の政治的スローガン）の幟が立てられたという。これも、まさにヘイトスピーチであろう。彼らのインターネット画面上の主張を見ても、歴史認識の主張よりも、中国共産党に支配され裁判官の独立が保障されない中国の判決が日本で強制力を持つことを、差別的な立場から批判しているのが特徴である。実体審理を行わない執行許可請求訴訟という特殊性があるとしても、ここでも、史実を巡る論争の形すらとらずに、他民族への差別的煽動と、排他性・攻撃性が直接表現される状況は、やはり異様に感じられる。

折しも、集団的自衛権の行使を憲法上容認しようという解釈改憲論が、政権政党によって打ち出されている政治情勢を前に、こうした侵略の歴史の否定というべき論調が台頭することには、この国が向かう方向に、「憲法九条の改変と社会の排他性・攻撃性の高まり」という危険な相乗効果を懸念せざるを得ない。

事件後九〇年を経過した今、遅すぎたとはいえ、もう一度その意味を考え直し、社会の認識を変えていく努力が必要ではないだろうか。周辺諸民族のみならず自分自身の未来と幸福のために。

ブックガイド1

本稿では、これまで取り組まれてきた周年行事の記録集四冊と、第一部に関連する代表的な単著二冊を紹介したい。

まずはじめに取り上げたいのは、**関東大震災五十周年朝鮮人犠牲者追悼行事実行委員会編『歴史の真実——関東大震災と朝鮮人虐殺』**（現代史出版会、一九七五年）である。本書は一九七三年に関東大震災五〇周年を期に結成された同会と調査委員会が事件の真相追及・調査の一環として手がけたもので、歴史学研究会、歴史科学協議会、歴史教育者協議会の三団体や戦後直後から調査活動を始めていた日朝協会などとの協力の下行われた活動の成果である。同会がもうひとつの重要な追悼行事として位置づけたのは朝鮮人犠牲者追悼慰霊碑の建立であり、墨田区横網公園内に建てられた碑の前では毎年慰霊祭が行われている。本書の特色としては、初の記録集であり、当時の研究・調査活動の集大成であったことと、震災当時の知識人による事件の論評や事件を描いた文芸作品を多数掲載していることがあげられよう。また、巻末には追悼調査事業に協力した全国各地の団体および個人名が多数掲載されているが、品川区からは自民党区議団も名を連ねており、当時と現在とのギャップを感じさせられる。

二冊目は七〇周年記念集会の記録・**関東大震災七〇周年記念行事実行委員会編『この歴史永遠に忘れず』**（日本経済評論社、一九九四年）である。集会の模様を掲載した各分科会の様子から、五〇周年以降蓄積されてきた調査・資料に基づく研究成果や、各地の追悼行事の状況を知ることができる。中でも特筆すべきは、「大震災と歴史教育」（第四分科会）を設けて、関東大震災の教育実践をテーマとして掲げている点である。なお、本集会・実行委員会の名称からは「朝鮮人」の記述が見られなくなっているが、朝鮮人虐殺に関する報告は各分科会にみられ、当然のことながら重要な要素として位置づけられている。それでもなお、あえて「朝鮮人」を集会名称に入れなかったのは、震災をより多角的な視点から捉えようとした意図の表れなのだろうか。続く**八〇周年記念行事実行委員会編『世界史としての関東大震災——アジア・国家・民衆』**（日本経済評論社、二〇〇四年）では、関東大震災を世界史の文脈に位置づけ、韓国や中国からの視座が提起されているのが興味深い。さらに、阪神・淡路大震災の経験を踏まえ、現代日本と震災のかかわりに注目した報告がみられるのも本書の特色だろう。四冊目の記録集・**八五周年シンポジウム実行委員会編『震災・戒厳令・虐殺　関東大震災八五周年朝鮮人犠牲者追悼シンポジウム——事件の真相糾明と被害者の名誉回復を求めて』**（三一書房、二〇〇八年）は、日本と韓国の市民組織を中心に実行委員会が立ち上がり、事件の真相糾明と被害者の名誉回復を前面に掲げた運動と調査活動の成果である。書名が示すとおり、主なテーマは朝鮮人虐殺であり、日韓の歴史研究者による報告では、その歴史的背景を探るために植民地支配や三・一独立運動との関連も視野に入れられている。八〇年、八五周年記念シンポジウムはともに、いまだなされていない被害者への謝罪と名誉回復の実現とをこれまで以上に大きく掲げたものになっている。これら記録集を通じて、関東大震災をめぐる研究状況やその時々の社会情勢や歴史学会、歴史教育の動向も把握することができる。

一方、関東大震災時の朝鮮人虐殺とその国家責任を問う代表的な単著として、**姜徳相著『関東大震災・虐殺の記憶』**（青丘文化社、二〇〇三年）と**山田昭次著『関東大震災時の朝鮮人虐殺とその後――虐殺の国家責任と民衆責任』**（創史社、二〇一一年）をあげたい。前者は、同『関東大震災』（中央公論社、一九七五年）の新版で、新たな研究成果を踏まえ整理・大幅改訂されている。姜徳相氏は、一貫して関東大震災時の朝鮮人虐殺の背後には朝鮮民族の解放闘争とそれに対する官憲側の危機感や敵視があることと、虐殺事件研究として進展してきた大杉事件や亀戸事件と朝鮮人虐殺事件との相違点を指摘し続けている。つまり、前二者が自民族内の階級問題なのに対し、朝鮮人虐殺事件は日本官民一体の民族的犯罪・国際問題であり、また、後者は形式的にでさえも責任者処罰や謝罪もなされず、犠牲者の固有名詞すら明らかになっていないことを例に三者の虐殺事件の同質化を批判し、異質性を厳しく指摘する。

後者は同『関東大震災時の朝鮮人虐殺――虐殺の国家責任と民衆責任』（創史社、二〇〇三年）の増補・改訂版だが、新たな史実を提示することによって、著者が一貫して主張する「国家責任」と「民衆責任」について戦後の責任を含めてより明確に論じている。また、朝鮮人犠牲者の墓碑・追悼碑建立運動や他の抗議運動に関する詳細な調査と分析によって、戦前から継続して行われてきた在日朝鮮人や日本人による抗議運動の存在を示しており、それらの史実が今もなお果たしえていない国家責任のみならず私たちの民衆責任の重さをも再確認させる。加えて、虐殺を行った日本人と朝鮮人の生命を守った日本人との分岐点を示し、後者は日常的に朝鮮人と交流し、朝鮮人に親近感をもっていた日本人だという、当たり前のようだが大切な事実を指摘していることが印象深い。

本稿で取り上げた著作に共通するのは、虐殺当時の朝鮮人差別思想と執筆当時に存在するそれとを共通項とする認識である。九〇周年を経過した現在、「ヘイトクライム」に象徴されるような日本社会に蔓延する朝鮮人蔑視観は関東大震災当時から通底する意識なのだと改めて考えさせられる。時が経つにつれ政府のみならず私たちに課される国家責任・民衆責任はより重いものになっていくことを忘れてはならない。

（本庄十喜）

第2部　救援・復興・記憶

第4章　関東大震災における下賜金について

北原糸子

はじめに

九〇周年を迎える関東大震災だが、震災を伝える〝生〟の資料類が残されているのだろうかということは、首都圏を中心とするこの間の社会的変貌を考えれば、まず第一に懸念される点だ。さらに、震災資料が利用可能な形で社会に提供されているかどうかということもわたしたち歴史系の研究者にとっては重大な問題である。

昨年二〇一三年八月末日に行われた関東大震災九〇周年記念行事に、災害史研究の立場から報告を求められた。本会を主催している関東大震災記念行事実行委員会がこれまで重視してきた震災時の虐殺問題については、筆者はほとんど研究してこなかったが、関東大震災に関するさまざまな統計資料群に基づき、これまであまり検討されてこなかった関東大震災時の下賜金の配分から、以上のテーマに関わる多少の新しい事実を述べることにしたい。

以下では、震災当時の統計資料類などについても、まだ利用されていない領域があるのではないかということも併せて考えてみる。

1　関東大震災の資料的特徴

関東大震災を挟む前後の大正期は、大正デモクラシー、大正モダニズムなどの言葉に代表される、前時代とは様相を異にする時代として捉えられている。〝都市の時代〟と言い換えてもよいだろう(1)。都市にさまざまな人々が集まり、それゆえに、都市問題、貧困問題も大きくクローズアップされてくる時期であった。都市が抱える問題群を捉える、あるいは直接的に都市の貧困層を捉える一つの方法として、行政が社会調査を積極的に導入したのもこの時代であった。東京市の場合、一九二〇年度（大正九年）から始まる社会局調査は、まず社会事業団体に関する調査、次いで細民調査、細民地区の生計費・入質・入浴調査、内職調査、妊婦、労働者調査などと続く。この傾向は東京市ばかりではない。これに先んじて、すでに大阪府・市では、社会調査が着手されている(2)。

震災ではこの社会調査の方法、技術、人材が継承され、実際に活用された。そのもっともすぐれた成果は社会局『震災調査報告』と考えてよいと思う。この内容は本論で「第2節第3項下賜金の配分」で触れることにするので、ここでは簡単に触れるに留める。震災発生後の九月三日辺りから、政府が認めた鉄道、船舶の無賃乗車を利用しつつ、九〇万、一〇〇万といわれる避難民が地方へ逃れた。これら避難民を把握するために、九月二日に勅令で内務省社会局を中心に、関係省庁の官吏五百人を在任のまゝ急遽設けられた臨時震災救護事務局が主体となって、第一回国勢調査（一九二〇年実施）に倣い、一九二三年一一月一五日午前零時を期して全国震災罹災者調査が行われた。その結果をまとめたものが社会局『震災調査報告』（一九二四年一二月刊行）であった。臨時震災救護事務局は二四年三月に解散していたため、後を引き継いだ社会局からの刊行となったのである。これは、単なる調査のための調査ではなく、実際に発生している問題の解決を図るための調査であるから、極めて実践的、実際的であった。この他に震災で実施された社会調査としては、東京市のバラックに入居した被災者調査を学生たちを雇用して実施した生活調査などもある[3]。こうした調査は震災に関わる調査だと考えられて、一般的な社会調査と認められていない節がある[4]。しかしながら、「帝都」を直撃した震災は一挙大量の被災者を生み出し、彼らは避難先を求めて全国に散ったから、関東大震災は一種全国区の災害と化した。その都市域からの避難者の生活実態調査は、当時の都市生活者の実際の姿を浮かび上がらせるものがあった[5]。

もちろん、大震災であるだけに、当初から、震災の経過を記録に残しておくことが位置づけられ、そのための費用も当初から組み込まれていた。その結果、内務省社会局『大正震災志』上・下巻（一九二五年）、東京市『東京震災録』全五巻（一九二六年）、警視庁『大正大震火災誌』（一九二五年）、神奈川県『神奈川県震災誌』（一九二六年）、横浜市『横浜市震災誌』（一九二六～二七年）、安房郡役所『安房震災誌』（一九二六年）、静岡県『静岡県大正震災誌』（一九二四年）、北足立郡役所『埼玉県北足立郡大正震災誌』（一九二五年）など、震災県が発行した震災誌も多いが、震災地外で救援活動を行った大阪府『関東地方震災救援誌』（一九二四年）、長野県『長野県震災誌』（一九二九年）なども挙げることができる。震災地の場合は、いずれも、震災当初から被災地の状況、特に死亡者、行方不明者、全半潰あるいは流失戸数などの家屋損壊状況などに関する調査統計に基づいて記述され、また救援府県の場合には、避難してきた被災者の動向、救援隊派遣、義捐金募集などに関する統計数値を含むものである。震災県にして東京、横浜への救援活動を担った関東諸県の場合は罹災民と流入避難民の両方について記録している。こうした類の震災誌によって、わたしたちは現在もさまざまな被害実態を推定する手掛かりとしているが、しかし、その元になった〝生〟の資料類は、郡役所の廃止時期と重なる大正期の行政資料の多くが、整理あるいは破棄された例も多い。

こうした中にあって、東京の震災犠牲者を供養するために一九三〇年に建立された震災記念堂（現在の東京都慰霊堂）には、二四年上野自治会館で開催された「震災復興展覧会」や二九年日比谷の市政会館開館の際の記念事業として行われた「帝都復興展覧会」などで集められた資料が引き継がれた。また、建設の事業主体となった東京震災記念事業協会による霊名簿作成の元となった調査票なども残されている[6]。今回、ここで取り上げるのは、下賜金授受が

「罹災証明」としての役割を担ったことを示唆する、霊名簿作成の原票の「震災死亡者調査票」についての報告である。

2　下賜金の交付

(1)　交付の経緯

まず、関東大震災の下賜金がどのような形で決定されたのか、その配分方式はどうであったのかという点について述べておきたい。

関東大震災の天皇・皇后の下賜金は一千万円に上る。これに皇族の下賜を加えると、一〇五八万余円となる。一千万円という規模の災害下賜金は過去に例がない(7)。この経緯については、宮内大臣牧野伸顕の日記によって(8)、以下のようなことがわかる。

例年のごとく天皇は避暑のため、七月一二日皇后とともに日光田母沢御用邸に行くが、この時には牧野宮内大臣は供奉せず、約一か月半後の八月三一日の天長節奉祝のため、その前日の八月三〇日に日光入りした。牧野は九月一日、日光で一二時頃強震を感じ、午後一時日光停車場に行くも、汽車不通のため、日光に留まることになった。九月二日には帰京するが、この間、天皇・皇后の安否の確認と東京の状況を伝えるため、陸軍第五飛行大隊の飛行機から田母沢御用邸内に落とされた宮内大臣宛の信書も届いていたはずである。したがって、牧野宮内大臣はある程度の被災状況は承知していた。牧野は、宇都宮から乗車するものの、列車不通のため栗橋駅にて下車、川口へ出て日暮里で下車、谷中で迎えの車に拾われて道すがら惨状をみつつ、宮内省に至る。何時頃に宮内省に到着したのかは記されていないが、日光からの帰還の時間経過を考えれば、それほど早くはなかっただろう。その時の様子については以下のように記述している。

省前広庭にテント張中諸員執務中なり。三殿下も天幕中に御避難なり。一と通報告を聞きたる後赤坂へ伺候、拝謁す。此際の御処置、御思召等に付言上。

此日後八時頃新任式を被為行たるに付、首相へ御沙汰書及下賜金の事に付協議。次いで閣員へも面会、本件に付御思召之次第を内話し、進行に関する打合を為す。

『牧野伸顕日記』九月二日の条、八六頁

九月二日、おそらくは午後に入ってから宮内省に到着、一通り、宮城内の被害を聞いたのではないだろうか。その後、赤坂御所で摂政裕仁親王に謁し、この際の処置、「御思召等に付言上」とある。東京はまだ延焼中の時期であったが、この「御思召」とは災害時には天皇の下賜金は慣例であるから、そのことについて、宮中全体、及び財政上の責を担う宮内大臣から、この時点ですでになんらかの示唆がなされたのではないだろうか。次いで、その日の夜八時、油絵[9]にして残され有名な、蝋燭の灯りによって執り行われた新任式を経て、新内閣成立後、山本権兵衛新首相に下賜金とその沙汰書について協議、新内閣の閣僚たちに面会したとある。また、新内閣の閣僚たちにも摂政の下賜金のことを諮り、「進行」について打合せをした。下賜の金額とその趣旨を伝える沙汰書の公布日程を打合せしたということだろうと推定される。

このことを裏付けるものとして、内大臣平田東助の伝記[10]の記述が参考になる。牧野の日記には、平田内大臣が同席したことには言及していないが、同じく、暗闇の中の赤坂御用邸内の庭での新任式を終えた山本首相に平田と牧野が下賜金の事を伝えたとある。

御次の間にて予と牧野とは山本以下に挨拶し続て非常の際宮中御手元より御救恤の意を以て内帑の資を賜るべき殿下の御思召を内示し就ては其金額に付ては政府の所見もあるべく之を承知したる上にて決定したき旨協議する処あり、退いて相談の上報すべき旨を約して分かれたり。

『伯爵平田東助伝』 一七八頁

これら二件の関連記述からわかることは、まず下賜金については摂政の意志があること、その金額については新内閣の意向を汲み取るという点である。

これを「大正天皇実録」[11]で確かめると、以下のようであった。

三日午後六時三十分摂政裕仁親王赤坂離宮ニ内閣総理大臣山本権兵衛ヲ召シ、御沙汰ト共ニ内帑金壱千万円ヲ賜ヒ、罹災者賑恤ノ聖旨ヲ奉行セシメラル

翌三日の夕方六時三〇分に、摂政裕仁親王は、下賜金額一千万円を内帑金から支出する旨を山本新首相に伝えた。おそらくは前夜一〇時近くの協議から二〇時間ほどの間に、下賜金の額についての協議が行われ、内部の必要な手続きを終えて、この段階で内帑金交付公表の運びとなったと一応は理解できる。下賜金交付の沙汰書は三日付である。

(2) 救恤金五〇〇万円は政治判断で一千万円に

この間の宮内大臣の日記あるいは内大臣の伝記などから、確かめられる下賜金の決定経緯は以上のようであったが、宮内庁の「恩賜録」[12]によって、これらの事実を確かめると、一晩のうちに一千万円という下賜の金額が即決したわけではない。

九月六日　午後一時
大谷庶務課長

二荒宮内書記官

一．御救恤金ニ関スル大夫ノ意見宮内大臣ヘ上申ノ件
風水害等ノ場合ニ於ケル御救恤金ハ近来両陛下ヨリトナリ於レルモ以前ハ聖上睦仁宮名前ニ賜ハリタルモノナリ、然ルニ彼ノ米価暴騰ニ因ル下賜金ハ聖上ヨリ賜ハリタリ此ノ種ノ賜金ハ単ナル御救恤ト云ハンヨリモ幾分異レル政治的ノ意味合モ有之平常ノ御救恤トハ別ノ取扱ヲ為ス方可ナリト信ス

一．就テハ皇后宮ヨリノ思召ノ事ナルカ本件ニ附イテハ目下考究中ニテ何レ御協議申上ケルコトニ致スヘシ

右、上司ノ命ニ依リ回答申上候可然御取リ計ライ願タシ

なお、この資料は宮内庁の罫紙に認められているが、上段の欄外に、「侍従長」、「皇后宮大夫」、「行幸主務官」と朱印が押され、侍従長の押印はないが、皇后宮大夫の箇所には（大森）の丸印、行幸主務官の箇所には天地を逆にして（二荒）の丸印が押されている。つまり、皇后宮大夫（大森鍾一）と二荒行幸主務官は内容を確認したということであるが、侍従長（徳川達孝）の押印がないことについては留意しておきたい。

さて、上記史料について考えるべき点はいくつかある。

1、日付が九月六日となっていること
2、皇后宮大夫から宮内大臣宛の上申書であること
3、大谷庶務課長から二荒宮内書記官に宛てられたメモ的な依頼文書であること
4、内容は、第一項目は、従来、風水害などの場合の下賜金は、天皇・皇后両陛下の名において下賜される救恤金であったが、この度は米騒動の時に天皇の名に於いて下賜金（三〇〇万円）が出された例に等しく、政治的な意味が強く、通常の救恤金とは異なるもの。第二項は、皇后からのお考えによるが、目下検討中であり、いずれ協議を

したい。

以上の二項は上司からの命令によって回答するものであり、取計らいをお願いしたい。

とまとめることができる。

さて、以上の四点から、これは皇后宮大夫の側からの下賜金決定に対する懸念が示されたものと考えてよいだろう。

実はこの間の経緯については、関東大震災九〇周年を記念して開催された昭和天皇記念館・宮内公文書館共催展『摂政宮と関東大震災』図録には新しい資料が掲載されている。(13) 大臣官房庶務課「恩賜録」一から引用の内帑《ないど》の下賜金の決済文書（同図録写真三〇参照）では、「五百万円」は墨の二重線で消され、「一千万円」に訂正されている。この資料の解説（キャプション）によれば、「救恤金が当初予定されていた『五百万円』から訂正されて、一〇〇〇万円に増額されたことが窺い知れる」とされている。上記に述べたような政治的判断により一千万円とされた恩賜金については、皇后宮大夫の側からは単なる救恤金ではなく、先年の米騒動の際の下賜金に倣った極めて政治性の高いものであるから、いま暫く検討したいという意向が示された事実があったことが知られる。少なくとも、九月二日から三日に掛けて、摂政裕仁親王と宮内大臣、内大臣、山本権兵衛首相の間で了解された下賜金一千万円については、すでに摂政の名において九月三日に沙汰書が交付されている段階であったわけだから、こうした政治的判断への懸念があったことの背景について多少の憶測もしてみたくはなる。

原武史によって描かれた貞明皇后と昭和天皇の確執を考えれば、極めてあり得る事態であったということになろうか。(14) 裕仁親王が摂政に就いて漸く二年を経た矢先、帝都東京そのものが壊滅的打撃を受けたのである。皇室としてこの事態にどう対応するのかは大正天皇が歩くこともできないほどの病状の悪化のため、皇后の苛立ちは抑えがたいものがあったに違いない。そして、開明派の牧野伸顕宮内大臣の進言通りに動く若い摂政に不安を募らせていたと想像することはあながち憶測が過ぎるとはいえないのではないだろうか。皇后の下賜金に対する懸念が、内帑金から支出される一千万円という高額であること、大正天皇の健康上の問題から摂政が置かれたにせよ、こうした重大決定については皇后へも予めの相談を要請するものであったことが牧野の日記からも推定されるのである[15]。

(3)　下賜金の配分

さて、この下賜金はどのように配分されたのかということに移ろう。これには、後藤新平内務大臣から同時期に閣議に請議された「下賜金処分方法閣議請議ノ件」とともに、「義捐金処分ニ関スル件」をみなければならない。ともにこの問題を考える場合の基本資料である。左の請議案二件は九月一六日に閣議に提出された（アジア歴史資料センター、JACAR、ダウンロード可能）。

その内容は、九月一五日段階で義捐金総額二七〇〇万円余に達したことが記され、義捐金処理は被災者個人に配分するのではなく、食糧費、被服費、応急施設費（浴場、治療所）、日用品市場建設、孤児等の収容施設、死亡者葬祭料、細民住宅、被災者旅費などに充てられるとした。これは要するに罹災救助基金の項目そのものであり、したがって、義捐金は被災者個々人には配分せず、公的な救済金に繰り入れるということを意味している。この請議と当日の一六日に下賜金の処理も提案され、こちらの方は遅れて、九月二〇日に閣議決定された。この下賜金処分は個人に現金を配分する、その比率は死亡者一人一〇の割、全焼・全潰・全流失戸数一に対して一〇の割、半焼・半潰戸数一に対して五の割、負傷者一人に五の割とするものであった[16]。下賜金処理方法が請議に付された理由について、請議によれば、被災者への物資供給などはすでに国費を以て支給されており、下賜金の意義を遍く被災者に下付するには現金を配分することが至当とするものであった。ここで重要なことは、この二件の請議は、相互に深く関連しつつ、提案されたことである。

結論からいえば、天皇の下賜金は金額の多寡が問題ではなく、天皇から直接被災者に「思召」が届くことに意義がある。とすれば、被災者に与えられた下賜金であるから、これを受ける資格は被災者に限られる。被災者とは、すでに請議で規程されているように、この震災での死亡者・行方不明者、負傷者、全半焼・全半壊戸に該当する者、すべてである。したがって、一時的に地方へ避難した人々を確認するためには、下賜金下付を一つの手立てとして、全国の震災罹災者人口調査を実施し、その所在が確認されれば、地方へ散った被災者を把握することができることになると考えられるわけである。

この点が請議案にはなかなか意味深長な表現で述べられている。すなわち、「罹災者ノ決定ニハ相当ノ困難ヲ感スヘキモ結局罹災者ヲ知ルコトハ必スシモ不可能ニハ非ス」としている。被災者を特定する方法はこの段階ではまだ具体的に手続きをはじめているわけではないらしい。しかし、一定の行政上の手順が予測されていることが推測される。事実、全国に散った震災地からの避難者を受け容れた各県の行政資料では、一〇月の初旬にはすでに震災避難者調査の通牒が出されていたことが確認できる(17)。

この意図の許に実施されたのが、一一月一五日午前零時を以て実施された「震災罹災者人口調査」である。これはさらに別の行政上の意図も含まれていた。それは、震災地、特に東京、横浜に彼ら被災者は戻るのか否かということである。これは調査項目に挙げられている「来るべき人、去るべき人」という表現に象徴されている。莫大な予算で実施される国勢調査に準じた人口調査であるだけに、行政上緊急に必要な理由が含まれていたのである(18)。

3　下賜金授受の資格調査

東京府告示第四二七号（東京府公報号外大正一二年一一月一六日）は恩賜金受給者資格に関する規定である（ここでは下賜金ではなく、恩賜金としている）。

図4-1の東京府公報第四二七号（大正一二年一一月一六日）は長野県の関東大震災関係簿冊(19)に綴じられているものである。各地方へ避難した被災者に対して下賜金交付のための被災者調査書が社会局から指令された。その雛形は東京府公報四二七号とするというものであった。ここに書かれている内容は以下のようなものである。

東京府告示第四百二十七号
今回ノ震災ニツキ賑恤ノ思召ヲ以テ　天皇陛下ヨリ御内帑金下賜アラセラレル　聖恩ノ鴻大ニシテ優渥ナル洵ニ恐懼ニ堪ヘス罹災者ハ左記ノ要項了知ノ上罹災当時居住又ハ滞在シタル地ノ地区町村長ニ申告スヘシ
大正十二年十一月十六日　東京府知事　宇佐美勝夫

これに続いて恩賜拝受者資格要件として、震災、あるいは水火災に因る死亡者、行方不明者、負傷者及び住宅の全潰、全焼、全流失又は半潰、半焼、半流とする。住宅全潰は再築しなければ居住できない場合とし、震災当時震災地に世帯を持つ者に限ること、負傷、行方不明者については、世帯を持つか否かに拘わらず震災当時震災地に居住または滞在した者としている。これに続いて、左記の資料の最後に、「恩賜金ハ内外人ヲ問ワス総テ之ヲ下附ス」とした。続いて、恩賜金拝受の有無に関する決定は市町村が行うとして、さらに、詳細な規定（1　住宅罹災者、2　負傷者、3　死亡者、行方不明者の遺族、4　申告者無能力者なる場合、5　罹災申告場所及期限、7　恩賜金拝受者種別）が列挙されている。このうち、5の期限は、大正一二年一一月二〇日より二か年（大正一四年一一月一九日）までとしている。

一〇月三一日、震災各県への配分額は被災者人数に応じて、次のように決定され、伝達者への通牒が発せされた。東京府七一〇万八八八九円、神奈川県二五一万九四一四円、千葉県二〇万六四三五円、埼玉県六万五五一九円、山梨県一万五八二二円、茨城県三一三九円、これを合計すると、九九一万九二一八円となる[20]。

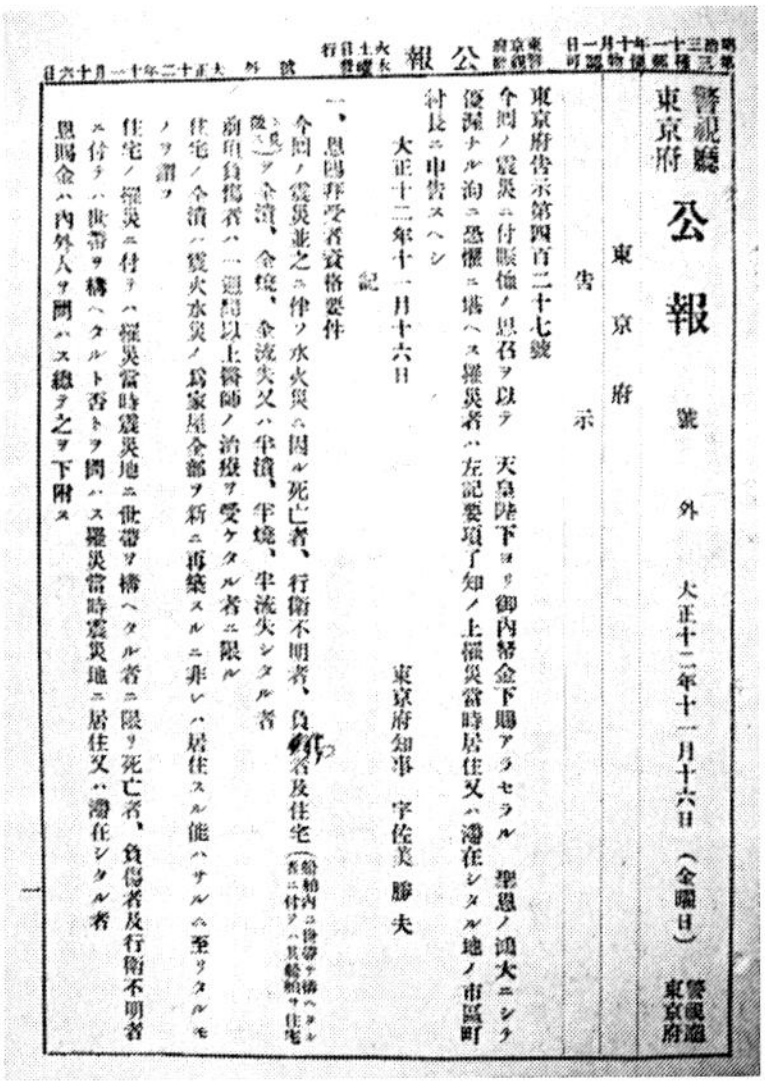
明治三十一年十一月一日第三種郵便物認可　警視廳 東京府　公報　號外　大正十二年十一月十六日

警視廳 東京府 公報　號外　大正十二年十一月十六日（金曜日）　警視廳 東京府

東京府

告示

東京府告示第四百二十七號
今回ノ震災ニ付賑恤ノ思召ヲ以テ　天皇陛下ヨリ御内帑金下賜アラセラル　聖恩ノ鴻大ニシテ優渥ナル洵ニ恐懼ニ堪ヘス罹災者ハ左記要項了知ノ上罹災當時居住又ハ滯在シタル地ノ市區町村長ニ申告スヘシ
大正十二年十一月十六日　東京府知事　宇佐美勝夫
記
一、恩賜拜受者資格要件
今回ノ震災並之ニ伴フ水火災ニ因ル死亡者、行衛不明者、負傷者及住宅（船舶内ニ世帯ヲ構ヘタル者ニ付テハ其船舶ヲ住宅トス）ノ全潰、全燒、全流失又ハ半潰、半燒、半流失シタル者
前項負傷者ハ一週間以上醫師ノ治療ヲ受ケタル者ニ限ル
住宅ノ全潰ハ震火水災ノ爲家屋全部ヲ新ニ再築スルニ非レハ居住スル能ハサルニ至リタルモノヲ謂フ
住宅ノ罹災ニ付テハ罹災當時震災地ニ世帯ヲ構ヘタル者ニ限リ死亡者、負傷者及行衛不明者ニ付テハ世帯ヲ構ヘタルト否トヲ問ハス罹災當時震災地ニ居住又ハ滯在シタル者
恩賜金ハ内外人ヲ問ハス總テ之ヲ下附ス

図4－1　東京府公報第427号
（大正12年11月16日）

(1)「恩賜金ハ内外人ヲ問ワス総テ之ヲ下附ス」の意義

ここで本章での中心論題となるのは、「恩賜金ハ内外人ヲ問ワス総テ之ヲ下附ス」という規定は当時震災地にいて被災した朝鮮人にも適用されたのか否かという問題である。当初、これを知る手立てはないのではないかと思っていたが、意外なところでその有無を確認できた。

それは先に触れた「震災死亡者調査票」である。これは財団法人東京震災記念事業協会が主体となって行った被服廠跡で亡くなった四万人余の人々について後追いで死亡者を調べたものであり、震災記念堂に納骨される人々の霊名簿の元となるべき基礎資料でもあった。この経緯についてはすでに別の場所で述べた(21)。ここでは、朝鮮籍の人々のカードの有無、その記載内容について以下で述べることにしたい。

(2)「震災死亡者調査票」にみる朝鮮籍の死亡者

まず、「震災死亡者調査票」の調査項目は以下の通りである。

表面（各記入欄項目）
区名、何年、埋葬認許証下付番号、氏名、男女別、生年月日、本籍、住所、死亡場所、
摘要、照合（御下賜金下付申請書）、例外、申告
裏面（以下のような記入についての注意事項が挙げられている）
注意事項
一．本票ハ大正十二年九月中大震火災ニヨリ死亡シタル者テ埋葬認許証下付申請書ニヨリ記入シ罹災御下賜金下付申請書ト照合シ合致シタルモノハ照合当該欄ニ合印ヲ押スコト

一・埋葬認許証下付申請書中ニナク罹災御下賜金下附申請書ノミニアル者ニ付テハ同様調査票ヲ作成シ摘要欄ニ其ノ旨記入スルコト
一・埋葬認許証下付申請書及罹災御下賜金下付申請書ニナキ者ト雖モ当該者ト認定シ得ル者ハ同様調査票ヲ作成シ其ノ旨摘要欄ニ記入スルコト

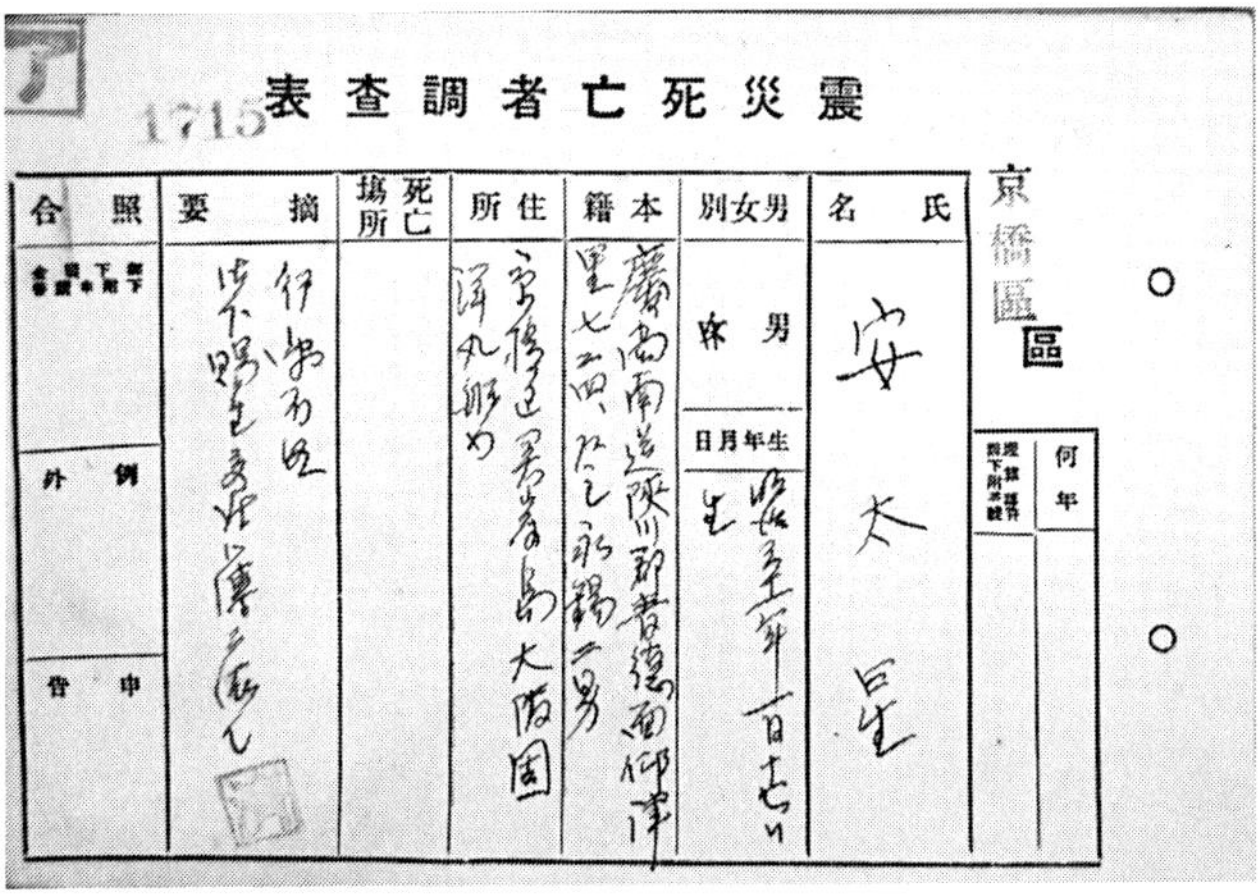

図4－2　震災死亡者調査票

出典：東京都復興記念館蔵。

以上の項目を解読すると、第一項は震災死亡者で、埋葬認許証に基づいて震災下賜金を申請した者、第二項は埋葬認許証の申請をしていないが、下賜金の申請をした者、第三項は以上のどちらも申請していないが、震災死亡者と認定される者については、震災死亡者調査票に記入する対象とされるということである。要するに、申請があれば震災死亡者として認定しようということと理解できる。「震災死亡者調査票」は全体では五万枚余と推定され、未だその分析は緒についたばかりであるが、簡単な概要はすでに明らかにした(22)。

図4-2の調査票（カード表面では「表」、裏面の注意事項では「票」とされている。ここでは「票」を用い表記）は、本籍が朝鮮籍、安太星二六歳で、生前の住所は「京橋区霊岸大阪固洋丸船内」とある。死亡場所は不明、したがって、行方不明ということになる。「御下賜金交付簿ニ依ル」済の角印が押されていることから、この人物の遺族にあたる人間が下賜金を受け取ったと推定される。先の東京府公報第四二七号による下賜金を申請できる遺族についての規定は、

図4－3　朝鮮籍死亡者年齢別人数

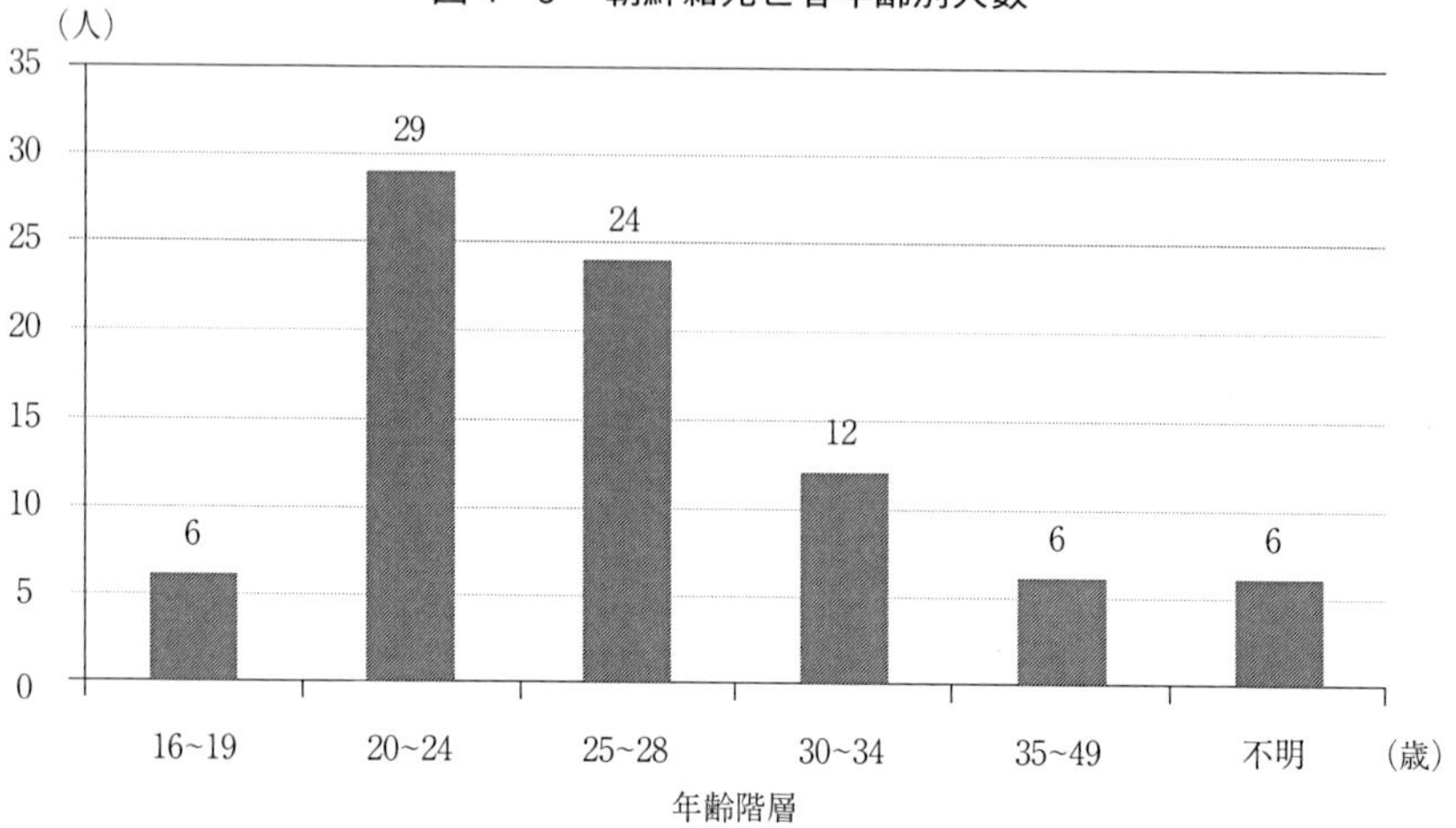

戸籍謄本か遺族たることを証明する書面が必要とされ、行方不明者の場合には、被災当時の状況、あるいはその後の捜索手段の経過などを報告して、遺族と認定されることになっている。朝鮮籍の人々についてのこの点の実際の手続きについては今のところ不明である。

こうした例を全体の五万余枚あるカードから一部調査した数では、朝鮮籍は八三件であった。これらの人々の生年月日から年齢を推定すると、図4-3のグラフのように男性ばかりであること、二〇代～三〇代で全体の六〇％以上を占める。その労働力が求められる存在であったことがわかる。

本籍地、震災前住所、あるいは死亡場所の記入があるケース五三件についてみると、本籍地は慶尚北道出身者が最も多く二六件、次いで慶尚南道一二件、全羅南道六件、京畿道一、黄海道一、不明七件である。震災前の住所は、五三件のうち、京橋区が二一件でもっともまとまっている。京橋区内では、新佃島八件、月島が八件、ほかに三河島三件、大島町三件、平塚二件、向島二件などで、牛込山伏町、入船が各一件ずつある。その他は該当欄が空白である。死亡場所で特徴的な点は大島町曲八―八〇七という住所では、一五人が亡くなっている。しかも、この大島町曲で亡くなった人々については、震災前住所は空欄である。死亡場所は区々であって、震災前住所と死亡場所が同じケースは五三件のうち六件であり、大量死の発生した被服廠跡で亡くなった人は一名にすぎない。その他、荏原郡平塚町に震災前住所があった人が東京の青山救護所でなくなっているケースが一件ある。

以上、どういう状態で震災に遭遇したのかを簡単な調査項目から推定したが、いずれにしても、調査時点はもはやこの世にいない人々であるから、総てが事実かどうかはわからないということは踏まえておかなければならない。

この一群のデータのうち、当初の目的であった下賜金の配分については、五三件のうち、四八件を確認できる。例示した安太星に見られるように、「御下賜金交付簿ニ依ル」として、済の角印のあるものや、単に済の角印のあるものの合計件数である。

おわりに

以上、関東大震災で成立した震災内閣と宮中の宮内大臣、内大臣の下賜金額に関する決定の経緯、下賜金が震災避難民の所在調査と抱き合わせで下付されるに至る行政措置、そして、本稿で問題とすべき朝鮮籍の震災死亡者に天皇の下賜金が与えられた具体的な事例を示した。最後になったが、関東大震災の死亡者について、当時の資料から新しい事実も明らかになる可能性がでてきたことに触れて、本稿を閉じることにしたい。二〇一二年の『災害復興研究』第四号の紙上で、関東大震災当時の東京市長永田秀次郎が自らの退職金を以て、個人で建立した震災犠牲者霊牌堂が高野山奥の院にあり、ここに一万年保存を目標に震災犠牲者の名前を刻む陶板と和紙が収められていることを報告しておいた(23)。この霊牌堂の地下に保存されていた震災死亡者の名前の刻まれたタイルを発掘、二〇一三年七月から調査をしている坂口英伸氏に、二〇一四年四月五日に行われた首都圏形成史研究会例会の席上でお話をしていただいた。霊牌堂の地下にあったタイル（一八㎝×二四㎝）には、表裏それぞれ七五名ほどの震災死亡者の名前が刻まれているという。震災死亡者五万七四〇〇人すべての名前が刻まれているとすれば、膨大な量のタイルを取扱うことになるが、坂口氏は今後それらを二年掛けて明らかにしていく予定だというから、それによって明らかにされる新事実の発見もあると期待される。このほか、霊牌堂内には永田が一万年保存を謳う特殊処理の和紙に、渋沢栄一など当時東京震災記念事業協会に関わった著名人が震災死亡者の名前を記し献納した霊名簿が、厳重に封印された石棺に納められている。坂口氏は、永田の遺志を尊重して、この石棺の封印は解かないというが、研究者一個人の判断で左右すべき問題ではなく、当然の判断であろう。(24) なお、調査すべき課題は山積している。本稿はその手始めにすぎないことを御断りしておきたい。

注

（1） 成田龍一『近代都市空間の文化経験』（岩波書店、二〇〇三年）。
（2） 社会福祉調査研究会編『戦前日本社会事業調査資料集成』一〇（勁草書房、一九九五年）。
（3） 「共同バラックニ関スル調査」『都市史資料集成』第六巻別冊（東京都、二〇〇五年）。
（4） 社会局調査研究会『東京市社会局調査の研究――資料的基礎研究』（財団法人住宅総合研究財団、一九九二年）。
（5） 拙著『関東大震災の社会史』（朝日新聞出版、二〇一一年）。
（6） 拙稿「関東大震災の被災者の動向」（『日本史研究』第五九八号、二〇一二年、一～二五頁）。
（7） 拙稿「関東大震災――一千万円の下賜金について」（栃木県歴史文化研究会『歴史と文化』第二二号、二〇一三年八月二四日）において、宮内公文書館蔵「大正天皇実録」によって関東大震災前までの在位時の恩賜金の事例一六六件を明らかにした。この内容は、当時の植民地台湾七件、朝鮮一一件が含まれ、日本本国へは一四八件となる。ただし、大正天皇在位時の「恩賜録」はすべてが公開されているわけでないから、個々の申請事例を調査することはしていない。しかし、金額の多寡からみると、三〇〇～八〇〇円が全体の四〇％、三〇〇～二〇〇〇円までとすると全体の七〇％を占め、大正三年を中心とする東北六県の冷害と桜島噴火災害への恩賜金一五万円、ついで大正七年の米騒動の際の救恤金三百万円であったから、関東大震災時の一千万円が異例のものであったことは歴然としている。なお、明治天皇在位時の災害に関わる下賜金については、拙稿「天皇下賜金からみた日本近代前期の災害」『人と国土21』（第三九巻三号、二〇一三年）参照。
（8） 伊藤隆・広瀬順晧編『牧野伸顕日記』（中央公論社、一九九〇年）。

（9）この場面を描く油絵は当時摂政として新任式を執り行った後の昭和天皇の強い希望により、昭和二年（一九二七）和田英作に依頼され、昭和一一年（一九三六）完成。現在、昭和天皇記念館に展示されている（『歴史にみる震災――企画展示』二〇一四年三月、国立歴史民俗博物館、一三八頁）。
（10）加藤房蔵編『伯爵平田東助伝』（発行者・三瀦彦太郎、一九二七年、非売品）。
（11）「大正天皇実録」巻八一、二一～二二頁。
（12）「恩賜録」大正十二年（一三三四-一）。
（13）宮内庁書陵部図書課宮内公文書館編『摂政宮と関東大震災』（非売品、二〇一三年九月一日発行）、第三章救恤・恩賜、写真三〇。なおこの書類には侍従長の押印があり、宮内大臣から内閣総理大臣への通牒では金額欄は空白である（同書、二一頁）。
（14）原武史『昭和天皇』（岩波新書、二〇〇八年）。
（15）『牧野伸顕日記』大正一二年九月一八日の条（九〇頁）、九月一七日に日光へ参内した牧野は、翌一八日、皇后に謁し、震災の惨状からして皇太子が久邇宮良子との結婚を暫し延期する意向であることを伝えた。その際、内帑金からの下賜金支出であることを伝え、宮廷費の節減が必要との進言について、皇后は「自分も多分左様の事ならんと気附きたり、愈々其運びに進む場合には予じめ知らせ貰ひ度との御仰なり」とある。
（16）正確な被災者数が把握されていない段階では、過去の大災害、たとえば、明治三陸津波などの場合にも、当初は配分率を決め、義捐金の処理を行っている（大船渡市立博物館蔵、赤崎村役場文書明治二九年簿冊）。
（17）前掲拙稿「関東大震災の被災者の動向」［注6］では、臨時震災救護事務局副総裁後藤新平の名において発せられた「罹災避難者調査ニ関スル件」の通牒は一〇月六日、長野県の受領日は一〇月八日であることを紹介した。
（18）前掲拙稿「関東大震災の被災者の動向」［注6］参照。
（19）長野県歴史館蔵、「公文編」大正十四年、社会課・震災関係 2B1-15-1。
（20）内務省社会局『大正震災志』下巻、一九二五年、八九～九〇頁、この段階ではいまだ被災者数は概算で捉えられたに過ぎない。東京市の場合、被災者と判明した者については、一二月一日に各区の代表者に伝達されているが、これ以降、手続きを踏まえた被災者に対して順次下賜金が配分されたと推定される。
（21）前掲拙稿「関東大震災の被災者の動向」［注6］参照。
（22）前掲拙稿「関東大震災の被災者の動向」［注6］に挙げた論文参照。
（23）拙稿「関東大震災における避難者の動向――『震災死亡者調査票』の分析を通して」（関西学院大学災害復興制度研究所『災害

復興研究』第四号、四三〜五一頁)。

(24)『神奈川新聞』五月二五日号、論説・特報欄「未曾有に学ぶ」語り継ぐ関東大震災。

第5章　フィールドワークからみる「帝都復興事業」
――復興橋梁と同潤会アパートを中心に

東海林次男

はじめに――なぜ橋梁や同潤会アパートに注目したか

東京空襲を調べているときに、天皇制教育の舞台装置である御真影奉安庫・同奉掲所や一階廊下の下に防空壕（待避壕）が残っている小学校との出会いがあった。その小学校は関東大震災の復興事業として建設された鉄筋コンクリート造（以下、ＲＣ造）の「復興小学校」といわれるものであった。

復興小学校がヒントになって、建造物に空襲被災痕など戦争を伝える痕跡が残っている可能性があるのではないかと考えた。つまり一九三〇年代に造られた木造の看板建築が残っている場合はその地域は空襲を受けなかった土地であり、もし空襲被災地でありながら空襲以前に造られた建造物が残っている場合は、それらに空襲の何らかの痕跡が見られる可能性があると。空襲以前の代表的な建造物は、日本建築学会編『総覧　日本の建築3　東京』（新建築社、一九八七年）や同時代建築研究会編『悲喜劇　一九三〇年代の建築と文化』（現代企画室、一九九〇年）などからリストアップした。そのリストを手にして、それらに空襲痕がないかどうかを確認するフィールドワークを一〇年間ぐらい行ってきた。すでに解体された建造物が多くあり、確認後に解体されたものもあるが、建物に興味を持つきっかけにもなった。結果的には、橋梁の日本橋（中央区）や大和田橋（八王子市）の歩道に焼夷弾痕がある、鎌倉橋（千代田区）には機銃掃射痕がある、第一生命館の屋上に高射砲台座が残っていた[1]、旧国鉄ビルに耐弾層を施していた[2]、同潤会アパートメント・ハウス（以下、同潤会アパート）の一つ・清砂通りアパートの壁や天井に空襲による火災のため煤が付着していた、などが確認できた。この一連のフールドワークや聞き取り、関連資料の裏付けにより、空襲被災痕や高射砲台座などを残していた建造物の大部分は関東大震災の復興期以降に造られていることがわかった[3]。つまり震災後に本格的なＲＣ造の建造物が造られたため、最近まで存続していたということである。

1　関東大震災やその復興を今に伝えるモノ

私がこれまで追い求めてきたものは、戦争遺跡が中心だった。その関連で、近現代の歴史の現場も訪ねるようになった。その成果は、東京都歴史教育者協議会編『新版　東京の戦争と平和を歩く』（平和文化、二〇〇八年）や東京大空襲・戦災資料センター編『学び・調べ・考えよう　フィールドワーク　東京大空襲』（平和文化、二〇一四年）などにまとめることができた。そして、歴史教育者協議会（略称・歴教協）や地域の学習サークルなどが主催した、さまざまなテーマに合わせて都内各地を見学する巡検・フィールドワークの案内人・講師を務めてきた。その中から、関東大震災とその復興に関連するものに限って紹介する。

①湯島聖堂囲塀の外の焼けいちょう

大震災の火災により木造の湯島聖堂の大成殿やその囲塀などが焼失した。その時、囲塀の外側に茂っていた公孫樹が被災した。その被災痕である炭化した樹肌を持つ五～六本の公孫樹を今でもみることができる。大成殿や囲塀は一九三五（昭和一〇）年に伊東忠太の設計によるＲＣ造で再建され、現在に至っている。

②日本橋の橋脚の疵

現在の日本橋は、一九一一（明治四四）年に竣工した石造アーチ橋である。大震災による火災が日本橋川に停留していた船にも飛び火してたくさんの船が焼け、その燃えた船が流れてきて上流側の橋脚に引っかかり、その時の熱によりその部分の石にひびと剥離が生じ、その悲惨さを伝えている（ただし、その部分は船からしか観察できない）。なお、一九四五年の空襲時、焼夷弾の底が当たってできた六角形の疵を歩道で、飛び出た火焔により変色した石を欄干でそれぞれ見ることができる。

③小石川植物園内にある大震災記念石

記念石裏面に「大正十三年九月一日建立　當園一ケ年居住者有志」（縦書き）と刻まれている。震災直後には、この小石川植物園をはじめ各地の公園や学校の校庭、靖国神社境内などにバラックが建てられた。この植物園には約三万人以上が一時的に避難した。江戸時代の小石川養生所の井戸水は避難者の飲み水として利用された。

④各地にある慰霊碑・塔

都内各地に多数の関東大震災慰霊碑・塔があるが、ここでは浄心寺（江東区平野）の一九二五（大正一四）年に造られた蔵魄塔《ぞうはくとう》のみを紹介する。魄はたましい（霊魂）のことで、納骨設備を伴う関東大震災犠牲者供養塔である。当時の東京美術学校教授・日名子実三《ひなごじつぞう》の設計によるもので、悲しみにくれる裸婦が半球ドーム形に表現されたたましいによりそって泣いているようすをあらわしている。

⑤東京都慰霊堂・復興記念館（墨田区横網町二丁目　横網町公園）

横網町公園はＪＲ両国駅の北方にあり、駅と公園の間に江戸東京博物館、両国国技館などがある。これら二つの施設と公園を含めた一帯に陸軍被服廠があったが、東京市が陸軍省より買収し一九二三年七月から公園造成中だった。大震災当時、空き地となっていたため、この場所が罹災者の避難場所になった。ところが、火災旋風が起こり、この地だけで三万八〇〇〇人が死亡したと推定されている。

死亡者を慰霊し、再びこのような大惨事が発生しないことを願って、一九三〇（昭和五）年九月に「震災記念堂」が建設された。伊東忠太の設計で、三重塔の部分が納骨堂になっている仏教寺院の外観をもつ建物である。この記念堂の左手前方に、帝都復興展覧会（一九二九年）に出品された震災被害品を展示するために、「復興記念館」が一九三一年に建てられた。伊東忠太と佐野利器の共同設計で、屋根は東洋風の帝冠併合式である。館西側の外に震災記念物が野外展示されている。両建物で伊東がデザインしたさまざまな動物と出会うことができる。

なお、一九四四～四五年の東京空襲で亡くなった約一〇万人のうち、各地に仮埋葬していたのを掘り起こし、身元不明者の遺骨を納骨堂に改葬し、五一年に「東京都慰霊堂」と改称した。

毎年、東京大空襲の三月一〇日、関東大震災の九月一日の両日は、納骨堂の扉が開けられ、蔵骨器にむかって冥福を祈ることができる。

⑥永代橋や清洲橋などの復興橋梁

これについては後述する。

⑦中央区立常盤小学校・常盤公園、旧文京区立元町小学校・元町公園などの復興小学校・復興公園

東京市は焼失した一一七の市立小学校を一九三一年までにRC造で再建している。その中の五二校には小公園を隣接して整備し、児童の運動場や防災拠点として位置づけた。二〇一三年一二月現在、残っている復興小学校は一五校となっている。

⑧同潤会アパート
上野下アパートのみ現存していたが、二〇一三年五月に解体工事に入り、同潤会アパートはすべて消滅した。同潤会アパートについては後述する。

⑨旧東京市営店舗向住宅（江東区清澄三丁目　清澄公園の東側）
一九二四（大正一三）年、岩崎家・三菱財閥が清澄庭園を東京市に寄贈した。一九二八（昭和三）年、東京市が庭園拡張地に震災復興の一環として建てた店舗向住宅である。

⑩「臨幸記念」碑（中央区東日本橋一丁目　日本橋中学校隣り）など復興祭関係記念碑
この碑は、一九三〇（昭和五）年三月、昭和天皇の復興帝都巡幸のとき、竣工まもない千代田小学校に立ち寄ったのを記念し、地元有志の寄付、日本橋区役所の補助金により、一九三三（昭和八）年に建立されたものである（写真5-1）。他に旧江戸城田安門や上野公園、旧軍人会館（現九段会館）屋上などにも記念碑などがある。

写真5-1　「臨幸記念」碑
（2013年撮影）

⑪震災十周年記念搭（中央区数寄屋橋交番後ろ）
燈明を右手に掲げて前方を見守る青年像が台座上に立ち、台座正面に「不意の地震に不断の用意」、裏側に「関東大震災十周年記念　震災共同基金会建立　後援東京朝日新聞社　昭和八年九月一日　西望作」（縦書き）と刻まれている。西望は、長崎平和祈念像で知られる北村西望である。

大正十二年関東大震災の直後、氏は選ばれて帝都復興院土木局長に任ぜられ、復興事業の根幹で然も極めて難事業であった区画整理、およびこれに基く土木工事の計画遂行に直面して、献身的努力をなすこと二年余、事業の基礎漸く成った大正十五年春、心身疲労の極事業の犠牲として、惜しくもその生命を絶ったのであります。
昭和六年復興事業の完成に当り、先輩知友相寄り、氏の功績を偲び記念としてこの彫像を、深川相生橋畔の中島公園に建立したのでありますが、太平洋戦争の災禍により損傷せられましたので、昭和三十年春それを修復の上、この地に移設したのであります。
昭和三十年六月

図５－１　太田圓三顕彰碑の碑文

像は、一九三一（昭和六）年、第一二回帝展に「燈台」として出品したもの。

⑫復興局土木部長・太田圓三顕彰碑（千代田区神田錦町一丁目　神田橋北詰公園）

顕彰碑は、上に彼の胸像がレリーフで描かれ、下に碑文が刻まれている（図５－１）。

この顕彰碑は碑文にあるように、相生橋畔の中島公園に建立された。相生橋は月島と深川方面を結ぶために、一九〇三（明治三六）年に大橋と小橋の二つの木橋が中の島（中洲）を介して架けられたのが始まりである。それ以前の月島への移動手段は、佃の渡しと月島の渡しの渡船しかなかった。

関東大震災の時、炎上した船が橋桁にひっかかって延焼し、木橋だったので焼け落ちた。石橋の日本橋との違いである。一九二六（大正一五）年、震災復興事業の中でいち早く再架橋された。その後、小橋の下が埋め立てられ、中の島は地続きとなった。現在の相生橋は、二〇〇〇（平成一二）年に架け替えられた三代目である。

⑬亀戸事件犠牲者之碑（江東区亀戸四丁目　赤門浄心寺内）

碑の裏面に「……大震災の混乱に乗じて天皇制警察国家権力は、特高警察の手によって被災者救護に献身していた南葛飾の革命的労働者九名を逮捕、亀戸警察署に監禁し戒厳司令部直轄軍隊に命じて虐殺した。……」とあり、一九七〇（昭和四五）年に亀戸虐殺事件建碑実行委員会によって建てられた。一名が一九九三（平成五）年に碑誌に追加された。

⑭関東大震災朝鮮人犠牲者追悼碑（横網町公園）

東京都慰霊堂の右手にあり、「追悼　関東大震災朝鮮人犠牲者　この歴史　永遠に忘れず　在日朝鮮人と固く手を握り　日朝親善　アジア平和を打ちたてん　藤森成吉」と刻まれている。碑は震災五〇周年を迎えた一九七三（昭和四八）年に、同犠牲者追悼実行委員会によって建立された。

⑮感謝の碑（墨田区東向島三丁目　法泉寺内）

震災直後、自警団から殺害されそうになった鄭宗碩さんの祖父一家を助けてくれた真田千秋さんへの感謝の心をこめて、鄭さんが真田さんの菩提寺に二〇〇一（平成一三）年に建立した。建立を思い立ったのは、歴史の事実を否定する人たちに形として証拠を残し、併せて無念の思いで亡くなった無辜の同胞の霊を慰めるためだという。

近くて遠い国ではなく、近いゆえに近い国であるためには、この碑に託された日朝両国の友好親善を実現する以外にないと最近とみに思う。

⑯悼　関東大震災時韓国・朝鮮人殉難者追悼之碑（墨田区八広六丁目）

荒川放水路の土手のすぐ近くにある。裏面の碑文に「関東大震災の時、日本の軍隊・警察・流言蜚語を信じた民衆によって、多くの韓国・朝鮮人が殺害された。東京の下町一帯でも、植民地下の故郷を離れ日本に来ていた人々が、名も知られぬまま尊い命を奪われた。この歴史を刻み、犠牲者を追悼し、人権の回復と両民族の和解を願ってこの碑を建立する。」と刻まれている。関東大震災時に虐殺された朝鮮人の遺骨を発掘し追悼する会・グループほうせんかが二〇〇九年に建立した。

2 帝都復興事業

帝都復興事業とは、関東大震災からの復興のために、国（帝都復興院、のち内務省復興局）、東京府、東京市、神奈川県、横浜市が行った復興事業の総称である。

復興事業の内容は、街路、河川運河、公園、土地区画整理、道路橋梁の復旧作業、上水道、下水道、塵芥処分、中央卸売市場、教育施設、社会事業、衛生施設、電気事業、瓦斯事業と多岐にわたっている。その中で、内務省復興局（国）が幹線街路、運河、公園など主に広域にわたる基盤施設を担当し、他の施設は東京府、神奈川県、東京市、横浜市が主体となり、国が支援する形をとった。

さまざまな事業の中で最も困難を極めたのは、土地の権利が関係する土地区画整理だった。予算が削減される中で、復興局土木部長・太田圓三は、次のように述べている。「土地区画整理をやらなければ、（中略）数個の幹線補助線が出来た所で、今迄の様な廻りくねった小路や、袋路や不衛生極まる路次や、蚯蚓の這へづって居る様な途やを、整理しなくては何の効果もない、其等を整理してこそ初めて都市計画の意味がある、殊に一時に数拾萬いや百萬坪以上の用地を、土地収用法を適用して買収するという云ふことは、数拾萬人の居所を奪ふことになって、事実実行不可能であると云ふ様な論議が頻りに行われた」[4]と。その後の詳細は省略するが、それに対し東京市内の学術団体・専門家団体は、帝都復興連合協議会を組織し、区画整理促進の立場から啓蒙運動を行っている。一九二四（大正一三）年四月から六月にかけて約二〇回の区画整理講演会を開催し、区画整理に関するパンフレット約二万冊、宣伝ビラ約三五万枚を市民に配布した。各講演会では演説のあと必ず一時間の質問時間をとり、聴衆のあらゆる質問に答えた。積極的で正々堂々とした広聴活動が実行された[5]。その結果、都内に限るが、復興事業により昭和通りや靖国通り、永代橋通りなどの幹線道路網、隅田川に架けられた永代橋や清洲橋などの橋梁、隅田公園や錦糸公園など、その後に戦災被害を被っているが現在に連なる都市基盤が形作られた。

表5-1　東京市における橋梁の被害状況

種別	橋数	震害		火害	
		橋数	比率（%）	橋数	比率（%）
木橋	420	6	1.4	276	65.7
鉄橋	60	6	10.0	49	81.7
石橋	144	2	1.4	5	3.5
コンクリート橋	4	4	100.0	0	0
鉄筋コンクリート橋	47	0	0	10	22.3
合計	675	18	2.7	340	50.4

出典：栗原修「江東区登録有形文化財“震災復興橋梁図面”の目録と概要」『江東区文化財研究紀要』第17号、2012年所収。

3　橋梁の復興

(1) 震災前の様子と被害状況

明治から大正にかけて鉄道が発達したが、安くて大量に運べる河川運輸は関東大震災以前においては東京府内の交通の主役であった。鉄道で各駅に運ばれた貨物は、運河を使って倉庫に収められ、そこから各方面に運ばれた。

震災による河川や運河に架けられた橋の被害状況は表5-1の通りである。吾妻橋、厩橋、永代橋の構造は鉄橋であったが、橋面は木造となっていた。この時点での橋梁は、耐震耐火は配慮されておらず、大震災で破損し、交通に支障をきたし、逃げ道を失った。

(2) 架設計画

被害状況の表から火災による被害が非常に多いことがわかる。耐火構造で、地震に対しても頑丈堅固にして恒久的なものにすること、交通の便益を増進すると同時に都市の美観を損なわないこと等に留意し、新時代の要求に合うように計画が立てられた。その設計は復興局技師が担当した。その際、川底地質、荷重、交通、外観などに注意を払って調査を行い、また、橋梁の美観の面から、親柱、欄干などを含めた意匠、形式、照明などを検討している。

国が担当するものは、幹線街路に架設する九六橋、運河改修に伴う一五橋、区画整理に伴う一橋で、合計一一二橋。東京市が担当するものは、補助線街路に架設する一三四橋、区画整理に伴う五二橋、改築が八四橋、修繕補強、木橋の改築が一九四橋で、合計四六四橋になる。(6)

また、江戸の水運を支えた小名木川、神田川、横十間川の幅員と深度を拡げる改修を計画し、橋梁の桁下空間も水運を考慮して設計している。

(3) 復興された橋梁の様子

①下町の新名所「隅田川十大橋梁」

下流から相生橋(一九二六年/二〇〇〇年竣工)、永代橋(一九二六年、「大正十五年　川崎造船所製作　復興局」のプレートがある。以下同じ)、清洲橋(一九二八年)、新大橋(一九一二年/一九七六年)、両国橋(一九三二年)、蔵前橋(一九二七年)、厩橋(一九二九年、「昭和四年　浅野造船所製作　東京市」)、駒形橋(一九二七年)、吾妻橋(一九三一年、「昭和五年　横河橋梁製作所製作」)、言問橋(一九二八年、「昭和貳年　横河橋梁製作所製作　復興局」)の一〇橋である。このうち新大橋だけが震災前の橋であり、残りは震災後、新しく架設されたものである。残り九橋のうち、両国橋、厩橋、吾妻橋は東京市が、他の六橋は国の復興局が架設した橋である。

中井祐は、隅田川復興橋梁群の特徴を次のようにまとめている。「第一に、タイドアーチやゲルバー桁、自碇式吊橋など、最新かつ多様な構造型式を採用し、かつ一橋ずつ異なる形式を用いたこと、第二に、永代橋・清洲橋の基礎すべてと、蔵前橋・言問橋の基礎の一部にニューマチックケーソン基礎を採用し、アメリカから専門の技術者を招聘して建設にあたったこと。第三に、永代橋と清洲橋の引張材に当時海軍が試作研究していたデュコール鋼を用いたこと。第四に、水中工事の締切に際して、当時一般的でなかった鋼矢板締切工法を用いたこと、である。(7)」と(図5-

2)。いずれにしても、隅田川を水上バスで行き来すると、船上からの顔を強く意識してデザインされたと思ってしまう美しさである。

ところで、復興局が造った隅田川六大橋の中でも最初に竣工した相生橋を特徴づけていた中の島の公園は、太田圓三が強く主張して実現したものである。[8] 前述した太田の顕彰碑が相生橋畔に造られたのは、その関係からと推測できる。中井祐によれば、太田は「計算できない橋を架けろ」と言って橋梁課のスタッフたちを鼓舞し、また画家や小説家に橋のデザインを相談したという。太田は、日本人技術者の手によって、独自の橋を創り出さなければならないと考えたからであり、同時に西洋近代文明をよく咀嚼して日本独自の文化に昇華させるためにはいっそうの学習努力が必要であると考えていたという。[9] そんな太田が生命を絶った背景に何があったのか、復興局疑獄事件もその一つだろうが、解明できていないのでここでは疑問のままにしておく。

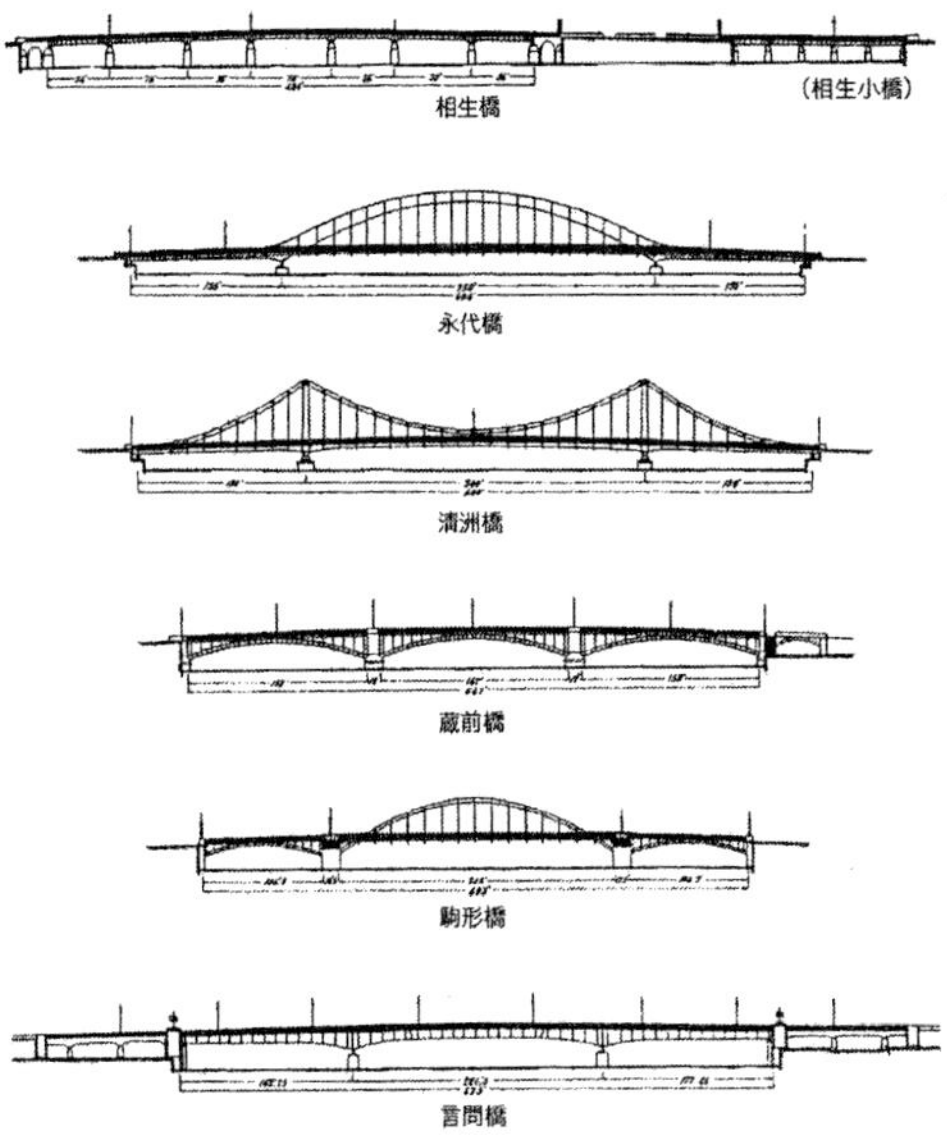

図５－２　隅田川六大橋断面図
出典：中井祐『近代日本の橋梁デザイン思想』東京大学出版会、2005年。

さて、十大橋梁には入らないが、上流にある白鬚橋は、住民によって木橋が架設され、通行者一人につき一銭（約五〇円）を徴収していたが、経営難もあって東京府に移管された。一九二七（昭和二）年に現橋への架け替えを着工し、一九三一（昭和六）年に竣工した。「川崎造船所製造　昭和五年十一月」のプレートがある。

隅田川の最下流に、東洋一の可動橋と称賛された勝鬨橋がある。竣工は一九四〇（昭和一五）年で、この年に月島四号埋立地で「紀元二六〇〇年記念　日本万国博覧会」の開催が予定されていた。ところが日中戦争の拡大などにより中止となった。勝鬨橋は、万博会場のメインゲートになるはずの橋だった。自動車の増加と舟運の衰退により、一九七〇（昭和四五）年一一月二九日の開閉を最後に開かずの橋となった。築地市場勝鬨門脇に「かちどき橋の資料館」がある。

②神田川・日本橋川

神田川の第一橋梁（その河川の最下流にある橋）である柳橋は、一九二九（昭和四）年竣工、一九九一（平成三）年に改修された。南詰に「復興記念」石碑がある。この橋の周辺は、明治時代、花街として栄えていた関係で、改修の際に欄干にかんざしの装飾が施された。

柳橋から神田川を上流に遡ると、復興橋は順に浅草橋（一九三〇年竣工）、左衛門橋（三〇年）、美倉橋（二九年）、和泉橋（三〇年）、万世橋（三〇年）、昌平橋（二八年）、聖橋（後述）、お茶の水橋（三一年）、後楽橋（二七年）、飯田橋（二九年）がある。後楽橋の上流で日本橋川と分水するが、そのところに小石川橋（現在の橋は二〇一二年竣工）が架かっている。その北正面に東京砲兵工廠[10]の正門があった。砲兵工廠は、関東大震災で大きな被害を受け、その後は北九州に小倉造兵廠として移転した。

御茶の水で神田川をまたぐ聖橋は、構造設計は成瀬勝武、デザインは曲面や曲線を用いた意匠を残した山田守のアドバイスで造られた（山田の戦後の作品に、日本武道館や京都タワーなどがある）。復興事業で現在地に初めて架設されるようになり、一九二四（大正一三）年九月着工し、一九二七（昭和二）年七月竣工した。公募による、湯島聖堂と日本ハリストス正教会復活大聖堂（ニコライ堂）を結ぶ橋ということで聖橋と名づけられた（写真5-2）。

一方、日本橋川の第一橋梁は豊海橋である。はしごを横にしたような構造は、フィーレンディール橋と呼ばれ、間近に見える永代橋との景観上のバランスを考えて設計されたという。竣工は、一九二七（昭和二）年である。

豊海橋から日本橋川を遡ると、復興橋梁としては湊橋（一九二八年）、江戸橋（二七年）、西河岸橋（二五年）、常盤橋（二五年）、鎌倉橋（二九年）、錦橋（二六年）、一ツ橋（二五年）、雉子橋（二七年）、南堀留橋（二八年）、堀留橋（二六年）、新川橋（二七年）がある。新川橋から四五〇メートルほど遡ると、神田川との分水地点である。

一ツ橋の橋脚に「復興局建設」のプレートがある。また、機銃掃射痕がみられる鎌倉橋には、「一九四四年　日本土市街地への空襲が始まる　鎌倉橋欄干には、一九四四年一一月の米軍による爆撃と機銃掃射の際に受けた銃弾の跡が大小三〇個ほどあり、戦争の恐ろしさを今に伝えている。」と書かれた説明板が立っている。

写真５－２　聖橋（2013年撮影）

なお、橋梁の観察は地上からだけでなく船上からも必要である。日本橋川はコンクリート護岸と高いビルに囲まれているだけでなく、その上を首都高速道路が走っており、空がさえぎられていて太陽の光が届かない状態である。だから船に乗っていても神田川や隅田川のような解放感はない。現在の日本橋川は、河川の状態としては最悪の環境にある。

4　同潤会アパート

財団法人同潤会は、関東大震災の災害が最もはなはだしかった東京および横浜の住宅の補給並びに罹災不具者の再教育を目的とし、義捐金の中から金一〇〇〇万円を基金として、一九二四（大正一三）年五月に設立された(11)。一〇〇〇万円は今のお金では、約四〇〇億円に相当する。なお、同潤会の名称は、「紅海の潤は広く久遠の慈愛」を意味する「沐同紅海之潤」から命名された。

住宅は、普通住宅（バラックの仮住宅と区別した用語　木造連戸建住宅）、アパート、木造分譲住宅を建設した。ここでは、RC造のアパートについてのみ述べる。本会が経営したアパートの数は東京が一四ヵ所、横浜方面が二ヵ所で、合計二四九二戸である。

(1)　同潤会アパート竣工年の年表

・工期が数期にわたっている場合は、第一期の竣工年のみを記載
・棟数などはすべての竣工時の数
＊は同潤会以外の参考事項

一九二三（大正一二）年九月　関東大震災
一九二四（大正一三）年五月　財団法人同潤会設立
　＊この年、小学校敷地内のバラック撤去
一九二五（大正一四）年　＊各地の普通住宅、分譲住宅竣工
一九二六（大正一五年・昭和元）年六月　猿江裏町共同住宅　三階建一八棟　二九四戸（店舗向四三戸）
　八月　中之郷アパート（墨田区）　三階建六棟　一〇二戸（店舗向一〇戸）
　九月　青山アパート（渋谷区）　三階建一〇棟　一三八戸
　九月　柳島アパート（墨田区）　三階建六棟　一九三戸（店舗向二二戸）
一九二七（昭和二）年一月　渋谷《その後、代官山と改称、以下同じ》アパート（渋谷区）
　二階建二三棟三階建一三棟　三三七戸（店舗向九戸　独身向九四戸）
二月　＊東京市営店舗向住宅竣工

三月 東大工町《清砂通》アパート（江東区） 三階建一三棟 四階建三棟六六三戸（店舗向三五戸、独身向一三八戸）

九月 山下町アパート（横浜市） 三階建二棟一五八戸（店舗向六戸独身八〇戸）

一二月 平沼町アパート（横浜市） 三階建一棟 一一八戸

一九二八（昭和三）年二月 三田アパート（港区） 四階建一棟 六八戸（独身向一九戸）

六月 三ノ輪アパート（荒川区） 四階建二棟五二戸（独身向一九戸）

一九二九（昭和四）年三月 日暮里《鶯谷》アパート（荒川区） 三階建三棟九六戸

三月 上野下アパート（台東区） 四階建二棟七六戸（店舗向四戸 独身向二四戸）

六月 虎ノ門《同潤会館》アパート（千代田区） 六階建一棟（地下一階） 独身向六四戸

一九三〇（昭和五）年三月 復興帝都巡幸（田安門→府立工芸学校→上野公園→隅田公園→被服廠跡→千代田小学校→築地病院） 帝都復興祭

五月 大塚女子アパート（文京区） 五階建一棟（地下一階）独身向一五八戸

六月 東町アパート（江東区） 三階建一棟 一八戸（店舗用三戸）

一九三四（昭和九）年八月 江戸川アパート（新宿区） 四階建一棟六階建一棟（地下一階） 二六〇戸（店舗向一戸 独身用一三〇戸）

一九三五年 ＊憲兵司令部下士官アパート（竹平アパート）竣工

一九四一（昭和一六）年五月 財団法人同潤会解散 住宅営団を設立

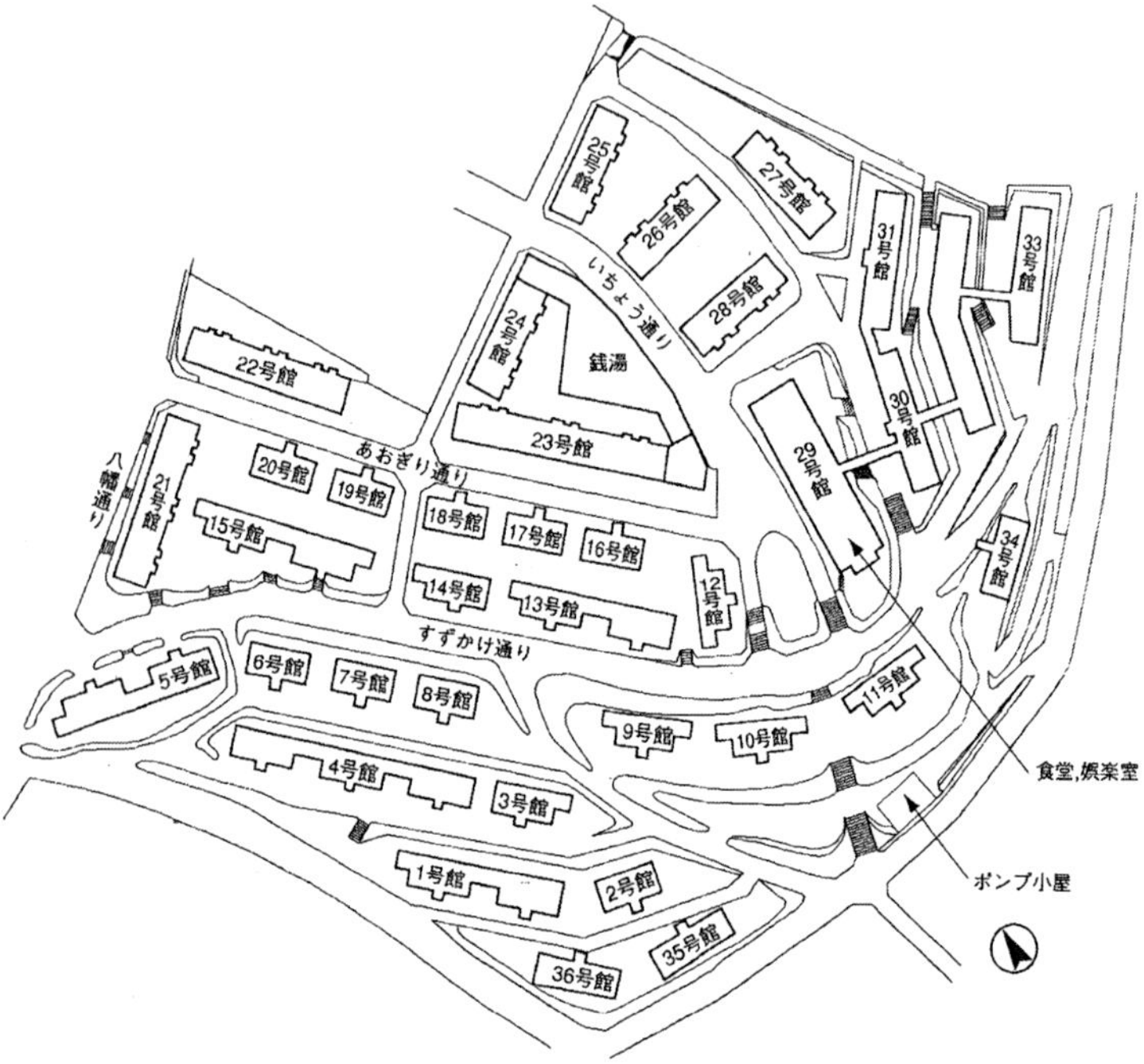

図５－３　代官山アパート

出典：橋本文隆・内田青蔵・大月敏雄編『消えゆく同潤会アパートメント』河出書房新社、2003年。

(2) 同潤会アパートのこと

①代官山アパート（図5-3）

私は、就職のため一九七五（昭和五〇）年に山形県天童市から上京した。職場は渋谷区立上原中学校に併設されていた明星学級（障害児学級）・訪問学級であった。美濃部都政下で養護学校の義務化が始まり、学校に通うことが困難な児童・生徒を対象にした訪問学級も開設された。渋谷区立大向小学校（現・神南小学校）訪問学級の卒業生が中学校に入学するということで、明星学級に新たに訪問学級が開設され、その教員として採用されたのであった。

訪問学級は、教員が生徒宅に訪問して指導する形態で、たまたま代官山アパートに対象生徒がいた。その関係で、約三年間、八幡通りからあおぎり通りを通って一六号館のお宅に通った。生徒をバギーに乗せて連れ出し、アパート内の公園を散歩することが多かった。等高線に沿う形で建物が階段状に建てられており、食堂や薪を積んだ銭湯があった。二、三階の同じ形態の建物が建っていて、いわゆる団地を形づくっていた。今にしてみればこれが同潤会アパートとの初めての出会いであった。

ところで、建築家・都市計画家の西山卯三は、一九四一（昭和一六）年から四四年まで当アパートで生活をしている。[12]西山によれば、四一年の召集解除後に、住宅営団の研究部から声がかかり、京都から上京した。四一年は、日中戦争が始まってから次第にひどくなってきた大都市や軍需工場地帯の住宅難に対処するため、同潤会を吸収して住宅営団が動き出した年である。西山は、「六帖四帖半という当時の［国民住宅］標準からいっても最低の極小住宅だが、二人ぐらしの家族構成にぴったりとした家に住めるということ、いま一つは日本の住宅史の中で大きな意味をもっている同潤会の作品の中に自分がすんで、自ら住生活を体験し研究できるということだった。家賃はたしか一六円くらいで一帖当り一・五円。当時としてはやすくはないが、鉄筋コンクリート造だからまずまずといわねばなるまい。ましで月給は一躍二百円になったのだから、収入の八パーセントにしかすぎない家賃はいかにもありがたかった。」[13]と書いている（跡地は代官山アドレス）。

②青山アパート

一九二六（大正一五年）年発行の雑誌『住宅』に「同潤会アパートメント」と題して、青山アパートと中ノ郷アパートの戸番号図表と写真が載っている。[14]その次に、「お住込に就ての御注意　同潤会　このアパートメントには皆様の共同に利用せられる設備がかなり多くありますから御互に和衷協同して自治的に処理せられ度く少なくとも同一表入口を利用せられる各戸の方々は組合を組織せられるよう願ひます。尚ほ皆様の御家として住心地よくする為めに左記のことどもには御注意を願ひます。」として、A表入口、B階段廊下、C便所、D手洗い、E電燈瓦斯、F窓、G戸締、H火の用心、I非常時、J臺所、K塵芥、L洗濯場、M雑の項目に分けて、例えば、C便所であれば、

一、使用には新聞紙（小さく切れば差支えなし）脱脂綿などをお用ひにならぬこと

一、便器の管がつまるとお困りになりますから布片其の他でも決して捨てぬこと
一、用便後はよく洗ひ流されること
一、便器や水道に故障があったらコックを締めてすぐ事務所へお知らせ下さること

というように、A~Mにわたって事細かく書いてある。便所は当時、一般家庭ではまれだった水洗トイレである。今からすれば、こんなことまでがと思うことまでわざわざ書いてある。それは後述する江戸川アパートのエレベーターの扱い方の説明板にも見られ、初めてのものは何でも慎重に説明しながら取り扱った様子が伝わってくる。Eにあるようにガスの設備もあった。そして、さらにM雑のあとに、「お互の住居を心持ちよくする為めにお気付のことは何事によらず又住宅の具合の悪い箇所、修繕を要する箇所も備付の紙へ詳しく書いて事務所又は會の方へお差出を願ひます。」とある。最後のページは、青山アパート、中ノ郷アパート、柳島アパート、渋谷アパート、東大工アパート、山下アパート、平沼アパートの概要を紹介している。ただし、柳島アパート以下は工事中や計画であり、宣伝である。

さて、当アパートはケヤキ並木に面したツタがからまった、表参道の顔といった存在であった。一九四五(昭和二〇)年五月二五日の山の手空襲では、この周辺でたくさんの人が焼死した。(15)

この跡地に、二〇〇六(平成一八)年二月に表参道ヒルズがオープンした。その東端に同潤会アパート一棟を再現したという同潤館があるが、当時の青山アパートのイメージは浮かんでこない。

③清砂通アパート

同潤会では最大規模のアパートである。敷地は六つの街区にまたがっている。これは土地区画整理による換地設計と同時進行して建設されたためで、工期は五期に及んでいる。(16)清砂通りと三ツ目通りの交差点に立つ一号館は、地域のランドマークで、曲面壁内部の螺旋階段は特に印象深いものであった(写真5-3)。各号館の階段室下の通り抜けは、楽しい出会いが待っているような空間があった。また、独身室がある階には共同便所、共同洗面所があった。各

棟の屋上は洗濯物干場になっていて、コンクリート製の洗濯槽が数個ずつあった。この洗濯槽と同じ形式のものを青山アパート、上野下アパートの屋上でも見かけた。また、外壁にへばりつくように造られたダストシュートは、独特の雰囲気をかもし出していた。このダストシュートは他のアパートにもあった。

自治会長の内海三郎さん（当時）に、東京大空襲でアパートの大部分が躯体を残して焼失したこと、それらの建物の外壁はピンクになっていること等のお話を聞き、「浅沼稲次郎」（元社会党委員長）の表札がかかる一〇号館一階の玄関口などを案内していただいた。特に五号館四階の廊下の壁や天井は煤で真っ黒になっていて、それが空襲被災を伝えているものだった（跡地はイーストコモン清澄白河・三好地区市街地再開発事業A～C街区）。

写真５－３　清砂通アパート１号館の螺旋階段
（2001 年撮影）

④江戸川アパート

竣工当時、東洋一のアパートと言われた。一号館（六階建）と二号館（四階建）からなり、一号館の地階に理髪店・共同浴場、一階に食堂、二階に社交室があった。一号館にはエレベーターもあった。

竣工時のエレベーター脇のプレートには図5-4のように刻まれている[17]。二〇〇二年一一月に見学したときには、そのプレートとは別に、エレベーターボタンの上部に「御注意　其の筋の注意に依り子供さんは危険に付昇降機の御使用を固くお断致します」と墨書された木札が貼りつけてあった。ただし、エレベーターはある時期から使われておらず、扉が開くところは各階とも板でふさいであった。もしかしたら戦時中の金属供出の結果と推測しながら何度か訪ねたがはっきりしなかった。ところが、「このエレベーターは、戦時中の金属供出をまぬがれ、戦後運転を再開するものの、

此れは乗合式自動エレベーターですから
左の扱ひ方をご覧ください

一．まづエレベーターの在り處を確かめて下方にあったら↑釦を、上方にあつたら↓釦を押して呼寄せる。

二．来て止まったらすぐ扉を開けて乗ったらすぐ閉めて行先階数の釦を押す。

三．着いて降りたら忘れずに扉を閉める

注意

・エレベーターが遠ざかりつゝあるときは止まるまでは呼んでも来ません。

・内側の格子扉には一切触れないでください。

図5－4　江戸川アパート　エレベーター脇のプレート

近所から入り込んだ女の子が事故を起したことから使用停止になり、二度と動くことはなかった[18]」ということがわかった（跡地はアトラス江戸川）。

⑤上野下アパート

一～三階は家族向け、四階は独身用住戸である。解体直前の二〇一三年五月に見学したとき、家族向け住戸に料理に蝿がたからぬよう工夫された小棚・蝿帳《はいちょう》やダストシュートの投入口が竣工当時の姿をとどめている台所があった。四階は中廊下式で両側に四・五畳の個室がならび、その入口のドアに、竣工当時の右から「郵便新聞差入口」とレリーフされたプレートが残っているのを見つけた。また、四階には鋼製防火扉が二箇所設置されていた（跡地は三菱地所レジデンスが建替え中）。

居住者が利用した裏の銭湯は今でも健在である。

おわりに

帝都復興事業は近代的な道路・公園・運河・橋梁計画を導入し、ＲＣ構造などの新しい構造形式を採用する画期となった。紹介した橋梁は今でも私たちの生活を支えている現役である。完全に姿を消した同潤会アパートは、中庭を囲む構成で、一階に店舗を置き、居住者の一体感や周辺地域への融合化などを考慮して造られた[19]。だから集合住宅の在り方や地域コミュニティ形成を考える上でたいへん貴重な存在であった。

ところで、岩手県宮古市田老の万里の長城と呼ばれていた防潮堤の海側の約五〇〇メートルにわたって倒壊した現場に立ったのは二〇一二年二月であった。あわせて「此処より下に家を建てるな　幾歳経るとも要心あれ」などと刻まれた「大津波記念碑」を探し歩いた。それらのことから地震や津波などの自然の力を人間の知恵で制御することは不可能であると実感した。原子力発電所も同じで、廃炉に向けて舵を切るしかない。

東日本大震災被災地、特に福島の原発周辺の地域のコミュニティが崩壊の危機にさらされている今、地域のコミュニティの中心として小学校とそれに隣接した小公園をつくり、しかも都市不燃化のシンボル・拠点として鉄筋コンクリート造りの建物として小学校をつくったこと、小公園は三〜四割を植栽地、六〜七割を広場とし、道路との境界は容易に越えられるように低くし、災害時の住民の避難地になるように配慮したことなど[20]、佐野利器らが指導した復興事業の思想に学ぶ必要があると強く思う。

注

(1) 拙稿「歴史の現場に立ち、考える――フィールドワークの楽しさ」東京都歴史教育者協議会編『東京の歴史教育』第四二号、二〇一三年所収。
(2) 一九三七（昭和一二）年竣工の鉄道省庁舎（後の国鉄本社ビル旧館）で、一九四一年に空襲の被害を防ぐため、屋上に三〇キログラムレールや二五ミリメートル鉄筋を埋め込んだ、厚さ五〇センチメートルの耐弾層を設置した。解体前の一九九七年一一月に見学会が開かれた。この跡地が丸の内オアゾ。
(3) 日本橋は一九一一（明治四四）年竣工で、石造で例外。
(4) 太田圓三『復興事業について』復興局、一九二四年。
(5) 越澤明『復興計画』中公新書、二〇〇五年。
(6) 高橋重治編『帝都復興史』第二巻、一九三〇年。
(7) 中井祐『近代日本の橋梁デザイン思想』東京大学出版会、二〇〇五年。

（8）同右。
（9）同右。
（10）東京砲兵工廠は村田銃などの小銃を主体とする兵器製造を行った陸軍兵器工廠である。その建物の赤煉瓦土台の一部が東京ドームホテルの北側に展示されている。また、礫川公園の南縁地下に試射場が現存しており、入り口の閉鎖部分だけは見ることが出来る。
（11）同潤会編『同潤会十年史』一九三四年。
（12）西山卯三「代官山アパート」『住み方の記』文藝春秋新社、一九六五年所収。
（13）同右。
（14）橋口信助編集『住宅』第一一巻第一〇号、住宅改良会、一九二六年。
（15）山の手大空襲の体験記編集委員会『表参道が燃えた』二〇〇八年など。なお、表参道が青山通りと交差する右手前のみずほ銀行近くの歩道わきに「戦災犠牲者追悼・和をのぞむ」石碑が建てられた。
（16）佐藤滋ほか『同潤会のアパートとその時代』鹿島出版会、一九九八年。
（17）日本建築学会建築博物館二〇〇三年度企画展「わたしたちの同潤会アパート展」の展示品。
（18）橋本文隆・内田青蔵・大月敏雄編『消えゆく同潤会アパートメント』河出書房新社、二〇〇三年。
（19）内田青蔵『同潤会に学べ』王国社、二〇〇四年。
（20）拙稿「関東大震災復興小学校と御真影奉安庫――天皇制教育の舞台装置」関東大震災八〇周年記念行事実行委員会編『世界史としての関東大震災――アジア・国家・民衆』日本経済評論社、二〇〇四年所収。

第6章　関東大震災の公的な記念施設と復興期の社会意識

高野宏康

はじめに

筆者は二〇〇八（平成二〇）年以来、関東大震災の唯一の公的な記念施設である東京都慰霊堂および復興記念館[1]の調査に携わってきた。両施設の所在地である東京都横網町公園は、震災当時、被服廠跡と呼ばれ、火災旋風により約三万八千人が死亡したことで、関東大震災の悲劇を象徴する場所となった。その地に両施設が設立されるまでには設計案、資金調達などをめぐって紆余曲折があり、設立されて以降も、戦時・戦後を経て関東大震災九〇周年の現在に至るまで、時代によって震災の記憶の表現のされ方は様々な変遷を遂げている。また、記念施設の建設にともない、震災資料の蒐集が開始され、現在まで写真や絵葉書をはじめとする多種多様な資料が集まり続けており、記念館には約一万五千点以上の資料が収蔵庫に保管されている[2]。

両施設の資料調査を実施し、関東大震災の公的な記念施設の設立過程から現在までの震災の記憶の変遷についての研究に取り組むなかで、筆者のなかである疑問が生じてくることになった。関東大震災は単なる自然災害ではなく、流言蜚語等により多数の朝鮮人、中国人、社会主義者、そして誤認された日本人が「虐殺」されるという、人災の側面があることが特徴となっているが、両施設の展示は被害と救援、近代的な復興事業が中心で、人災に関する展示はほとんど見られない。実際には様々な人災の記憶の痕跡が残されているのだが、設立過程およびその後の変遷のなかで、表面的には見えにくくなっていったと思われる(3)。

本章では、公的な記念施設の成立過程における様々なせめぎ合いに着目し、震災の記憶と復興期の社会意識の関係について考察することで、この問題の背景を問い直してみたい。

1　「震災記念堂」建設構想

両施設の成立過程については、事業を担った東京震災記念事業協会の報告書である『被服廠跡――東京震災記念事業協会事業報告』（一九三二年。以下、『被服廠跡』）や、概説書(4)に記述があり、事実関係や経緯はある程度知られているが、当時の社会意識との関係は充分検討されていない。本章では、両施設の建設案をめぐる様々な試行錯誤や、設計案募集で当選した案に対して批判が起こったことに着目して、震災後の「復興」をめぐる社会意識との関連から両施設の成立過程を再検討してみたい。

まず、震災後、被服廠跡に「震災記念堂」の建設が決定するまでの経緯を整理しておく(5)。震災当日、被服廠跡に避難した人々を襲った火災旋風により約三万八千人の死者を出した翌日、九月二日の朝、学校用地付近の小高い場所に日蓮宗の僧侶が祭壇を設置して回向を行った。これが被服廠跡に設置された最初の供養施設である。その後、一〇月に仮納骨堂の建設が着手され、同月一九日には東京市主催の四十九日の追悼会が開催された後、この地に納骨堂を兼ねた記念堂施設を建設する案が浮上した。具体的にどのような施設を建造するかについては当初から議論があり、「一面墓地に非ざる地に一大墳墓又は納骨堂を作ることの可否」、「記念堂と納骨堂を合併するか、又は分離するか」、「分離するとせば遺骨は多摩墓地に、記念堂は被服廠跡へ置くべきこと」などが問題となった（『被服廠跡』一一頁。以下、同書からの引用は頁数のみ記載）。

東京市が検討を重ねた結果、同年の一一月、東京市公園課を中心として、被服廠跡に震災の記念建造物を建設することが協議され、原案の作成を開始した。建設構想の骨子三点はその後も基本的に継承されている。一点目は、大震災を永く記念し、天災の恐ろしさを忘れない心掛けをもつこと（防災）、二点目は、犠牲者の納骨堂を建造し永久に弔祭すること（慰霊）、そして三点目が、「平素は又社会教化的機関にも利用し得ること丶し、建物内には、震災を記念する絵画彫刻を掲げ震災記念品を蒐集陳列し以て震災記念館」（一三頁）とすることであった（展示）。当初から、慰霊施設と展示施設は一体となっており、震災記念建造物は単に震災を記念し犠牲者の弔祭を行う場所というだけでなく、「社会教化」の機関として「防災」「慰霊」「展示」の要素を合わせもった施設として構想されていたことがわかる。

注目すべきなのは、この建設案に対して「反対論」があったことである（一二頁）。その論旨は、悲惨な災害があった場所に遺骨を埋葬することは「余りに強い刺激」を与え、「返つて人々に恐怖の念を與へて復興の鋭気を殺ぐ」（傍点は筆者、以下同じ）ため、遺骨は多摩墓地など他の適切な場所に埋葬する、というものである。東京市が協議した結果、上記の構想のとおり実現されることとなったが、「震災記念堂」建設事業は、「東京市なる一役所の事業となすには余りに重大な意義をもつ」もので、「東京市が中心となつて、幸に難を免れた全市民、並に一般同情者の熱烈なる誠心と、其の浄財を以て建設することが最も有意義」であるとして、東京市の事業とはせずに、別の機関を設置する案が出された。当時市長であった永田秀次郎は、この案に賛同し、一九二四（大正一三）年二月、「震災記念堂」の建設に関する調査研究を正式に命じ、「参考資料」の蒐集に着手した[6]。同年五月、この案は東京市議会で賛同を得て、「財団法人東京震災記念事業協会」を設立することが決定した（一三頁）。

以上の経緯で重要なのは、まず、当初の建設案に盛り込まれた三要素のうち、被服廠跡に遺骨を埋葬するという「慰霊」の要素が、「復興」を妨げる懸念が指摘されていたことである。のちに「慰霊」と並んで強調されることになる「復興」は、三要素に含まれていなかったことも指摘しておきたい。また、「一般同情者の熱烈なる誠心」を受け、事業主体が東京市ではなく、別機関を設置することになったことも重要である。これらの点から、震災後まもない当時、さまざまな要素が混在する「震災の記憶」にどのような表現を与えるかをめぐって、要素としての「慰霊」と「復興」、主体としての「官」と「民」がせめぎあっていたことがわかる。

次に、震災後、さかんに主張された「復興」をめぐる社会意識と、「震災記念堂」建設事業との関連について検討しておきたい。震災後まもなく、様々なメディアで「帝都復興」が主張されるようになった。新聞には、「帝都復興と遷都論」（大阪朝日新聞、九月九日付）、「帝都復興審議　市会第三回協議会」（東京朝日新聞、同月一三日付）と題した見出しの記事が連日掲載され、行政のさまざまな復興計画について報道した。同月一二日には、「帝都復興に関する詔書」(7)が出されている。

当時主張された「復興」をめぐる言説の特徴は、震災で崩壊した「帝都」の建築物や各種施設などを合理的で近代的な都市計画(8)によって物理的に「復興」を実現させ、国家の発展を目指すという側面についてだけでなく、精神的側面の変革の実現という要素も含まれていたことである(9)。このことは、「復旧」でなく理想的なニュアンスを含めて「復興」という表現が強調されたことからもうかがえる。また、重要なのは、これらの「復興」についての言説には、震災以前、大正初期の第一次大戦の影響による好景気およびその影響による社会の変化とその負の側面に対する批判や反省の意識が含まれていたことである。震災を「軽佻浮薄」な意識に対する「天」からの戒めとみなし、生活の改善を主張する「天譴論」は、同様の意識に基づく典型的な言説である(10)。前述のとおり、「復興」論が話題にのぼっていた時期に、「震災記念堂」建設案が議論されていたのであり、この事業にも当時の「復興」をめぐる言説が影響を与えていた。

そのことを明確に示す一例として、ここでは、大仏建立案を挙げておく。東京市が「震災記念堂」案を議論していた一九二三（大正一二）年一〇月、のちに東京震災記念事業協会の顧問となる渋沢栄一の元へ、「被服廠惨害地始末意見書」(11)が送付されている。その内容は、発起人総代の渡邊長男が被服廠跡に大仏を建立する案を主張するもので、大仏の図面も添付されている。そこでは、「近時の世相」を「専ら物質文明に傾き」「精神的の教養を閑却せり」「人心の不安は漸く悪思想に馴致し、良俗を害し道義を乱し、風致は日々衰ふ」とし、震災の被害について「今回の惨禍も正さに尊天の呵責」で「幾万の惨死は是れ又悪行の犠牲にあらずして何をや」と、「天譴論」的な認識を展開している。ちなみに、渡邊は、日本橋の欄干の麒麟と獅子のブロンズ像、明治天皇騎馬像などで知られる彫刻家である。

続けて、この状況から立ち直るためには、「官民一致全力を傾注し国家社稷《しょく》の為」、被服廠跡に大仏を建立するようにと主張を展開し、大仏について具体的に説明を加えている。それによれば、大仏の大きさは「九丈五尺」、犠牲者の「遺骨ヲ以テ作製シタル釈尊仏」であり、大仏は「極メテ雄大ニシテ現代芸術ノ代表作」とし、「世界万邦ヲシテ日本人士ノ信念ヲ知ラシメ其偉大ノ芸術ハ将ニ観光ノ外客ヲ誘致」し、「帝都復興ノ期ヲ促進」するという。以上のように、「帝都復興」事業を象徴する近代的な都市計画とは対極的と思われる構想が述べられているが、ここでも「帝都復興」という表現を使用して主張が展開されていることに注目しておきたい。

2　「震災記念堂」の設計案をめぐる相克

「震災記念堂」の原案[12]は、一九二四（大正一三）年五月に発表された（九一〜九二頁）。「計画概要」では三要素のうち、犠牲者の追悼とともに、「社会的教化機関」であることもうたわれているが、ここでは「防災」要素はみられなくなっている。「施設概要」によれば、中央に「一大記念堂」を設置、周囲は公園、記念堂は約五百坪の野外祭場的建造物で、中心部には祭壇・演壇として使用する八角堂を設置し、その左右から円形に回廊をめぐらし、内部には約千人収容の座席がつくられるという内容であった。建築様式は「奈良朝時代」とし「其の局部手法に於て大正時代を現はさんとす」となっている[13]。回廊は展示スペースとなっており、絵画や図表などを展示、中央祭壇の後部に霊体を奉安し、その地下室を納骨堂とするものであった。この案は結局頓挫することになったが、その理由として、東京市が費用を負担することが不可能と判断されたことが挙げられている。このことが新たな事業団体（東京震災記念事業協会）を設置し、寄付金を募集して建設事業にあたることになった一因であったとされている（一二三頁）。

東京市の原案が実現しなかったことで、一九二四（大正一三）年一二月、設計案を一般から懸賞によって募集することになった（九五～一〇二頁）。応募期間は翌年の二月二八日までの約三ヵ月間、発表は同年三月。審査員は、岡田忠彦（東京震災記念事業協会理事）、塚本靖（工学博士）、伊東忠太（工学博士）、正木直彦（東京美術学校校長）、佐藤功一（工学博士）、佐野利器（工学博士）、井下清（東京市公園課長）の七名であった。懸賞締切までに応募件数は二二〇点に達し、一九二五（大正一四）年三月七日、帝国鉄道協会で第一回の審査会を開催、同月一四日に第二回の審査会を開催し、一等・二等各一名、三等三名、選外三名の当選者を発表した(14)。

前田健二郎による一等当選案は、中央に円塔を設置、その内部に「白大理石」で霊体を配し、周囲には一一本の「黒大理石」の巨柱をめぐらせ、「天井は円蓋としてステンド硝子を通じて上部より光線を受け礼拝場より霊体を拝すれば頂上を淡く輝り出されて神秘的感じを起こせしむ」とあるように、基本的に「日本風」の要素が皆無で、「モダン」なデザインとなっているという特徴があった。この点は他の当選作も同様であった（三等当選案の一つのみ寺院風）。モダニズム様式に批判的なことで知られる伊東忠太が選者の一人であったにもかかわらず、このような選考結果となったのは興味深い(15)。なお、これらの当選案は、同年三月二一日から二三日までの三日間、上野恩賜公園内東京市自治会館で、展覧会を開催して一般に公開されている。

一等当選案に基づいて建設されることになっていたが、三月二七日新聞紙上に設計案が模倣であることを指摘する投稿が掲載されたため、調査を実施することになった。その結果、多少の類似点が見られるものの、問題視されるようなものではないことが判明し、同年九月一日に震災三周忌にあって地鎮祭を挙行することとなったが、翌一九二六（大正一五）年四月三〇日に、仏教連合会から設計変更の建議書が提出された（一〇三頁）。この建議書では、建築物は「弔霊」と「社会教化」の機関であるべきにもかかわらず、発表図案は「外観様式に於て其趣旨の表現を認むる能はざるのみならず、祭場狭溢にして市民的弔祭の儀礼執行不能且つ教化機関としての施設を閑却せり」とし、「市民多数の期待に副はざるもの」と批判されている。また、『被服廠跡』の記述では、現在の設計は「全然西洋建築の模倣」で「国民固有の思想信仰を顧慮せざるもの」で、建築物は「現代を表徴すると共に民族固有の精神的文化を折衷採納されうるを適度と信ず」と補足して要旨をまとめている。さらに、九月一三日には本所区会協議会からも同様の陳情書があった。以上から、設計案に対する批判は、この時期の建築様式の流行に影響された当選案の「モダン」な外観が「国民総意」に適合していない点に集中していたことがわかる。

批判を受けたことで、一九二六（大正一五）一二月、東京震災記念事業協会は設計の変更を決定し、懸賞審査員であった伊東忠太、佐野利器、塚本靖、佐藤功一に再設計を嘱託し、新たに設計をやり直すこととなった。その結果、伊東が執筆した略設計が提出され、翌年七月八日に新設計の概要を発表した。「東京震災記念堂設計説明」によれば、様式は「純日本風建築なるも、徒に古来の形式を踏襲せず自ら新味を加へたるもの」と説明されている。「純日本風」という表現は、懸賞当選案への批判を意識したものであろうが、塔部にはインドのストゥーパを思わせるデザインが施されるなど、「純日本風」とは言い難い。また堂部もキリスト教教会のバシリカ式礼拝堂を思わせ、およそ「純日本風」とは言えない設計となっているが、この設計案に対する批判については特に言及されておらず、基本的に好意的に受け入れられたと思われる。現在と異なるのは、当初の設計案では堂両翼が陳列室となっていることである。[16][17]

一九二七（昭和二）年一一月二五日に新設計案が決定し起工式を開催したが、この時の祭文にも、祭祀は「我国固有ノ美風」という「純日本風」を強調した表現がみられることに注意しておきたい（一二三頁）。その後、一九二八（昭和三）年六月七日に工事着手、一九二九（昭和四）年同日には上棟式が行われ、一九三〇（昭和五）年二月には建造物の正式名称が「震災記念堂」に決定した。これ以前は、被服廠跡の記念建造物は「被服廠供養塔」という呼称で呼ばれていたことが、慰霊堂収蔵庫保管資料の寄付金募集ポスターからうかがえる。[18]

次に、設計方針について、設計者の伊東自身がどのように考えていたのかを検討しておく。[19] 伊東によれば、懸賞当選案が廃案となり、自分に「純日本式の建築の立案」が依頼されたという。依頼を受けた後、伊東が問題としたのは、まず「材料構造」と様式の関係で、鉄筋コンクリートと木材建築をいかに両立するかであった。また、「概観内容の善美」が「重大問題」であった。震災記念建造物は、震災の死者の霊を祀り祭典を行う場所である以上、「宗教的威儀を保ち、浮華に陥らず、粗野に流れず、而して森厳なる気分の漂うもの」、すなわち「精神的実用」でなくてはならないとする。伊東によれば、それは「日本古来の社寺の様式に由るより外にはその道が無い」が、それを鉄筋コンクリートで造ることは「決して不都合でも不合理でもない」という。また、「細部の手法には必ずしも古式を踏襲せずして随所に新案を試むる」としており、「純日本風」としつつ、積極的に新たな意匠を盛り込むことを可能にする設計方針をとっている。[20]「塔の相輪」やさまざまな妖怪、怪物の装飾にはその設計方針が明確に表現されている。

伊東は「塔の相輪」の様式は「全く予の独創」で「支那及び印度の塔から暗示を得た」が「何れの実例にも模倣しておらぬ」ものであるという。[21]一般的に日本の塔の相輪は、心柱の上部が屋上に露出したところに九輪をつけているが、記念堂の塔には心柱がないためこの趣向は「無意味」であるとし、インドのストゥーパを思わせるデザインを採用している。このような独自のデザインについて、伊東は「善悪可否は観る人の直感に訴へるより外はない」、「或人は予にこの建築は日本の何時代の様式かと問ふたが、之に答へることは甚だ迷惑である」「強いて言へば現代若くは昭和時代とでも言わねばならない」といっている。また、細部の装飾に妖怪や怪獣のデザインを採用したことについて、「多数の人に面白いと認められて居る様である」とし、「一見滑稽なる遊戯を試みたかの如くであるが、予の心事には毫も遊戯的な気分は無く、最も緊張した真剣味を以て考案したのであることを承認されたい」ことを強調している。[22]懸賞当選案が批判にさらされ、「純日本風」のデザインを求められたという背景があるが、伊東自身の認識および実際の設計案は、表面的な「純日本風」のもと、かなり伊東なりに当時の風潮を意識した上で、震災の記憶の表現として工夫を凝らされたものであったといえよう。

3　記念施設と帝都復興をめぐる社会意識

一九二九（昭和四）年九月、帝都復興展覧会が開催されると、その出品物を「永遠に陳列保存」すべきであるという「輿論」が高まったため、東京市および東京市政調査会、東京震災記念事業協会が協議し、主要出品物は東京市本所公会堂内に保管されることになった。また、「幾多の思い出多き資料は記念堂内に設けられた小規模の陳列室では到底之を充すに由なき程数多くのものがあった」ため、同年一一月九日、「震災記念堂」内に設備せんとした陳列室の計画を変更し、展示施設を建設することが決定した（二〇三頁）。一九三〇（昭和五）年九月二六日に起工、翌年三月に東京市はこの施設の名称を「復興記念館」に決定、同年四月一七日に建物が竣工した。陳列作業は、同年七月四日の皇后巡啓に合わせて完了し、同年八月一八日に開館した。その時点をもって、東京震災記念事業協会は解散し、東京市が事業を引き継いだ。設計者の個人名は竣工記録には明記されておらず、東京震災記念事業協会となっているが、慰霊堂の設計者が伊東忠太であり、記念館の着工時まで同協会の建築顧問をつとめていたこと、同協会の建築関係の技師として萩原孝一の名前があがっていたことから、伊東の示唆や指導のもとで萩原が図面を作成したと考えられる(23)。

「計画案」によると、「陳列材料」は約一〇〇〇点で、そのうち「震災記念資料」は約五〇〇点、「復興記念資料」は約五〇〇点と、ちょうど半分ずつの割合で陳列することになっている（二〇八頁）。後述するようにこの割合は必ずしも計画案のとおりにはならなかった。記念館の位置づけは、「震災記念堂の附帯別館」であり、「大正大震火災の被害を記念する物品、其状況を後世に伝ふべき絵画、写真、統計等を整理陳列した小博物館」であると同時に、「地震火災に関する諸種資料の陳列によって災害に対する不断の準備と、其予防知識を普及」するとなっている。「展示」要素とともに、懸賞募集の際には見られなくなっていた「防災」要素が再度盛り込まれたことがわかる。「慰霊」要素である「震災記念堂」と合わせて、震災復興の記念施設とすることが意図されていたのである。

次に、両施設のデザインが、当時の時代状況のなかでどのような意味を持っていたのかについて検討してみたい[24]。慰霊堂の外観は、瓦屋根葺であることなど基本的に「和風」のデザインとなっているが、日本的なデザインを求める当時の風潮に沿ったものであり、過去の建築様式を自由にアレンジしながら、新たな方法で伝統を表現しようとしたものであるといえる。記念館の外観は、スクラッチタイルで、表面に凹凸をつけて秩序を生み出しながら、記念性を表現している。このスクラッチタイルは、帝都復興展覧会の会場となった東京市政会館（一九二九年竣工）の外壁にも使用されており、当時の建築意匠の流行がうかがえる。

また屋根の瓦葺の短い軒は、「和風」の慰霊堂との対応を意識したものと考えられる。このような構成は、内部の玄関ホールや階段室・二階中央展示室とともに昭和初期のデザインの特徴を示している。同様のデザインは一九三〇（昭和五）年の大礼記念京都美術館コンペの当選案にもみられる[25]。慰霊堂と記念館の場合、鐘楼などの周辺施設、所在地である横網町公園もふくめ、一連の施設がすべて関東大震災の記憶を保存し後世に伝えるという目的をもってデザインされていることが他に類例をみない特徴となっている。伊東忠太の特徴である妖怪や怪物の意匠、東洋と西洋を融合させたデザインは、異彩を放っているようにも思われるが、当時、懸賞当選案に向けられたような批判は起こらず、結果的に「純日本風」として受け入れられた。「モダン」な意匠が過度に強調されたデザインには批判が起こり、妖怪や怪物といった異彩を放つ意匠であっても、「伝統」と「モダン」、東洋と西洋を融合したデザインが採用されたことは、当時の「震災の記憶」の表現をめぐる社会意識のあり方の特徴といえよう。

一方、この時代の社会意識は、震災六周年である一九二九（昭和四）年の震災記念日における東京市長堀切善次郎の告諭にみられるように、「精神の緊張」を促すものでもあった（東京朝日新聞、同年九月一日付。以下、東京朝日と表記）。堀切市長は、「今日の記念日を迎ふるに当り各位と共に更に精神を緊張し軽てう浮華を戒め勤倹力行を事として益々帝都の興隆を計りたい」とし、「震災の記憶」を引き合いに出し、当時の風潮を批判している。また、震災後間もない頃から、禁酒運動など「精神の緊張」を求める様々な活動が展開されていた。禁酒運動は、一九二六（大正一五）年の震災記念日から開始され、以後毎年開催されるようになっており、一九二九（昭和四）年には賀川豊彦作の行進曲「酒なし日行進歌」を歌いながら行進する様子が「酒なしデー大示威」という見出しで報じられている（東京朝日、同年九月一日）。また、前述の堀切市長の告諭があった同日には、カフェー撲滅運動も展開し、「カフェー亡国」のビラ三万枚を「全市要所」で配布し、銀座や浅草路で街頭演説を行い、「市民の覚醒」を促している（東京朝日夕刊、同日付）。このような風潮は、のちの戦時体制の文化統制に展開していく側面を持っているといえよう。政治史的には満州事変（一九三一年）や日中戦争（一九三七年）を契機として強調されていく傾向があるが、震災復興期にすでに存在していたことがわかる。

ただ、当時の風潮は必ずしも単純に「復古」や「国粋」、「精神」主義の要素だけを持っていたわけではない。一九三一（昭和六）年の震災記念日に新聞紙上に掲載された斎藤実の講演「新興国民の気力」では以下のような主張が展開されている（東京朝日、同年九月一日付）。関東大震災の後、「見るかげもなかった焼土の上にはあらゆる近代文化の精粋を集めた大建築を初め、道路、橋梁、給水、通信運輸、消防等の設備に至るまで見事に完成をつげて、復興の名に恥じない大都市を再建致しました」と「帝都復興」事業の成果を讃えている。そして、「我等固有の精神たる共同生活の本義に立ち返り、進んで合理的生活規範を確立して産業振興の根幹たらしめ、現代文化の精神を探つてこれを我が建国精神の上に築き健全なる社会進化」を「我等全国民の協力によつてなし遂げなければならない」と主張している。「、」部は「帝都復興」事業や「合理的生活規範」「産業振興」などの「近代」的な価値観を示しており、「。」部は「国粋」「精神」主義的な価値観をそれぞれ表明していると考えられる。斎藤の意図は、その二つの要素の融合を目指していたと考えられよう。

佐藤美弥は、震災後の言説に頻出する「此際！」という表現に着目して、この時期の社会意識の特徴として、「資本主義の矛盾や既存の社会に対する反省・批判の意識を背景として、変革・改善への欲求」が込められており、それらに「簡素化、科学化を価値とする傾向」があったことを指摘している。[26] この指摘は、震災記念日の禁酒運動や、「精神の緊張」を促す堀切市長の講演、齊藤實の講演、先に検討した震災記念堂の設計をめぐる試行錯誤にも共通するといえる。重要なのは、禁酒運動を「精神」主義、「帝都復興」事業を「近代」主義と切り分けて考えてしまうと震災後の社会意識のあり方を単純化してしまうことになり、その本質をとらえそこなってしまうということである。モダンに特化したデザインが批判され、「融合」をはかった伊東忠太のデザインが採用されたこと、そして、斎藤の主張にみられる「帝都復興」事業などの「近代」主義と、禁酒運動などの「精神」主義の「融合」が目指されていたことが、この時期の社会意識の特徴と考えられるのである。

おわりに

これまで関東大震災の公的な記念施設の成立過程と当時の社会意識との関連について考察を行ってきたことで、大正末から昭和初期にかけてのいわゆる震災復興期は、帝都復興都市計画に象徴されるような近代的な要素、そして国粋主義・精神主義的な要素の二つが共存していたことが特徴であるといえる。関東大震災の公的な記念施設の成立過程における様々なせめぎ合いにはそのような社会意識が反映されていると考えられる。

以上の知見は、一九二〇年代から一九三〇年代の日本社会の変化を、リベラリズムからファシズムへの「暗転」とみなす位置づけを再検討することにつながると考えている。[27] 関東大震災をめぐる社会意識からは、両者の複雑な関係をうかがうことができる。このことは虐殺事件の背景を検討する上でも重要になると思われる。

公的な記念施設には、中華民国から寄贈された幽冥鐘、そして一九七三（昭和四八）年の関東大震災五〇周年時に横網町公園内の慰霊堂脇に建立された朝鮮人犠牲者追悼碑、朝鮮籍の死亡者の情報が記載された震災死亡者調査表など、さまざまなかたちで虐殺の痕跡が記録されている。これらの痕跡と公的な記念施設の関係についての考察は今後の重要な課題である。

注

（1）東京都慰霊堂は、設立当初、「震災記念堂」という名称であったが、一九五一（昭和二六）年に東京大空襲の慰霊施設を兼ねることになった際に、現在の名称に変更した。同様に震災復興記念館は東京都復興記念館となった。混同を避けるため、本稿では区別が必要な場合を除き、「震災記念堂」、東京都慰霊堂＝慰霊堂、震災復興記念館・東京都復興記念館＝記念館、と表記する。

（2）神奈川大学は二〇〇六年から二〇一〇年まで二つの研究プロジェクトで資料調査を実施した。神奈川大学21世紀COEプログラム「人類文化研究のための非文字資料の体系化」の一環として写真資料の調査を実施し（二〇〇六年、第一次調査）、同プログラム終了後発足した同大学非文字資料研究センターの個別共同研究「関東大震災後の都市復興過程とそのデータベース化、並びに資料収集」（代表・北原糸子）で、その他の資料調査を実施した（二〇〇八～一〇年、第二次調査）。筆者は第二次調査から神奈川大学の調査に参加し、二〇一一年以降は、東京都復興記念館調査研究員として調査を継続している。調査の詳細は、北原糸子「関東大震災の写真（東京都慰霊堂保管）について」（『歴史災害と都市――京都・東京を中心に』立命館大学・神奈川大学21世紀COEプログラム推進会議ジョイントワークショップ、二〇〇七年）、拙稿「東京都慰霊堂保管・関東大震災関連資料について」（『年報　非文字資料研究』第五号、神奈川大学非文字資料研究センター、二〇〇九年）、拙稿「『震災の記憶』の変遷と展示　復興記念館および東京都慰霊堂収蔵関東大震災関連資料を中心に」（『年報　非文字資料研究』第六号、神奈川大学非文字資料研究センター、二〇一〇年）、拙稿「東京都慰霊堂保管資料の整理と分類方法　関東大震災および「東京大空襲」関係資料について」（『年報　非文字資料研究』第七号、神奈川大学非文字資料研究センター、二〇一一年）、拙稿「関東大震災後の都市復興過程とそのデータベース化、並びに資料収集」（『年報　非文字資料研究』第七号、神奈川大学非文字資料研究センター、二〇一一年）を参照。

（3）慰霊堂と記念館に関する先行研究として、山本唯人と寺田匡宏の研究が重要である。山本は、記念館は「震災から復興へ」の物語に収斂するだけではなく、植民地や欧米人の死者名も記載された「遭難殃死者名簿」や中華民国の「弔霊鐘」が存在するなど、様々な「ゆらぎ」を含んだ空間として構成されていたことを指摘している（山本唯人「関東大震災の記念物・資料保存活動と「復興記念館」――震災後における「公論」の場の社会的構築と「災害展示」」『社会学雑誌』二三、神戸大学社会学研究会、二〇〇六年）。寺田は、記念館に展示された摂政宮（後の昭和天皇）の絵画（徳永柳洲作）に着目し、「天皇」の視線を人々に感じさせるという意図が存在することを指摘している（寺田匡宏「ミュージアム展示における自然災害の表現について――関東大震災「震災復興記念館の事例」岩崎信彦・田中泰雄・林勲男・村井雅清編『災害と共に生きる文化と教育――〈大震災〉からの伝言』昭和堂、二〇〇八年、一八六頁)。

(4) 加藤雍太郎・中島宏・木暮亘男『横網町公園――東京都慰霊堂・復興記念館』東京都建設局公園緑地部監修・東京公園文庫四八、財団法人東京都公園協会、二〇〇九年。

(5)「震災記念堂」という名称は、一九三〇(昭和五)年二月の時点で決定したもので、それ以前は、「被服廠供養堂」をはじめいくつかの仮名称が使用されていた。本稿では特に区別する必要がない場合は「震災記念堂」と表記した。本章の記述は、前掲『被服廠跡』〔注3〕を中心に、適宜、関連資料を参考にした。『被服廠跡』からの引用は、本文中に頁数を記載し、関連資料については注に記載した。

(6) 震災資料を正式に蒐集することになったのはこの時点からである。

(7)『官報』号外、一九二三年九月二日。この「詔書」は以後刊行された震災関連出版物の巻頭にしばしば掲載されている(『帝都復興祭志』東京市、一九三二年ほか)。

(8) 越澤明『東京都市計画物語』(日本経済評論社、一九九一年)は、「帝都復興」事業の近代的な都市計画が非常に先駆性をもっていたことを評価している。越澤の復興都市計画研究の研究史上の意義については、本書ブックガイド2を参照。

(9) 佐藤美弥「メディアのなかの「復興」――関東大震災後の社会意識と展覧会」(『人民の歴史学』第一七八号、二〇〇九年)二五頁。

(10) その一例として、近藤士郎がさまざまな論者の「震災の教訓」をまとめたアンソロジーでは、「天譴論」が基調となっており、当時の影響力の強さがうかがえる(近藤士郎編『震災より得たる教訓』国民教育社、一九二四年)。

(11) 渡邊長男「被服廠惨害地始末意見書」(一九二三年一〇月、渋沢史料館蔵)。渋沢のもとにはその他にもさまざまな「帝都復興」案が寄せられている。

(12) 東京市原案の平面図は、前掲『被服廠跡』〔注3〕(九二頁)に掲載されている。

(13) 法隆寺をはじめ、奈良朝の建築様式は日本建築の典型として注目を集めていた(鈴木博之編著『伊東忠太を知っていますか』王国社、二〇〇三年、一五~一六頁)。

(14) 懸賞当選案のうち、一等~三等までの図案は『被服廠跡』〔注3〕(九八~九九頁)に掲載されている。応募作品および関連資料は東京都慰霊堂収蔵庫に保管されており、二〇一三年にデジタルデータ化された。

(15) 伊東は、歴史主義を否定する分離派建築会(モダニズム)と、建築設計からの自立を目指す建築史研究会(文献実証主義)とのはざまに立っていた（前掲鈴木『伊東忠太を知っていますか』〔注13〕三二頁）。

(16) 「純日本風」という表現は、現在の慰霊堂解説パネルにも使用されている。

(17) この陳列室は、一九三〇（昭和五）年三月の天皇巡幸の際に使用された。なお、翌年七月四日の皇后巡啓の際は復興記念館が使用されている。

(18) 「被服廠供養堂建立大勧進」（ポスター、東京府内各宗寺院、一九二六年三月、慰霊堂収蔵庫保管資料37-25）。

(19) 伊東忠太「震災記念堂」（『科学知識』五月号、一九三〇年）四六六～四七二頁。

(20) 同前、四六八頁。

(21) 「塔の相輪」については、同前論文、四六九頁、妖怪や怪物をデザインしたことについての伊東の見解については、同前、四七二頁。

(22) 同前、四七二頁。

(23) 日本建築学会「東京都復興記念館の保存に関する要望書」（一九九七年）一頁。

(24) 慰霊堂および記念館のデザインの特徴についての説明は、日本建築学会、前掲書の指摘を参考にした。『建築雑誌』（一九三一年八月号）に復興記念館の竣工記録が掲載されている。

(25) 現在の京都市美術館（京都市岡崎公園内）。本館の設計者は、前田健二郎。一九二八（昭和三）年に京都で開催された昭和天皇即位の礼を記念して建設が計画された。

(26) 前掲佐藤「メディアのなかの「復興」」〔注9〕二七頁。

(27) 同様の問題意識は、吉見俊哉編『一九三〇年代のメディアと身体』（青弓社、二〇〇二年）で課題として設定されている。

参考文献

伊東忠太「震災記念堂」（『科学知識』五月号、一九三〇年）。

加藤雍太郎・中島宏・木暮亘男『横網町公園――東京都慰霊堂・復興記念館』東京都建設局公園緑地部監修・東京公園文庫四八、財団法人東京都公園協会、二〇〇九年。

北原糸子「関東大震災の写真（東京都慰霊堂保管）について」（『歴史災害と都市――京都・東京を中心に』立命館大学・神奈川大学21世紀COEプログラム推進会議ジョイントワークショップ、二〇〇七年）。

越澤明『東京都市計画物語』（日本経済評論社、一九九一年）。

近藤士郎編『震災より得たる教訓』（国民教育社、一九二四年）。

佐藤美弥「メディアのなかの「復興」——関東大震災後の社会意識と展覧会」（『人民の歴史学』第一七八号、二〇〇九年）。

鈴木博之編著『伊東忠太を知っていますか』（王国社、二〇〇三年）。

高野宏康「東京都慰霊堂保管・関東大震災関連資料について」（『年報非文字資料研究』第五号、神奈川大学非文字資料研究センター、二〇〇九年）。

高野宏康「『震災の記憶』の変遷と展示　復興記念館および東京都慰霊堂収蔵関東大震災関連資料を中心に」（『年報　非文字資料研究』第六号、神奈川大学非文字資料研究センター、二〇一〇年）。

高野宏康「東京都慰霊堂保管資料の整理と分類方法　関東大震災および「東京大空襲」関係資料について」（『年報　非文字資料研究』第七号、神奈川大学非文字資料研究センター（二〇一一年）。

高野宏康「関東大震災後の都市復興過程とそのデータベース化、並びに資料収集」（『年報　非文字資料研究』第七号、神奈川大学非文字資料研究センター、二〇一一年）

寺田匡宏「ミュージアム展示における自然災害の表現について——関東大震災「震災復興記念館の事例」（岩崎信彦・田中泰雄・林勲男・村井雅清変『災害と共に生きる文化と教育——〈大震災〉からの伝言』昭和堂、二〇〇八年）。

東京震災記念事業協会編『被服廠跡——東京震災記念事業協会事業報告』（東京震災記念事業協会精算事務所、一九三二年）。

日本建築学会「東京都復興記念館の保存に関する要望書」（一九九七年）。

山本唯人「関東大震災の記念物・資料保存活動と「復興記念館」——震災後における「公論」の場の社会的構築と「災害展示」」（『社会学雑誌』二三、神戸大学社会学研究会、二〇〇六年）。

吉見俊哉編『一九三〇年代のメディアと身体』（青弓社、二〇〇二年）。

※本稿は、関東大震災九〇周年記念行事第二回学習会報告「関東大震災の記憶と記録　東京都慰霊堂と復興記念館を中心に」をもとに、拙稿「『震災の記憶』の変遷と展示　復興記念館および東京都慰霊堂収蔵・関東大震災関連資料を中心に」『年報　非文字資料研究』（神奈川大学非文字資料研究センター、二〇一〇年）の一部を再構成し、加筆修正したものである。執筆にあたって、東京都慰霊協会関係者に多大なご協力をいただいた。この場を借りて感謝申し上げる。

第7章　震災遭難児童弔魂像の建立と関東大震災の「記憶」

椎名則明

はじめに

近年、歴史学や美術史の分野では、モニュメントに関する研究が盛んである。フランスの社会学者アルヴァックスは、個人が集団の成員として過去を想起する以上、「記憶」とは「個人的な現象」ではなく、「集合的な現象」であるとして、「集合的記憶」の概念を提唱した。公園や駅などの公的空間に設置されたモニュメントは、ある集団にとって重要とされた「記憶」を社会的に保持・喚起するとともに、未来への教訓を導き出す装置として機能する。モニュメントの形態は記念碑、記念建造物、記念館、銅像、慰霊碑、忠魂碑など多岐にわたる。これらのモニュメントを考察することを通じて、当時の人々が何を目的としてそれらを設置し、どのような事象が人々の「記憶」として語られ、それがどのように人々に取捨選択され、受容されていくのかを検討し、当時の社会の様相や歴史像を再構築する試みが行われている。

モニュメントの分析を通じて関東大震災の「記憶」に言及した研究は、慰霊碑・追悼碑を検討したものが嚆矢である。これらの研究は地域住民有志の協力の下で、建立された石碑の文言の分析から朝鮮人虐殺の事実を掘り起こすことで、加害責任を認めようとしない当時の社会の風潮を批判したもので、ねずまさし「横浜の虐殺慰霊碑」（『季刊三千里』第二一号、一九八〇年二月）や平形千恵子（「関東大震災朝鮮人犠牲者の遺骨発掘と慰霊碑の建立」『歴史地理教育』第六〇四号、二〇〇〇年一月）などがある。

さらに、本章で考察対象とする陸軍被服廠跡地（以下、「被服廠跡」と略）に言及したものとしては、山田昭次『関東大震災時の朝鮮人虐殺――その国家責任と民衆責任』（創史社、二〇〇三年九月）があり、朝鮮人虐殺が行われた背景と、いまだ精算されていない国家責任とともに、直接の加害者となった自警団など民衆の加害責任を究明することを目的に、「関東大震災時に虐殺された朝鮮人の墓碑、追悼碑」の検討を行い、虐殺に対する責任の主体が不明確であることを指摘した。また、李眞姫は「人権を考える窓口としての在日コリアンの歴史と空間――関東大震災の追悼碑、朝鮮学校、足立区を訪ねて」（『季刊 Sai』第四八号、二〇〇三年九月）の中で、フィールドワークで訪れた東京都慰霊堂と復興記念館の展示における「人災についての沈黙」を指摘するとともに、朝鮮人犠牲者追悼碑の碑文に記されている「真実を識ること」の重要性を訴えた。

近年においては、地震学者の武村雅之が住家の被災棟数の重複を指摘するとともに、東京二三区内に建立された慰霊碑や記念碑などについて、当時の資料や多くの関係者の証言、自ら撮影した写真などを駆使して、受難と再生の「記憶」をたどっている（『関東大震災を歩く――現代に生きる災害の記憶』吉川弘文館、二〇一二年三月）。また、高野宏康は東京都慰霊堂所蔵資料の調査を通じて、関東大震災における唯一の公的な記憶装置である東京都慰霊堂と復興記念館の変遷を再検討し、「慰霊」と「復興」の狭間で主体を担う「官」と「民」がせめぎ合っていたことを指摘した（「「震災の記憶」の変遷と展示――復興記念館および東京都慰霊堂収蔵・関東大震災関係資料を中心に」『年報非文字資料研究（神奈川大学日本常民文化研究所非文字資料研究センター）』第六号、二〇一〇年三月）。

こうした研究の蓄積にもかかわらず、これまでモニュメントの中でも視覚的な効果を強く有する銅像の役割が論じられることはあまり無かった。本章では、被服廠跡に建立された「震災遭難児童弔魂像（悲しみの群像）」（以下、「群像」と略）を題材とし、この群像の建立を通じて、どのような事象が人々の震災の「記憶」として語られるようになったのかを考えてみたい。

1　関東大震災における被服廠跡の惨事

関東大震災で最も多くの人的被害を出した地域は、東京府本所区横網町一丁目（現・東京都墨田区横網町二丁目、横網町公園一帯）の被服廠跡であった。本所区では、一七か所から出火し、海上から吹きつけた強い南風を受けて、瞬く間に密集する木造家屋を焼き払った。

写真７－１　震災記念堂（現・東京都慰霊堂）

炎に煽られた近隣住民は多くの手荷物を持ち、あるいは大八車に家財道具を満載にして逃げまどい、隅田川西端に面した被服廠跡に殺到した。これより以前の一九一九（大正八）年に陸軍被服廠は赤羽に移転していたため、二万坪を超える広大な更地となっていたこの地は格好の避難場所と考えられ、地元の相生警察署員も罹災者を誘導した。

こうして一旦は安堵の地を得た罹災者であったが、午後四時頃に敷地の三方から発生した火災旋風が罹災者の持ち込んだ荷物に引火し、敷地内に立錐の余地もなく密集した状態で避難していた約四万人の罹災者は逃げ場を失い、三万八〇〇〇人余が焼死、または蔓延した一酸化炭素によって窒息死した。江戸時代よりすでに災害時に多くの荷物を持ち出すことの危険性は指摘され、これを禁ずる法令も出されていたが、その教訓は活かされることはなかった。

東京市は市内で最も悲惨を極めた被服廠跡を震災犠牲者の弔祭場とす

ることとし、一九二三（大正一二）年一〇月、仮納骨堂を建設した。このため東京市は以前に策定していた造園計画を大幅に変更して、二四年二月、中央に震災記念堂（写真7-1）を置く公園の設計案を作成し、同年六月、市議会の承認を得た。

また、東京市は震災から一年を迎えた同年九月一日、大震災善後会と震災同情会からの寄付金五万円を基金として、東京震災記念事業協会（以下、「協会」と略）を組織し、広く一般から寄付金を募集するとともに、翌年七月には伊東忠太らによる震災記念堂の設計案を採用し、一九三〇（昭和五）年八月の落成を予定した。

2　群像建立に至るまでの経緯

震災記念堂の建設が進むなかで、一九二八（昭和三）年四月、東京市全市小学校校長会（以下、「校長会」と略）は東京市教育局や公園課の支援の下、教育局内に東京市震災遭難児童追悼記念物建設会（以下、「建設会」と略）を組織し、東京市内の遭難児童約五〇〇〇人の慰霊を目的とした「記念物」の建設を企画した。この計画は二八年九月一日の第五回忌辰で発表され、当時市内に在籍していた約二〇万人の小学校児童の家庭に印刷物を配布して、一人あたり一〇銭以内で寄付を募った。これに一八万二〇二七名もの小学校児童が賛同し、その醵金は一万四〇六六円四七銭にも達した。

校長会では当初、この醵金を基に根府川石を用いて遭難児童の「弔魂記念碑」を建立する案が有力であったが、人々の弔霊の対象が震災記念堂の他にも分散してしまうことを懸念した協会がこれに反対し、建設会に対して「記念堂の風致に副えるような美術的な記念像」を建立するのであれば承認すると通達した。この提案を了承した建設会は「児童の群像」を建立することに計画を変更し、その制作を小倉右一郎（一八八一〜一九六二、以下、「小倉」と略）に依頼した。

小倉は香川県大川郡白鳥町（現・東かがわ市）に生まれ、香川県立工芸学校を卒業後、東京美術学校彫刻科で学んだ。第二回文展に初入選して以後、的確な量塊表現に基づく人体彫刻を次々と官展に発表した。その後、渡仏してロダンに師事し、帰国後には彫塑研究所（後の滝野川彫塑研究所）を開設して後進の指導にあたるとともに、帝展審査委員・同委員長を歴任するなど官展の重鎮として活躍した。その一方で、郷里の香川県工芸美術総合展の創設にも尽力し、戦後には香川県立高松工芸学校長を務めた。代表作は国際子ども図書館前の「小泉八雲先生記念碑」、靖国神社の大燈籠「東郷元帥浮彫」などで、香川県内にも志度町の平賀源内記念館の「平賀源内像」、満濃池畔の「弘法大師像」、坂出市常盤公園の「三士忠造像」などがある。

表7－1　「悲しみの群像」工事費内訳

工事費内訳	金額
記念像制作費	7,000円
台石及び小池工事費	3,332円97銭
袖垣及び鉄柵工事費	995円
植栽工事費	334円
総額	11,661円97銭

出典：『被服廠跡』307～308頁より作成。

写真7－2　小倉右一郎 作「悲しみの群像」（絵葉書）

小倉が構想した群像は高さ五尺、幅六尺の青銅製で、一九二九（昭和四）年六月、その原型が完成し、同年秋にも鋳造を予定していることを新聞各紙が報じた。同月二一日の『東京朝日新聞』夕刊は、「像は十二人の群像で、等身大の少年十二名が猛火に包まれ、相抱いて泣くもの、兄が弟をかばひながらろひの火を防ぐ犠牲的精神、さながらせい惨な当時を写しだして、追憶の涙あらたなるものがある」と、その特徴を写真付きで詳細に報じている。

3　群像の造形をめぐる世論の反発と群像の建立

群像を報じた新聞記事は、世論の反発を引き起こすこととなった。その造形を非難する投書が殺到したのである。「嘆きの母」なる人物は、「愛児を失つた親達は、果たしてあの群像を直視することが出来ませうか。想ひ起すだに苦痛のたね、涙のたねでありますものを、今、まのあたりに示されて、またしても悲しみを新たにせずにはをられませぬ。……悲惨な有様を見せつけて、冥福を祈れといはれるよりは、救はれてゐるから信ぜよといはれた方が、亡き児のためにも、愛児を失つた母に取つても、どれだけ慰められるか知れませぬ」と非難した（『東京日日新聞』一九二九年六月二三日朝刊）。

同様に、幼児教育家で東京市会議員の岸邊福雄も、群像の建立予定地である被服廠跡には震災記念堂が建設されることで、十分に当時の「記憶」を物語っているので、そこにこのような「悲惨な群像」が置かれたら、「人の子の親はもちろん、子供にとつても決してよい感情を起こさせ」ないとして、その造形を改作すべきものと抗議した（『東京朝日新聞』一九二九年六月二三日朝刊）。

東京美術学校で小倉と同期生であった朝倉文夫も、「第三者を考へないで其の社会を、その文化、そして時と所を考へない」小倉の「芸術至上主義的な姿勢」は、一般の人々の感情と甚だ乖離しているのではないかと痛烈に批判した（『読売新聞』一九二九年六月二七日朝刊）。

また、本所に住む地元の人々からも、「あの群像だけではあまり余りに傷ましい、あの像の外に今一つ罹災児童が救はれた明るいものを作つて欲しい」という意見も出されていた（『読売新聞』一九三〇年九月四日朝刊）。

つまり、これらの批判は小倉の写実的な表現が卓越していたがゆえのものであり、それを見る人に震災当時の苦難の様相を眼前に彷彿とさせ、とりわけ罹災者にとっては辛く悲しい「記憶」を呼び起すことになったため、そのような群像の造形は改めるべきとの抗議の声となったのである。

こうした批判に対して、校長会は制作の意図を「罹災した児童の冥福を祈る」とともに、「後々の子供に震災の惨状を知らせて震災に対する警戒を与へる為」であることを説明し、震災の「記憶」を目に見える形で伝えることの「教育的意味」を強調した（『東京朝日新聞』一九二九年六月二三日朝刊）。

東京市教育局長の藤井利譽も、「見方によれば悲惨な印象を受けるかもしれない」が、「震災当時の実相はあれ以上の深刻な場面」であり、群像は「可愛さうな死に方をした子達を永遠に記念しよう」とする校長会有志の「純真な気持ち」を体現したものであるとして、現状の造形を支持した（同前）。

制作者の小倉も建設会の意向を踏まえて、努めて「悲惨な表現」を避けるよう配慮しており、群像を「他の公園に建てるといふなら別だが数万の死者をだして現に納骨堂さへも建つて居る被服廠跡に建つのだからあの程度のもので宜しいのではないか」と主張した（同前）。

しかしながら、あまりの反響の大きさに建設会委員の間でも「改作したらどうか」との意見が噴出した（同前）。その結果、建設会は「作意は原型のまゝとし、あまりに残酷にいたいけな感じを与へる小児の像を削るか若くは彫を薄くして感じを弱くする方法をとりたい意向」を小倉に伝えたが、小倉は「めい福を祈るといふであれば別につくり方」もあるが、往事を回想するためのものであるから「手入すれば無意味になる」と反対し、「五十年、百年後の人が当時をしのぶものとしては一つ位あゝいうものがあつたほうがいい」と自らの見解を吐露した（『東京朝日新聞』一九二九年六月二九日夕刊）。

こうして建設会で議論が続けられた結果、校長会代表の松下専吉が「当時を回想するべく建設した像が、多少悲惨な表現があるのは当然である」として大規模な修正には応じなかったこともあって、小倉は当初の意匠を尊重しながらも、世論に配慮して仕上げの色調を和らげるなどの措置を施して鋳造することとした。

このように見てみると、罹災者側も群像を建立すること自体には決して反対であった訳ではなく、非業の死を遂げた児童を弔慰しようと願う気持ちは制作者側も罹災者も共通したものであった。しかしながら、制作者側が留めようとする「記憶」と罹災者の「感情」との間には大きな隔たりがあったと言えるだろう。

こうして群像は一九三〇（昭和五）年七月一五日にようやく起工し、翌年四月三〇日に竣工を迎えた。群像が据えられた台座は茨城県稲田産の花崗岩を使用し、その正面には「震災遭難児童弔魂像」の文字を彫刻した銅板を嵌め込み、台座の左右には金属製の噴水口花飾りを取り付け、背面には建立の由来を刻んだ。群像の除幕式は周囲の小池や袖垣などの完成を待って、同年五月一六日に執り行われ、当日は内務省、文部省、警視庁、東京府、東京市の関係者をはじめ、各市立小学校長、府立・市立中学校長、各小学校からそれぞれ代表児童二名と付添いの教員が一名、その他教育関係者や工事関係者など約四〇〇名が参列して盛大なものとなった。式典では、東京市小学校児童総代の本所高等小学校生徒が弔魂辞を奉読し、その中で「五千の英霊はこの記念像によつて永遠に光を放つものでありませうそしてこの貴い精神は市民の心の中に永劫に生きて行くことでありませう」と群像を建立した意義が高らかに謳い上げられた。

4　アジア・太平洋戦争における銅像の回収

しかしながら、この群像は「永遠」なものとは成り得なかった。鉱産資源に乏しい日本は海外からの輸入に依存していたが、日本の南進政策を警戒したアメリカは通商条約を廃棄し、その供給はより一層困難なものとなっていった。

第三次近衛文麿内閣は武器生産に必要な金属資源の不足を補うため、一九四一（昭和一六）年七月、「奢侈品等製造販売制限規則」（「七・七禁令」）を発布し、国家的性質の企画を除く以後の銅像建設を禁止するとともに、個人に対する銅の配給を停止した。そのため、彫刻家は木材、石膏、石材、テラコッタ、セメントなどの代用品を使用することを余儀なくされていった。また、同年八月には、「金属類回収令」を発布して、これまでの任意の供出から「根こそぎ」回収へと方針を大きく転換した。

続く東条英機内閣は「銅と鉄を国家に」の合い言葉の下、全国各地の寺院の梵鐘や銅像などの献納を求め、一九四三（昭和一八）年三月五日には、「銅像等ノ非常回収実施要綱」を閣議決定し、既設・制作中とを問わず銅像の強制的な回収へと踏み切った。

回収は「皇室に関するもの」「仏像等の信仰の対象となるもの」「国宝及び重要美術品の指定あるもの」「国民崇敬の中心たるもの」を除いて、当時の植民地までを含めた日本国領土に現存する全ての銅像や銅碑が対象とされ、商工省内に設置された金属回収本部で審議し、閣議の採択を経て実施された。その際には、回収を行う緊急性が強調され、「飽迄愛国心ノ発露ニ依ル如ク措置スル」ことが求められた。

例えば、同年四月二四日発行の『市政週報』には、東京市制三十周年記念事業で東京市庁舎玄関に設置されていた渡辺長男作「太田道灌像」の撤去が行われた際の写真が表紙に掲載され、そこには「太田道灌も応召！　このたび米鬼英賊破摧の金属特別回収陣に家康共々馳せ参じた」との見出しが躍り、東京市自らが銅像回収の先鞭を示したことが大々的に報じられた。

また、東京都でも同年九月に金属非常回収工作隊が組織され、都庁以下すべての役所や国民学校などの暖房器具の回収を端緒として、校内のすべり台やシーソー、二宮金次郎の銅像なども順次回収していった。

全国各地の銅像が国家の要請に応えて次々と回収されていくなかで、鋳金家の香取秀真は、「現今の銅像は歴史的視点を除いては前述の如く美術的に価値あるもの僅少といふのが真実の話で、国運を賭すこの決戦下、いたづらに風雨にさらされ煤煙と塵埃に薄汚くよごれてゆくよりは、むしろ献身することによって、これら銅像は最も時宜を得た名誉ある生き場所を得るといふべきである」として銅像が回収され、兵器や弾丸となっていくことは、「米英撃滅の決意と闘志を一段と昂めずにはおかぬ」快事であると評し、時局に順応する姿勢を示した（『朝日新聞』一九四三年三月二一日朝刊）。

こうした銅像回収の措置に対して、東京美術学校教授であった北村西望は、全国各地の銅像を調査して「一作家一像」の保存を軍部に要請したが、それすらも許されることはなかった。この時の調査によると、日本国内には九四四基の銅像が建立されていたが、回収を免れることができたものはわずか六一基にすぎなかった。

群像も制作関係者の意図や震災罹災者の感情も全く顧みられることもなく、国家の強制的な措置によって、一九四四（昭和一九）年に回収され、台座のみがむなしく残されたまま戦後を迎えることとなった。

5　震災モニュメントによる「記憶」の継承

ここで話を転じて、震災モニュメントと「記憶」の継承に関する筆者の問題関心を述べてみたい。

(1)　群像に関する高校生へのアンケート調査

二〇一二（平成二四）年一二月、当時筆者が勤務していた埼玉県の私立高校で、群像に関するアンケート調査を実施した。対象は一年生三五人・二年生二三人で、複数回答を可とした。まず、群像の絵葉書を示して群像に対する第一印象を尋ねた。その回答の内訳は以下の通りであった。

「何を表現しているのかわからない」が一九、「こわい、残酷、かわいそうなど見たままの印象を述べたもの」が一四、「苦しそう、子供が助けを呼んでいる、何かを訴えているなどの造形を指摘したもの」が二九、「その他」が三であった。この群像が関東大震災の被災状況を表現していることを読み解いた生徒はいなかったが、総じて何らかの事情で児童が苦境に立たされていることを、その造形から感じ取ったことがわかる。

次に、群像建立の趣旨と経緯を説明し、こうしたモニュメントは必要であるかどうかを尋ねた。その回答の内訳は以下の通りであった。

「残すことに賛成」が三九、「条件付きで残すことに賛成」が九、「撤去すべき」が一九、「その他」が八であった。ここでは、「今の世代は見ないとわからないので残すべき」「後世に伝えるため、忘れないようにするため」「歴史は繰り返すから残すべき」など「残すことに賛成」の意見が大勢を占めた。「条件付きで残すことに賛成」では、罹災者など「見たくない人が見える場所には置いてほしくない」として、博物館などの施設に置くことを提案する意見も出された。

その一方で、「撤去すべき」という否定的な意見も数多く出された。その理由は、「まず、傷ついた人の気持ちを考えるべき」、「わざわざ子ども達で表現する必要はない」など罹災者遺族の心情に配慮すべきことを第一として、制作者側が配慮すべきことを促すものもあった。

また、「一番酷かったシーンを残さなければ伝わらない」、「もう少し表現を和らげることができたのでは」など関東大震災当時でも挙げられていた意見や、「文章（書物）で伝えるべきで、形にはすべきではない」などモニュメントそのものの存在意義を問う見解も出された。

(2) 横浜市震災記念館に対する感想

群像のような震災モニュメントの存在に対して、高校生が「残置」と「撤去」という相反する見解を示したことと同様の事例は、関東大震災の翌年九月一日に開館した横浜市震災記念館に関する近隣住民の感想にも見ることができる。この記念館は市民生活の復旧・復興が最優先とされていた時期であったにもかかわらず、震災に関する記念物を展示することで、被災体験やその中から生まれた教訓を後世に伝えようと横浜市が建設したものであった。

横浜郷土研究会が編纂した『横浜に震災記念館があった』に掲載されている証言によると、横浜市内の小・中学校は地震に対する警戒や教訓を学ばせようと、児童や生徒に積極的に記念館を見学させていたようである。先生に引率されてクラス全員で来館したという小学校低学年の女子児童は、「見学したあと何日もクラスの友達と地震のこわさ

写真７－３　石巻市立大川小学校校舎の被災状況
(2012 年 3 月に撮影)

写真７－４　石造りの母子像
(2012 年 3 月に撮影)

を話し合い、いまでも大きな地震というと記念館の展示を思い出」すと、七十年を経た現在でも当時の印象を強く記憶していた。震災の惨事がテーマとなっている記念館だけに、その展示内容は見る者に強烈な衝撃を与え、「こわい」という印象とともに、見学者に地震に対する強い警戒心と防災意識を喚起させる効果を生んだのである。

その一方で、「悲惨な思い出を甦らせたくない」と一度も来館しなかった人や、当時は「震災記念館への道はむしろ避けて通った」と述懐する人もいた。未曾有の震災体験をした者として、その「記憶」を呼び覚ますような場には足を踏み入れる気にはならなかったようである。

(3) 石巻市立大川小学校前に建立された「石造りの母子像」

二〇一一（平成二三）年三月に発生した東日本大震災で被災した現場でも、同様の事例を見ることができる。被災地の復興が進められる中で、罹災者の辛い「記憶」を呼び覚ますような震災遺構の解体を求める遺族の声と、後世のためにそれらの保存を望む声とが交錯し、震災の「記憶」をどのように継承していくべきかという議論が現在も続けられている。こうした遺構を保存するためには、地元自治体の財政難などの課題もあり、国の支援を期待せざるを得ない状況にあるなど問題が山積しているが、東日本大震災から三年が経過し、「記憶」の風化が懸念され、こうした震災モニュメントのあり方が問われている。

同年一〇月二三日、東日本大震災で児童・教職員八四人が死亡・行方不明となった宮城県石巻市立大川小学校の校舎前に設置された献花台のそばに、慰霊のための「石造りの母子像」が建立された。この高さ約六〇センチの石像は、山梨県富士吉田市在住の石彫作家浜田彰三が花崗岩を鑿と槌で半年かけて彫り上げたもので、正座した母親が幼子を胸に抱いた姿を表現したものであった。石像は作者が報道で大川小学校の惨事を知り、このことを「決して忘れてはいけない」と思い、また、遺族の心の安寧のため、「形あるものに気持ちを託してもらえたら」と考え贈ったものであった（『朝日新聞』二〇一一年一〇月二三日）。

この石像の除幕式に参列した五年生の次女を亡くした父親は、「像は子どもたちをみまもってくれていると思う。ずっと大事にしたい」と話した。また、二年生の長男を亡くした母親は、この石造を見て「子どものことが思い出されて何とも言えない」と涙を拭ったという（『日本経済新聞』二〇一一年一〇月二三日）。

むすびにかえて

これまで見てきたように、被服廠跡に建立された群像は校長会が罹災児童の慰霊を目的として建立したものであったが、その造形が写実的であったが故に、罹災者にとって辛い「記憶」を呼び起こすこととなり、世論の反発を招いた。制作者や罹災者が群像の造形に対して抱いた心情は、時を越えて現在の高校生の感覚とも通底したものであり、また、東日本大震災の被災地でも見られた葛藤でもあった。震災モニュメントの存在は、過去の「記憶」を視覚的に追体験する装置として機能する。こうしたことを踏まえると、「記憶」の継承に際しては、震災モニュメントの存在から学び得ることも大きいのではないだろうか。

一九五一（昭和二六）年九月、震災記念堂は被服廠跡や市内各所で火葬された遭難者約五万八〇〇〇人の遺骨に加えて、アジア・太平洋戦争の都内戦災遭難者約一〇万五四〇〇人の遺骨も安置し、名称を東京都慰霊堂と改めた。ここでは毎年、関東大震災が発生した九月一日と東京大空襲が実施された三月一〇日に犠牲者追悼の法要が営まれている。

撤去された群像は一九六一（昭和三六）年、東京都が二百万円の予算を計上し、小倉の高弟である津上昌平と山畑阿利一に依頼して、往時を模して復元された。同年九月一日に開催された復元除幕式では、東龍太郎東京都知事による追悼文が朗読された後に、墨田区二葉小学校生徒らによって幕が払われると、再び現れた群像の姿に参列者は思わず目頭を熱くしたという。

再建された群像は、こうして震災の「記憶」を現代を生きる我々に伝えているのである。

参考文献

財団法人東京震災記念事業協会清算事務所編集・発行『被服廠跡　財団法人東京震災記念事業協会事業報告』（一九三二年）。

『郷土先覚作家展――六　小倉右一郎・鴨幸太郎』（香川県文化会館、一九七三年）。

M・アルヴァックス（小関藤一郎 訳）『集合的記憶』（行路社、一九八九年）。

一ノ木星樹・生出恵哉・小森秀治・中島信一編『よこれき双書第一四巻　横浜に震災記念館があった』（横浜郷土研究会、一九九五年）。

太平洋戦争研究会編『図説　関東大震災』（河出書房新社、二〇〇三年）。

拙稿「近代日本における銅像建設と戦争」（山田朗編『【もの】から見る日本史　戦争Ⅱ――近代戦争の兵器と思想動員』（青木書店、

二〇〇六年)。

拙稿「関東大震災を記憶する――「悲しみの群像(震災遭難児童弔魂像)」の建立から」(『歴史地理教育』第七九四号、歴史教育者協議会、二〇一二年九月)。

※本稿は、『歴史地理教育』第七九四号に掲載した論文を学習会の報告用に加筆・修正したものである。なお、本文中で引用した史料の旧漢字は新漢字に改め、人名の敬称は省略した。また、本稿の写真は全て筆者が撮影したもので、絵葉書は筆者所蔵のものを使用した。

ブックガイド2

越沢明著『東京都市計画物語』（日本経済評論社、一九九一年。二〇〇一年、ちくま学芸文庫）

東日本大震災後、復興がなかなか進まない現状に対し、関東大震災後の帝都復興事業の迅速さ、近代的な都市計画は高く評価されるようになっている。しかし、一昔前は、後藤新平の壮大な構想が、対立する政治家たちの反対論や予算削減により不完全なものに留まったことが強調される傾向が強かった。本書は、長く所在不明であった帝都復興計画の原図と原案文書に基づき、後藤らが理想と使命感により東京を近代的都市に造り替えていったことを明らかにし、後藤および帝都復興計画に対する社会的な評価を変化させる契機となった。戦後の高度経済成長期に、帝都復興事業が達成した遺産が食いつぶされていったという著者の指摘は、戦前と戦後の社会を問い直すことにつながる視点として重要である。

筒井清忠著『帝都復興の時代——関東大震災以後』（中公選書、二〇一一年）

近年、帝都復興事業の先駆性やその意義が再評価されるようになったが、本書では、従来ほとんど言及されなかった二つの視点から、帝都復興事業の挫折と、震災後の社会意識の変化について考察し、震災復興と日本社会に新たな問題提起を行っている。一点目は、関東大震災後の政治過程における震災復興の位置づけと復興局疑獄事件への着目で、復興局の路線対立、汚職の続発など、成功物語に収斂しない事実を次々と指摘する。二点目は、震災後の社会意識の変化を様々な著作を通じて考察し、震災直後の「平等意識」が、「天譴論」を経て、「享楽化」「頽廃化」を迎え、それに対する反発が戦争の時代へとつながったことを指摘する。本書の考察は「震災後」の社会を考える示唆に満ちている。

原田勝正・塩崎文雄編『東京・関東大震災前後』（日本経済評論社、一九九七年）

関東大震災前後で東京は大きな変貌を遂げた。本書は、一九一〇年から震災を挟んで一九四〇年に至るまでの東京の変化を多角的に考察している。取り上げられているテーマは、市街地や鉄道網の拡大、近郊農村、震災と煉瓦製造業、震災詩集と書法、震災復興の文学、東京の風致地区問題、総力戦体制と防空演習など、実に多岐にわたる。震災が社会に与えた影響を考えるには総合的なアプローチが求められるが、分析する側の専門分野によって論点が細分化されてしまうことが多い。本書では、永井荷風『濹東綺譚』に描き込まれた震災後の「濹東」の急速な変貌を、震災復興事業の進捗による東京の変化から再検討するなど、領域を横断する考察が随所で展開されており、興味深い内容となっている。

北原糸子著『関東大震災の社会史』（朝日選書、二〇一一年）

関東大震災への関心は、復興都市計画と虐殺事件が大きな柱となり、これまで様々な考察が行われてきた。しかし、避難民が震災後どう行動したのか、食料や医療などの救援をいかに受けたのか、という人々の生活に密着した問題についてはこれまでほとんど明らかにされていなかった。本書は、災害社会史の研究で知られる著者が、関東大震災の避難民の動きを具体的な資料に基づいて明らかにする。写真や絵巻、雑誌などのメディア、日比谷公園の尋ね人調査で活用された避難者カード、三井家のバラック関連資料の分析から、震災直後の東京での罹災者の動向を追いかける。また、地方の行政資料から地方への人の動きを明らかにする。罹災者への対応から社会のあり方を問い直す著者の問題意識は重要である。

武村雅之著『関東大震災を歩く——現代に生きる災害の記憶』（吉川弘文館、二〇一二年）

災害の経験や記憶を当事者以外の人が実感するのは実に困難であり、いかに伝えていくかが課題となっている。九〇周年を迎えた関東大震災では、体験者は少なく、被災物や体験記などの資料、そして慰霊碑や記念碑がわずかな手掛かりとなっている。本書は、各所に残るモニュメントを歩き、その場所に残る震災の受難と鎮魂、そして再生の記憶をたどる構成となっている。「人助け橋」に伝わる教訓など、地域のモニュメントにまつわるエピソードが丁寧に紹介され、現代に災害の記憶がいまも生きていることを明らかにする。過去の災害経験が忘れ去られたことが、関東大震災の被害を大きくしたという指摘は、歴史資料を活用する地震学者である著者からの重いメッセージである。

歴史学研究会編『震災・核災害の時代と歴史学』（青木書店、二〇一二年）

歴史学において、災害史は一部の先駆的な研究者が取り組んできたが、歴史や社会において災害の持つ意味が十分考えられてこなかった。本書は、東日本大震災を受け、歴史研究者が従来の歴史学は人間社会の発展史が中心であったとし、災害という自然現象をいかに歴史に組み込んでいくかという課題に向き合った成果となっている。「三・一一」後の視点からの災害史の再検討、「原子力」をめぐる近現代史、地域社会での震災の問題、震災資料の保全についての諸論考が収録されている。関東大震災については、虐殺事件の裁判記録から災害時の公権力と共同性について考察している。自然災害と「人災」の問題を共に論じる視点が明確に打ち出された本書は、関東大震災を再検討する上でも重要である。

（高野宏康）

第3部　記憶の掘り起こし——「地域」「在日」の視点から

第8章　解放直後の在日朝鮮人運動と「関東大虐殺」問題——震災追悼行事の検討を中心に

鄭栄桓

1　はじめに——問題の所在

本章の課題は、一九四五年八月の日本敗戦／朝鮮解放直後の時期における、在日朝鮮人による関東大震災時の朝鮮人虐殺（以下、「関東大虐殺」）の問題への対応——慰霊・追悼、真相究明、責任追求など——について明らかにするところにある。虐殺発生直後に起こった朝鮮人による真相究明の動きを日本政府は厳しく取締まったため、その動きには「慰霊」「追悼」の枠がはめられ、とりわけ日本国内で本格的に国家責任を追及することは困難を極めた。このため、朝鮮解放は二〇年以上の沈黙の歳月を経てようやく訪れた、真相究明と国家責任追及の好機であったと考えてよいだろう。本章では以上の問題意識から、解放直後（一九四五～四八年）に在日本朝鮮人連盟（以下、朝連）や在日本朝鮮居留民団（以下、民団）などの民族団体が行った震災関連行事について検討したい。

これは関東大震災と虐殺を朝鮮人がどのように捉えてきたかを明らかにする試みであるといえるが、こうした問題意識に立脚した研究がこれまでなかったわけではない[1]。だが、解放直後の動向についてはこれらの先行研究も僅かに触れているに留まり、実態は十分に明らかになっているとは言いがたい。田中正敬によれば一九三七年を最後に、史料上は植民地期の追悼・慰霊の記録は無くなるが、解放直後の在日朝鮮人運動による活動を明らかにすることは、戦時期まで続いた様々な追悼・慰霊の活動と、六〇年代に活発化する研究・調査の〝はざま〟の時期の歴史的な意義を明らかにする作業になるだろう。

2　解放前後の「虐殺の記憶」

本稿の課題を検討する前提として、「関東大虐殺」発生から二〇年以上を経た一九四五年前後に、震災と虐殺がどのように人々に認識されていたのかを検討しておく必要がある。虐殺発生から三〇年代にかけて、在日朝鮮人や日本人の手で慰霊・追悼の活動が執り行われてきたが、前述のように三八年以降の実態は必ずしも明らかではない。もちろん、これはあくまで史料上その痕跡を見いだすことができないことを意味するにすぎないが、「内鮮一体」が叫ばれた戦時体制下で震災時の虐殺問題について公然と語ることが困難であったろうことは想像に難くない。

ただ、わずかに残る史料からは、戦時下においても追悼の営みが継続していたことをうかがい知ることができる。一九四八年に『解放新聞』に掲載された「随筆　法界無縁塔を訪ねて」は、船橋の「法界無縁塔」について、「年ごとにこの日〔九月一日——引用者注〕を迎えるが、極めて少数の志ある人のほかには訪ねる人もなかった」と記している。(2)読みようによっては、「極めて少数の志ある人」が戦時下にあっても九月一日に法界無縁塔に集まっていたとも解釈できる。

一方、日本人と朝鮮人が震災をそれぞれ異なったかたちで記憶していたことを推測させる記録も残っている。一九四四年一月一四日の警察部長会議において内務省警保局保安課長は空襲発生の際に警戒すべきこととして、「内鮮人双方共に関東大震災の際に於けるが如き事態を想起しまして善良なる朝鮮人迄内地人の為に危険視せられて迫害を加へられるのではないかとの杞憂を抱」いていることを指摘した。(3)一方「内地人」は、「朝鮮人が強窃盗或は婦女子に対し暴行等を加へるのではないかとの危惧の念を抱き双方に可成り不安の空気を醸成し果ては流言蜚語となり其れは

亦疑心暗鬼を生むという傾向」があるという。このため、「非常事態発生の場合の自衛措置として日本刀を用意し或

は朝鮮人に対する警察取締の強化を要請する向があり就中一部事業主等にありましては杞憂の余り之が取締を警察の

手より軍隊に移して貰い度いと公然と要望するに至って居る者もある」。他方、朝鮮人は「再び斯かる迫害を受くる

に非ずやとの危惧の念より警察に保護を陳情する者がある」としている。

この説明からは、かつての震災が日本人・朝鮮人にとってそれぞれ全く異なるものとして想起されていたことを読み取れる。朝鮮人にとっては日本人により「迫害」された「事態」として、他方で日本人にとっては「混乱時に」「朝鮮人が強窃盗或は婦女子に対し暴行等を加へ」た「事態」として震災時の出来事が「記憶」され、さらに日本人は「自衛措置」として日本刀を備え朝鮮人への取締強化を求める声をあげる。虐殺の真相が隠蔽され、「朝鮮人暴動」のデマが否定されなかった結果、日本人のなかで「朝鮮人暴動」が事実として語り継がれるなか、空襲は再び朝鮮人に対する「疑心暗鬼」を生みだしたのである。そして、そのような認識を有する日本人の存在に対し、空襲に際して「警察に保護を陳情する」ほど朝鮮人たちが恐怖をおぼえたといえる。

ただし、ここで留意すべきは内務省自らが日本の民衆にこうした認識を持たせるような行動を取っていたことである。内務省警保局は一九四三年に、空襲などの非常事態発生に際しては「（イ）民族的不穏分子に対しては、事前より視察内偵を厳にして取締を加へて蠢動の余地なからしむること。（ロ）一般朝鮮人に対しては如何なる事態が発生するとも必らず、帝国の勝利に帰することを確信せしめ、又当局の指示に依って行動する限り絶対にその身辺を保障することを徹底せしむること」を指示している(4)。「民族的不穏分子」には徹底的に監視・取締を行うわけであるから、いくら「一般朝鮮人」とこれを分け、いたずらに危険視するなと説いたとしても、朝鮮人のなかにはかかる存在が潜んでいるとの疑念を日本の民衆に抱かせるには十分である。空襲に際し日本人のなかに生じた朝鮮人への予断は、こうした治安当局の行動の刺激を受けて形成されたと考えるべきだろう。

戦時下を生きた朝鮮人の証言のなかには、空襲に際して震災時の虐殺を想起したことを伝えているものがある。広

島で被爆した金銹玄《キムスヒョン》は命からがら救護所にたどり着くも、「救護所のテントには日の丸の旗が立って」おり「憲兵もいた」ため「危険を感じて近づかなかった」という。「なにも悪いことしてないが、用心した」のは「震災のとき、朝鮮人を虐殺した話をきいていた」からであった。(5) 金銹玄は一九六五年当時四六歳であり、日本に渡ってきたのは一九三八年と語っているから、(6) 震災時の迫害を直接日本で体験したわけではない。しかし、日の丸と憲兵をみて救護所に近づけなかったのは虐殺の事実の伝承から、混乱状態に陥った日本人が再び朝鮮人を殺すのではないかとの恐怖を抱いた結果といえる。実際、被爆した朝鮮人の別の証言には、救護所で軍医に「キサマ！　鮮人《ママ》だナ」と言われ、そこを離れたというものもある。(7)

日本敗戦／朝鮮解放後の大規模な朝鮮人の帰還も、こうした虐殺の再現への恐怖が一因となった。一九四六年一〇月に開かれた朝連第三回全体大会の「一般情勢報告」のなかで、朝連中央総本部書記局の河宗煥《ハジョンファン》は、同年三月以降に帰国者が減少した理由として、朝鮮内での社会不安・物価騰貴と就職・住宅・食料難が深刻であること、持ち出し財産に制限があったこと、日本での事業の未処理や家族関係に加えて「終戦直後、関東震災のような虐殺事件が起こるかもしれないという恐怖心が、朝連の組織的活動と偉力により防止され、今に至っては日本自体の社会秩序が維持されることになり、生命財産に対する危険が無くなったこと」をあげた。(8) 朝連の活動成果を誇るなかでの記述であるが、「虐殺事件が起こるかもしれないという恐怖心」が大規模な帰還の背景にあったことを示している。

実際、敗戦直後の日本各地では自警団が出現していた。新聞記者の益井康一は、一九四五年八月末頃に日本軍が中国人親日派の大物である南京政府主席代理・陳公博を日本に避難させた際にこれに同行したが、その際に避難先の鳥取県・米子において、さまざまな流言蜚語が乱れ飛ぶなか、自警団が「「支那人のスパイがきた」と騒ぎ立て、竹槍を持った自警団が殺気をみなぎらせて宿舎に押し寄せ」「一行を、「殺す」といって包囲したので、これを鎮圧するのに苦労するという一幕もあった」と記している。(9)

これらの連合軍占領に備えた自警団設立に加えて、警察が中国人労働者による争議に備え事業主側に立って警防団員を募り自警団を組織する例もあった[10]。また、東京都厚生事業協会嘱託であった李英表は当時、日本人から「お前等は日本が敗けて嬉しかろうといったような眼の色」を向けられ「一寸した集会が逆に日本への敵対行動に誤解されたりする事例、いくつかの予期せざる事件が些細な感情のもつれと習慣の相違から惹起しました」と記している[11]。「虐殺事件が起こるかもしれないという恐怖心」の背景には、こうした自警団の叢生と「解放」を迎えた朝鮮人への敵意への恐怖があったものと考えられる。

3　在日朝鮮人団体による震災追悼行事

(1)　政治犯釈放運動と虐殺責任追求

朝鮮解放と共に各地では在日朝鮮人の団体の結成が進み、一九四五年一〇月一五日には在日本朝鮮人連盟の全国結成大会が開催された。前後して非朝連系の人々により朝鮮建国促進青年同盟、新朝鮮建設同盟が結成され、四六年一〇月三日には在日本朝鮮居留民団が結成された。これらの団体によって行われた震災記念行事をまとめたものが表8-1である。解放後最初の大規模な震災記念行事は、四六年九月一日に東京で朝連や日本共産党、日本社会党、勤労者生活擁護協会などの主催で行われた「関東大震災虐殺犠牲者追悼大会」であった。四五年九月は日本敗戦直後ということもあり、行事開催の記録は現在のところ見いだせていない。ただ、これ以前にも震災時の虐殺責任追求が行われた記録がある。四五年一二月七日に東京で開催された朴烈歓迎大会である。

朴烈《パクヨル》は解放前の日本で活動した著名な無政府主義者であるが、震災発生の二日後に金子文子と共に治安警察法により保護検束され、大逆罪で起訴・死刑判決を受けた関東大震災との因縁浅からぬ人物でもある。後に無期懲役に減刑されるも日本敗戦後も獄中におり、一〇月二七日にようやく釈放された。一二月七日の歓迎大会は、朴烈の釈放を祝

関連行事（1946〜48 年）

会場	式順・内容など
宮城前広場（第一会場)、神田共立講堂（第二会場)	司会：南浩栄（朝連） 議長：細迫兼光（勤労者生活擁護協会、代議士） 副議長：聴濤克己（新聞通信放送労組)、北田一郎（都労連） 登壇者：布施辰治、鹿地亘、野坂参三、金秉稷（学同)、戸澤仁三郎（日本協同組合)、布施操（日本青共)、田邊一夫（解放青年同盟)、北田一郎、朴斉ソプ（朝連東京)、八江汎（自治同盟)、中野重治（文化連盟)、山花秀雄（社会党代議士） 第二会場登壇者：藤沼栄四郎、望月辰太朗、布施辰治、鹿地亘、金天海、尹槿が「当時の虐殺の真状を仔細に暴露」、土方つま子が詩の朗読、関鑑子・金永吉が追悼の歌、徳田球一が「両国人民の団結を強調」、三一政治学院生らの合唱で閉会
ソウル・鐘路基督青年会館	司会：裵哲（朝連ソウル委員会)。欠席の許憲の代理として開会辞を述べる。洪鶴植が追悼文を、金正洪（朝連）が震災略史を朗読し、張建相・劉英俊が追悼辞を述べる。
船橋火葬場	朝連船橋地区委員長朴達先氏ら県下同十六支部その他地元船橋各官公署代表および民主団体代表ら二百余名が参列
神田共立講堂	不明
朝連大阪本部講堂	司会：梁泰植（朝連)。犠牲者を追憶する黙想の後、姜又玄の開会辞、宋景台による犠牲者への追憶文朗読。震災を「当時東京で経験した」朴世田ほか数名が説明演説。
河田町民団中総講堂	司会：朴準。開会宣言。祖国遥拝、殉国烈士の黙祷、愛国歌合唱。民団文教部長金宗允の式辞、犠牲同胞の霊に追悼の黙祷。朴烈団長より追悼文朗読、洪賢基建青委員長より追悼辞。高順欽民団議長より震災当時の回想「氏の経験した幾多の残虐な物語をきき一同憤激」、閉会。
調布町映画劇場	朴烈団長、洪賢基建青委員長のほか、日本人側からは調布町長熊沢、町議会長蒲田、副議長原信次、調布中学校長吉田亮、調布町青年団長、社会党本田嘉一郎議員出席。高順欽、朴魯禎らの震災当時の回顧、本田議員より「幸徳秋水等の犠牲に鑑み」「軍閥の専横を嘆き合せて今日の新しい日本に対して理解を求めると共に親睦の契りを益々深くすべく努力する旨の講演」。徐相漢民団東京西本部議長の回想、日本無産党の犠牲の回想。
朝連東京本部講堂	第一部：康亀範解放救援会委員長の開会辞、朝鮮中学校音楽隊による追悼歌演奏、李昌基東京本部書記長による追悼文朗読、金秉稷による虐殺当時の実情報告。尹槿朝連議長の演説、布施辰治（自由法曹団)、全官労「佐藤」、難波英夫（日本労農運動救援会）講演。 第二部：朝鮮中学校吹奏楽団による演奏、青共コーラス隊、小野てる子「同志はたおれぬ」独唱。「関東震災虐殺犯を即時処断し日本政府に損害賠償させよう」を実践するため当局に大会の名で抗議文を提出することを可決
民団中総大講堂	不明

『東亜日報』46 年 9 月 3 日付、『自由新聞』46 年 9 月 3 日付。3．『千葉新聞』47 年 4 月 25 日付、『朝鮮人生活
月 2 日付。6．『民団新聞』47 年 9 月 13 日付。7．『民団新聞』47 年 9 月 13 日付。8．『朝連中央時報』48 年

表8－1　解放直後の震災

	年月日	大会名	主催団体	
1	46．9．1	関東大震災虐殺犠牲者追悼大会	日本共産党、日本社会党、朝連、中国団体代表、文化団体その他	東京
2	46．9．2	東京震災被虐殺同胞追悼式〔日本関東大震災被虐殺同胞追悼会〕	在日本朝鮮人連盟、反日運動救援会	ソウル
3	47．4．23	関東大震災犠牲同胞慰霊碑除幕式	朝連千葉県本部	千葉
4	47．9．1	関東震災追悼大会	日本共産党、日本社会党、朝連ほか9団体、産別会議、総同盟など労組。	東京
5	47．9．1	犠牲者追悼式	朝連大阪府本部（主催）、民青、婦同、学同、商工会、解救など参加。	大阪
6	47．9．1	関東大震災記念追悼会	民団中央総本部、建青中央総本部	東京
7	47．9．1	九．一震災犠牲同胞追悼会	民団府中支部、建青府中支部	東京・調布
8	48．9．1	関東震災第二十五週年虐殺記念追悼会	朝鮮解放救援会（主催）、解放運動救援会、朝連、日本労農運動救援会、朝鮮各団体（後援）	東京
9	48．9．1	関東大震災記念犠牲同胞追悼式	民団中央総本部	東京

出典：1．『アカハタ』46年8月30日付、『解放新聞』46年9月1日付。2．『朝鮮日報』46年9月3日付、
権擁護委員会ニュース』47年4月28日付。4．『アカハタ』47年9月1日付。5．『朝鮮新報』47年9
年9月10日付。9．『民主新聞』48年9月11日付。

して、朝連、朝鮮民衆新聞社、朝鮮人政治犯釈放運動委員会、朴烈講演会、朝鮮建国促進青年同盟の主催で行われたものである。日本共産党、大日本革新党の代表も参加、約五千名が集まり、朴恩哲《パクウンチョル》、李白雨《イベグ》、呉宇泳《オウヨン》、上村進、布施辰治が演説を行った(12)。そして大会の席上、六項目の要求を採択したが、そこには、不祥事件の防止、帰国輸送の促進、食糧の増配、財産の保全、朝鮮に関する詔勅の撤廃に加えて、「関東大震災時の計画的大虐殺を世界にその真相を公表、朝鮮人に謝罪しその責任者を厳罰に処すこと」が含まれていた(13)。『アカハタ』によればこの要求を「内務大臣代理の警保局長に会見、押問答の結果全項を承諾即時実行を確約させた」という。この要求が、おそらく解放後において最も早くに行われた真相究明・責任追求の活動であると考えられる。なお、翌八日に朝連神奈川県本部が主催した「朝鮮独立促成人民大会」における神奈川県知事への要求のなかにも、同じく「関東大震災当時の朝鮮人虐殺事件の真相発表と責任者の処罰」が含まれている(14)。

一九四六年以降の震災関連行事の中心になったのは、朴烈歓迎大会の主催団体にもその名があるとおり、朝連と日本共産党などに集った政治犯釈放運動を積極的に推進した人々である。四五年一〇月一〇日に政治犯釈放が実現し、徳田球一らが釈放され、ここには金天海、李康勲など朝鮮人政治犯も含まれていたが、釈放実現の背景には金斗鎔ら朝鮮人政治犯釈放委員会と服部麦生ら政治犯釈放委員会の二つの流れがあった。前者は朝連や日本共産党朝鮮人部へと発展し、後に朝鮮解放運動救援会を結成した。後者は解放運動犠牲者救援会を再建、四六年一月には救援会を勤労者生活擁護協会へと改組、さらに四七年一月には日本労農救援会となった（現在は日本国民救援会）。四六年以降の震災追悼行事を主として担っていくのは、この人々である。

(2) 解放後初の追悼大会――「関東大震災虐殺犠牲者追悼大会」（一九四六年九月一日）

一九四六年九月一日の「関東大震災虐殺犠牲者追悼大会」は、こうして朝連と日本共産党、勤労者生活擁護協会等の主催で行われた。大会に先立ち、朝連は第七回中央委員会にて「(一)八月十五日解放記念日、八月二十九日、国恥記念日九月一日同胞虐殺記念日、このように八月末はわが同胞に対してその意義は大きい。われわれはわが民族として重大な記念日を次のような闘争で迎えよう。[15]（二）八月一日から九月一日までの期間を宣伝組織週間と定め積極的に闘争を展開しよう」と決定している。当時は、九月一日の震災と八月二九日の「国恥記念日」をあわせて取り上げていたことがわかる。

大会は第一会場を宮城前広場、第二会場を神田共立講堂とし、約五千名の参加のもとで行われた。布施辰治、鹿地亘、野坂参三、中野重治などが登壇したほか、日本共産党中央委員の金天海《キムチョネ》や朝連中央総本部委員長の尹槿《ユングン》が「当時の虐殺の真状を仔細に暴露」[16]し、徳田球一が「両国人民の団結を強調」して閉会した（表8-1参照）。採択された大会決議文は以下のとおりである。

二十三年前の今日、突然に全関東地方を揺るがした大震災の混乱を利用し、軍閥と官僚らが犯した暴圧と残虐を生々しく想起し、「ポツダム宣言」履行の重責を負う民主化日本再建の途上にあって、再びこうした凶暴な萌芽が台頭している一連の事件にてらし、われわれ勤労大衆は朝鮮、中国の勤労民衆と共に厳重に抗議するものである。

二十三年前の今日、惨虐な軍閥と官僚は瞬時に廃墟となった荒野で不安と恐怖が募り、茫然自失としていた避難民たちが、ちょうど政府の無誠意な救援措置に対する反感を持ち、反政府的機運が昂揚することを恐れ、反政府的反抗を転換させるための手段として「社会主義者が暴動を起こした」「不逞鮮人が襲撃してくる」という等のありとあらゆる悪質な流説を散布し、無政府主義者大杉栄外数名、戦闘的労働組合南葛労働会の指導者、河合義虎、平澤計七外数十名を虐殺し、また、避難していた朝鮮、中国の無辜な勤労民衆数千名に対し、極悪無道な虐殺を敢行したのである。〔中略〕

再び隣邦勤労大衆間の提携を離間し階級闘争を民族間の対立抗争へと引導させようとする陰謀は九州地方にあ

って朝鮮民衆の密航者取締を不当に強化しており、〔三字不明〕大震災当時を想起させる自警団組織により白色テロ的取締を敢行しており、新橋、渋谷での乱闘事件もその真状を隠し、有耶無耶の中へ消し去り、議会では進歩党代議士椎熊三郎の発言により中国朝鮮両民衆に対する中傷誹謗をしたいだけし、民族的反感を扇動し、両国勤労民衆との対立抗争を激化させている。

二十三年前関東大震災当時にあって軍閥と官憲の革命的勤労大衆に対するような白色テロは再び現反動勢力の反撃の裏面で陰謀を着々と進行させていることを忘れてはならない。

こうした「ポツダム宣言」履行に違反する反動勢力の反撃に対して全勤労大衆を代表して断固抗議するものである。

一九四六年九月一日

大震災虐殺犠牲者追悼大会

虐殺責任の主体として「軍閥と官憲」を明示し、「革命的勤労大衆」への「白色テロ」と位置づけている。また「朝鮮民衆の密航者取締」とは、大会当時、朝鮮への帰還が一段落し、かえって朝鮮からの再渡航者があらわれた時期で、日本政府が密航者検束のため朝鮮人への取締を強化していたことを指す。また、議会では椎熊三郎議員が密航朝鮮人はコレラの保菌者である、闇市を朝鮮人が牛耳っているなどの妄言を行い、朝連はこれを重大な問題として抗議していた。決議文は、こうした状況と震災当時を重ねあわせて「白色テロ」として批判したのである。

『解放新聞』は大会壇上での証言のほか、参加者による証言も掲載している。虐殺事件の目撃者である具霊達は、『解放新聞』記者の取材に対し「とにかく朝鮮人をみさえすれば捕まえて殺した。それでも日本語のよくできた人たちは区別することができないから、後では少し疑わしければ捕まえておいて念仏を唱えさせて朝鮮人だとわかると殺したんです。どれほど日本語がうまいといっても日本の念仏なんて誰がわかりますか」と答えた。[17] また、「何の罪もない朝鮮学生たちが多く虐殺されました。特に早稲田に下宿していた学生たちは江戸川べりで数多く死にました。ただそのときのことを考えると、日本の奴らを片っ端から叩き殺しても気分が晴れません」とも語り、肌脱ぎになって両肩を見せ、当時被った傷を記者に見せたという。

(3) 朝鮮・ソウルでの追悼会――「日本関東大震災被虐殺同胞追悼会」(一九四六年九月二日)

一九四六年に開催された関連行事としてこれと並んで注目すべきものに、ソウルで行われた「日本関東大震災被虐殺同胞追悼会」(新聞によっては「東京震災被虐殺同胞追悼式」の名称が用いられている)がある。この追悼会は朝連ソウル委員会と反日運動者援護会主催によりソウル基督教会館で開かれた。朝連ソウル委員会の裵哲《ペチョル》が司会を務め、民主主義民族戦線(以下、民戦)議長の許憲《ホホン》が「日帝の狂暴な虐殺に倒れた同胞たちを想い日帝の残滓徹底駆逐を誓おう」との開会辞を寄せた(代読)。洪鶴植《ホンハクシク》が追悼文を、民戦議長団の張建相《チャンゴンサン》、劉英俊《リュヨンジュン》が追悼辞を述べ、また金正洪《キムジョンホン》が「被虐殺真相略史」を朗読したという(18)。

民戦は一九四六年二月一五日に、建国準備委員会、朝鮮人民共和国を引き継いで呂運亨《ヨウニョン》、朴憲永《パクホニョン》、金元鳳《キムウォンボン》らにより結成された統一戦線組織であるが、朝連もその加盟団体となり結成大会に代表を送っていた(19)。裵哲は朝連から派遣された結成大会出席者の一人で、朝連ソウル委員会を担当した。また、「被虐殺真相略史」を朗読した金正洪は朝連副委員長の職にあったが、当時は朝連第二次本国特派員の一員としてソウルに滞在していた。四七年一〇月の朝連第四回全体大会での曺喜俊書記局長の報告によれば、金正洪は民戦事務次長の職に就いたという(20)。その後朝連は米ソ共同委員会に出席する朝連代表に金正洪を選出している(21)。朝連と追悼会を共催した反日運動者援護会は朝鮮革命者救援会が四六年一月に改称した団体で(22)、同じく民戦の加盟団体であった。

この追悼式に際し、民主主義民族戦線は以下の談話を発表した(23)。

東京震災時のわが同胞の虐殺は震災による破壊混乱の責任を朝鮮同胞へと転嫁させ難局を打開しようとする凶悪な日本人官憲の計画であり、日本人と朝鮮人の離間策であって革命的連帯を分裂させようとの謀略であった。／われわれは震災と虐殺により犠牲となった同胞の英霊に謹んで黙想を捧げると同時に、日本帝国主義に対する憎悪感を切実に感じる。いまだ日帝の残滓により人民が塗炭のなかで呻吟し、自主独立の妨害となっている現実に照らし、徹底的にこれを粛清することは民族的任務であると信じるものである。

民戦の談話は、前述の朝連などの決議が在日朝鮮人への弾圧に焦点を当てていたのに対し、虐殺された同胞たちの追悼を期に「日帝の残滓」の「粛清」を進めることを呼びかけているところに特色があるといえる。

こうしてみると、朝連は一九四六年九月に行われた朝鮮と日本の二つの追悼行事を結ぶ重要な役割を果たしていたことがわかる。朝鮮では朝連ソウル委員会を軸に民戦加盟団体が追悼行事を行い、日本では朝連中央総本部が日本共産党や勤労者生活擁護協会ら革新系の諸団体と開催したのである。四七年九月には朝連ソウル委員会が震災記念日に際して談話を発表し「一、関東震災虐殺事件の真相の発表と日本政府に謝罪を要求する。一、日本警察の在日同胞弾圧干渉を絶対反対する。一、在日同胞財産の一切を自由に搬出できるよう主張する。」の三点を日本政府に要求していた。(24) ただ、四八年以降は談話も含めてこれらの活動の形跡は見当たらない。おそらく民戦や朝連ソウル委員会と米軍政庁が対立関係に入っていくなか、行事開催が難しくなっていったものと思われる。

(4) 朝連地方本部による追悼行事――「関東大震災犠牲同胞慰霊碑」の建立

朝連の地方本部レベルでの動きとして注目されるものに、朝連千葉県本部による「関東大震災犠牲同胞慰霊碑」の建立がある。現在も毎年、千葉における追悼行事の貴重な場としての役割を果たしているこの慰霊碑は、一九四七年四月二三日に完成し、除幕式が行われた。はじめに建てられたのは現在の船橋市北本町の旧船橋火葬場の「法界無縁塔」脇である。この場所には、二三年九月四日船橋町九日市で虐殺された朝鮮人の遺体が埋められていた。そこに「法界無縁塔」が震災翌年の二四年九月一日に建てられ、以後朝鮮人たちの慰霊・追悼の場となってきた。朴賛俊《パクチャンジュン》によれば、朝連の有志が集まり、四六年九月一日に「法界無縁塔」の前で朝鮮人犠牲者の追悼会が開かれたという。前述の「随筆　法界無縁塔を訪ねて」によれば、解放以後、「この墓にも八・一五解放は到来し、多くの同胞たちが来往するようになった」という(25)。このため、「千葉県に居住する朝連同胞たちの熱誠により朝連中総を通して約八・九万円の経費で新たにこの墓地の下に高さ約十三尺、幅六尺の碑を建てた(26)」。これが「関東大震災犠牲同胞慰霊碑」である。

一九四七年四月二三日の除幕式の模様について、『千葉新聞』は「朝鮮人連盟船橋地区委員長朴達先氏らは船橋市火葬場内の関東大震災犠牲同胞慰霊碑を建立中のところ廿三日午前十一時から同連盟県本部、県下同十六支部その他地元船橋各官公署代表および民主団体代表ら二百余名が参列し盛大なる除幕式を挙行した」と報じている(27)。また、朝連が組織していた朝鮮人生活権擁護委員会の機関紙も除幕式について報じており、「朝連千葉県本部はかねて九・一犠牲同胞慰霊碑建立運動中のところ、同県下各支部同胞の積極参加をえて総工費五万円で高さ一丈二尺、幅四尺二寸の礎石に中総委員長インキン氏の筆になる〝関東大震災犠牲同胞慰霊碑〟（裏面に四百三十字の事由書あり）を完成、四月廿三日午前十時から船橋葬儀場で盛大な除幕式をおこなった」とある(28)。「インキン氏」とは朝連中央総本部委員長であった尹槿のことである。

尹槿による碑文は「軍閥官僚は混乱中罹災呻吟する人民大衆の暴動化を憂慮し、その自己階級に対する憎悪の感情を進歩的人民解放指導者と小数異民族に転嫁させ、これを抑圧抹殺することにより軍部独裁を確立しようと陰謀した。当時山本軍閥内閣は戒厳令を施行し、社会主義者と朝鮮人たちが共謀して暴動計画中であるとの無根な言葉により在郷軍人と愚民を煽動教唆し、社会主義者とわが同胞を虐殺せしめた」と記しており、四六年九月の追悼大会決議文と同様、虐殺を「軍閥官僚」によるものと位置づけている(29)。この碑が「三・一革命記念日竣成」とされているにもかかわらず、除幕式が二月二三日に行われた理由は不明である。総工費については『解放新聞』が八、九万円、『ニュース』が五万円と開きがあり、また募集方法も中総を通じてか千葉の同胞たちによるものか（あるいは両方か）、詳細は明らかではない。

東京以外で開催された行事として、四七年九月一日に朝連大阪府本部主催により大阪本部講堂で行われた犠牲者追悼式がある。(30)『朝鮮新報』は追悼式に際して、「事件直後にわが同胞中の機会主義者である朴某は、民族反逆者との烙印を押されながらも〔中略〕虐殺された同胞の死体をごみに火をつけるが如く処理したのである。この者はいまも元気に生きているというから、われわれは売国輩と民族反逆者に対する態度を明白にすると同時にこうした前轍を踏まぬよう団結をいっそう強固にすることが、建国の精神を果す道であろう」と、震災当時相愛会の役員であり、当時「親日派」として指弾されていた朴春琴を例にあげて、親日派に断固たる態度で臨むことの必要性を訴えた。(31)

(5) 一九四七～四八年の朝連・民団による追悼行事

一九四七年、四八年には引き続き朝連、共産党・社会党、全労連、産別、総同盟などの主催により「大震災犠牲者追悼大会」が開催された。また、四七年には朝鮮解放救援会と日本労農救援会の協力により金秉稷《キムビョンジク》編『関東震災白色テロルの真相』（朝鮮民主文化団体総連盟、一九四七年）も出版された。編者の金秉稷は解放前からの労働運動家で、全協土建、反帝同盟などで活動し、解放後は朝連中総文化部次長、在日本朝鮮人文化団体連合会委員長を務めた。四六年の追悼大会には在日本朝鮮学生同盟の代表として参加している。金は「大虐殺の意義」において「震災に於ける軍事警察的この一大白テロは、これを要するに侵略戦争準備のための予備行動と見做すことが出来るのである。〔中略〕これはその後に出来した総べての諸事実が、これを物語っている。三・一五、四・一六（無論これだけが全部の理由ではないが）を通じて、満州事変（侵略）をおっ始めたし、五・一五、二・二六のファシズム軍事テロを強行して、軍事独裁を確立した上支那事変（侵略）を始め、そしてしまいには所謂「東亜聖戦」にまで発展したのである」と、震災下の虐殺＝「白テロ」を中国への侵略戦争の前段階であったと位置づけた[32]。

一方、一九四七年には民団と建青も追悼行事を開催した（表８－１参照）[33]。民団は中総主催の行事のほか、府中支部でも行事を行った。中総主催行事では朴烈団長による追悼文朗読のほか、洪賢基《ホンヒョンギ》建青委員長による追悼辞、また、高《コ》順欽《スンフム》民団議長が体験談を語り、府中支部主催の大会には調布町長や中学校長、社会党より本田嘉一郎議員が出席した。

朴烈団長の追悼辞が『民団新聞』に掲載されている[34]。朴烈は「自ら二十余年の獄中生活を顧みてそれが、いまを去る二十五年前の九月一日大震災に起因していることを思って慄然と」する一方、日本敗戦により「朝鮮と日本との関係も亦一新された。そして今後の将来においては朝鮮、日本の関係は血脈と血脈とのつながりによって、民族協同の立場に立つに至ったのである」とする。そして朝鮮と日本が地域血縁・通商経済において提携すること、それぞれが東洋の一国として平和的地歩を確立すること、資源開発と輸入による工業の振興を図ることを説き、「九月一日の相克を一掃洗心し、九月一日を和平結合の日たらしめたいと希念する。怨に激することは易いが、これを越えて新しい結合を生むことは困難である。いま我々はこの困難なる一路を力強く進発しなくてはならぬと信ずる」と締めくくった。これまでみた朝連や民戦、金秉稷の主張と比較すると、朴烈の主張は極めて特徴的である。朴は虐殺の責任についてほとんど論じておらず、むしろこの日を「和平結合の日」として、日本と朝鮮の提携の日として位置づけようとしている。民団がこの時期において組織的に真相究明や責任追求の目立った行動を採っていない背景には、こうした朴烈の震災認識が作用しているものと思われる。

一九四八年九月一日の「関東震災第二十五週年虐殺記念追悼会」において、朝連は「関東震災虐殺犯を即時処断し日本政府に損害賠償させよう」をスローガンに掲げた。四八年は一月の文部省通達以来、朝鮮学校閉鎖の圧力が強まり、四月には学校閉鎖令に反対する抗議行動が最高潮に達した。こうした教育への弾圧と震災の問題を結びつけた珍しい指摘として、以下の『アカハタ』記者と布施辰治の一問一答がある[35]。

問　震災テロルはその後どんな影響を及ぼしましたか

答　この事件は悲しむべき残虐であったが、それは特に朝鮮人大衆を猛烈にしげきし、日本軍ばつの侵略と迫害に対して大ふんげきをまきおこし、独立運動が急にすごみをおびてきたということである。今春の神戸事件の法廷斗争に参加してみても私は「弾圧にきたえられた朝鮮人」の真に決死的な斗志に驚嘆させられている。このように支配階級は暴圧、残虐をひどくすればするほど民衆の斗争をきたえて、結局自己の墓穴を掘っているのだということ、これがその影響からえられるたしかな教訓であると思う

ここで布施の言及した「神戸事件」とは、一九四八年四月の神戸における朝鮮学校閉鎖令反対闘争と、それに対する日本政府と米第八軍による弾圧を指す。この時、米軍は占領期唯一の非常事態宣言を神戸基地管内に発令し、千人以上の朝鮮人を検束した(36)。布施は、閉鎖令に反対するなかで軍事裁判にかけられた朝鮮人の弁護を担当しており、神戸に調査にも行っていた。この発言は震災後の虐殺と同時代の弾圧を重ねあわせた布施の認識から発せられたものといえよう。

4　国家責任／民衆責任はいかに論じられたか

すでにみたように、朝連は虐殺を「軍閥」による「白色テロ」と位置づけ、明確にその国家責任を指弾した。「関東大震災犠牲同胞慰霊碑」が他の数多くの慰霊碑とは異なり、はっきりと国家責任を明記しているのも、こうした当時の朝連の認識が背景にあったためといえる。ただ、ここであわせて考える必要があるのは、「軍閥」の責任の強調の一方で、民衆による虐殺の責任、具体的には自警団の問題がどのように認識されていたかという問題である。

朝鮮人による論説のうち最も早い記事の一つである、『解放新聞』主筆・金斗鎔の執筆した社説は「九月一日大震

災当時に朝鮮人を大量に虐殺した者は誰か？　直接行動は自警団と憲兵、警察であったが、それを指導し陰謀を企んだ者は日本の資本家地主軍閥官僚の勢力を代表する憲兵司令部ではないか？」と論じている[37]。日本人民全体ではなく、憲兵司令部をはじめとする支配階級こそが「朝日人民の友好親善を妨害」したというのだ。

金斗鎔は解放前からの日本共産党の活動家であり、一九四六年当時は党中央委員候補の要職にあった。『解放新聞』は東京で発行されていた『朝鮮民衆新聞』と、大阪で発行されていた『大衆新聞』が合同して創刊された朝鮮語紙で、政治的には朝連に近い立場にあったが、『解放新聞』は朝連の機関紙というわけではなく、むしろ金斗鎔が主筆を務めた期間は論説記事で展開される主張は日本共産党朝鮮人部の立場を示したものが多かった[38]。ここでの、震災時の虐殺の責任が軍閥の代表＝憲兵司令部にあり、その目的は日朝人民の離間と革命の予防であったという認識も、日本共産党の採る理解と同様であった。四六年三月発行の日本共産党出版部発行のパンフレット『朝鮮の兄弟諸君へ』は、震災時の虐殺について次のように説明している[39]。

過去に於て、特に大震災の当時諸君等の兄弟が理由もなく、実に不当に国粋的な日本人に殺された事実を、われわれは忘れることは出来ないのである。恐らく諸君の脳裡にもこの事件は永久に忘れることの出来ない、深い印象を植え付けられていると思うのである。しかし諸君はこの事件の真相を明らかに知って置かねばならない。事実はかかる虐殺事件は日本人民の手によって自発的に行われたものではなくて、正に日本軍国主義の軍閥の機関である憲兵隊司令部が出鱈目なことを捏造して、それを民間に流布させて、それを以て無智な、善良な自警団を、諸君等の尊い兄弟の虐殺に利用したのである。〔中略〕このことは、その当時虐殺した人間が独り朝鮮人のみでなく、日本の帝国主義政府に向って闘争した日本人をも殺したという一事によっても極めて明瞭であろう。

このパンフレットの筆者は不明であり、朝鮮人全体に「諸君等」と呼びかけていることからも日本人党員が執筆した可能性が高い。「社説」と比較すると、虐殺やデマの流布と捏造の責任は憲兵隊司令部にあるという認識に立つところは同様であるが、「日本人民」や「善良な自警団」は憲兵司令部に「利用」されたに過ぎないという点がさらに強調されている。

『解放新聞』は以後も在日朝鮮人に向けて繰り返し、虐殺が一部の「軍閥」の責任であったことを説き続けた。一九四八年九月の社説では「われわれはこの虐殺の犯罪者たちが日本人全体の意思ではなく、一部極少数の排他的で独善的偏狭な国粋主義的天皇官僚と反動軍閥の所意所欲であったことを明確に区分して認識しなければならないだろう」と述べ(40)、四九年九月の社説でも、「階級社会にあって政治権力を握っている支配階級は、いつでも欺瞞暴力虐殺破壊など残忍な手段でその勢力を維持し、拡大していくのである。それが彼らの本性であり重要な要素なのである。／最近の平事件、下山事件、三鷹事件などがすべてそのようなものであり、下関事件が小規模の新たな関東震災虐殺事件の再版であることを知らねばならない」と呼びかけた(41)。だが、はじめに見たとおり多くの朝鮮人たちが震災時の虐殺を想起して恐怖した対象には、日本の普通の民衆も含まれており、根強い猜疑心と恐怖心があった。むしろ金斗鎔や『解放新聞』は、同胞たちのなかでこうした「日本人民」への深刻な猜疑心があったからこそ、繰り返し「軍閥」の責任と朝日の連帯を説いたものと思われる。

これに対し日本共産党や革新勢力が、日本人による朝鮮人虐殺をどこまで自らの問題として捉えていたかは疑問である。四六年九月の追悼大会に際して主催者が発表したスローガンには、「民主革命の隙を狙ふデマと挑発に乗るな」「民族内優越感を清算しやう」なども含めているが(42)、これらも時に日本民衆の「優越感」の克服に限定したものではない。朝鮮人団体が繰り返し、虐殺の責任は「軍閥」にあったのであり日本人全体の責任ではないと説いているのに比べると、共産党などの日本の革新系諸団体が、日本人の「勤労人民」に向けて自らの排外主義を省みるよう主張した形跡がほとんどないのはあまりに非対称的である。『アカハタ』も九月には震災と虐殺の話題を取り上げるものの、朝鮮人による行事の紹介のほかは、亀戸事件など社会主義者への虐殺に力点が置かれている。

一九二三年九月の戒厳令と四八年四月の非常事態宣言という二度にわたる戒厳令の対象となった朝鮮人運動と、日本の「勤労人民」の運動は、果たして同質の弾圧のもとにあったといえるのか。この時期には、こうした問いは十分に検討されることがなかったため、日本の「勤労人民」の責任は明確にならず、あくまで虐殺の主体は「軍閥」という外部に設定されてしまう側面があった。すでに述べたように、解放前後の在日朝鮮人が恐怖した対象には警察や軍に加えて民衆も含まれていたが、こうした日本の民衆の排外的な朝鮮観をどう正していくのかという問いは、先送りされることになったのである。

5　おわりに

以上みたように、解放直後は「関東大虐殺」に対する真相究明と国家責任が盛り上がりを見せた時期であった。しかしながらこうした動きはいわば「萌芽」に止まった。解放直後の運動盛り上がりが、朝連解散や朝鮮戦争の勃発に伴う治安取締の強化のなかで、再び困難に直面したことは想像に難くない。一九四九年九月には朝連自体が団体等規正令を適用されて解散させられてしまう。だが、困難の要因はそれだけではなかった。当時朝連中総の外務部長などを務めた申鴻湜《シンホンシク》は、後に以下のように証言している。(43)

終戦直後に私は朝連の準備時代からの中央委員だったんですよ。ずいぶん調査をやりましたが、千葉から埼玉からずっと調べ歩きました。三〇年も前ですから、そのときは多勢かかわった人がいたのですが、自分が何らかのかかわりをもった人は、一切「知らん」ですね。通りがかりにみてむごいのでびっくりしたということは話しますが。あの頃は、我々のほうも興奮しているし、相手もみんな興奮しているし、これはまだいかんと思いましたよ。

朝連が調査に着手しながらも地域の人々の拒絶にあい、その調査が頓挫した様子が伝わってくる。

当時、朝連が強く主張した「軍閥」による虐殺責任の追及は、当時の戦争責任論の限界を乗り越え、広く植民地下での「戦争犯罪」を問いうる可能性を秘めたものだった。同時代に行われていた東京裁判が一九二八年以降の日本の「侵略」のみを対象とするという限界を持っているのに対し、この狭さを突き破る可能性を一方では有していたといえる。だがこうした問題提起は四〇年代には「萌芽」に留まり、十分に展開することはなかった。「関東大虐殺」直後より開始され、解放後において一時盛り上がりをみせた真相究明と責任追及の取り組みが再び本格化するのは、一九六〇年代のことである。

注

（1）関東大震災時の朝鮮人虐殺に関する研究史については、田中正敬・専修大学関東大震災史研究会編『地域に学ぶ関東大震災――千葉県における朝鮮人虐殺その解明・追悼はいかになされたか』（日本経済評論社、二〇一二年）第四章が詳しいが、本章の課題と関連するものとしては特に山田昭次『関東大震災時の朝鮮人虐殺とその後――虐殺の国家責任と民衆責任』（創史社、二〇一一年）および田中正敬「関東大震災時の朝鮮人虐殺とその犠牲者をめぐって」、専修大学人文科学研究所編『移動と定住の文化誌――人はなぜ移動するのか』（彩流社、二〇一一年）がある。

（2）怨恨生「随筆　法界無縁塔을차저서〔を訪ねて〕」（『解放新聞』一九四八年九月一八日付）。

（3）「警察部長会議に於ける保安課長説明要旨」、内務省警保局保安課「治安状況に就て」（朴慶植編『在日朝鮮人関係資料集成』第五巻、三一書房、一九七六年、以下『集成』と略記）一五～一七頁。

（4）内務省警保局「朝鮮人の指導取締に就て」一九四三年（前掲『集成』［注3］第五巻）一三頁。

（5）文沢隆一「相生通り」（山代巴編『この世界の片隅で』岩波新書、一九六五年）二七～二八頁。

（6）同右、二九頁。

（7）広島・紙屋町（爆心から一・二キロ）で被爆した呉鳳寿は次のように証言している。

「己斐まで来たらの、学校に陸軍の手当てする所に、人がいっぱいおるんじゃ。そこで死んだのもおる。おう、目もつぶれて血、流して倒れとる、死人の山じゃ。まだ、息はある……。わしの番がきてから、軍医がおった、軍医が、油ぬっておったのが、わしに、きくんじゃ、「どこで、やられたか」そ奴がきいたから、「紙屋町で、おうたんじゃ……」わし、返事したのよ。わしが言うのきいて、「キサマ！　鮮人だナ」おらんで〔叫んで〕から、いまに殺しそうな目のツラして、わし、にらむんじゃ、おう！

〝ええい！　こんな奴の世話になるか！〟わしゃあ、ハラの中でおらんで、そのままそこ離れたんじゃ……」（朴寿南『朝鮮・ヒロシマ・半日本人　わたしの旅の記録』三省堂、一九七三年）一九一～一九二頁。

（8）河宗煥「朝連一般情勢報告」（一九四六年一〇月）、「在日本朝鮮人連盟第三回全体大会議事録」七、八頁（朴慶植編『朝鮮問題資料叢書』第九巻、アジア問題研究所、一九八三年、以下『叢書』と略記）。

（9）益井康一『新版　漢奸裁判史』（みすず書房、二〇〇九年）三七～三八頁。

（10）「華人騒擾防止に自警団組織」（『読売新聞』一九四五年一〇月二八日付）。

（11）「日本に望む　去り行く朝鮮民族のこの心情」（『読売新聞』一九四五年九月一四日付）。

（12）「朝鮮独立促成人民大会　横浜に開かる」（『アカハタ』一九四五年一二月一九日付）、朝連情報部鄭博「朴烈氏歓迎大会의〔の〕報告」『高麗文芸』第二号（朴慶植編『在日朝鮮人関係資料集成〈戦後篇〉』第一〇巻、不二出版、二〇〇一年、以下『集成〈戦後篇〉』と略記）。

（13）前掲、朝連情報部鄭博「朴烈氏歓迎大会의報告」一六頁。

（14）「朝鮮独立促成人民大会　横浜に開かる」（『アカハタ』一九四五年一二月一九日付）。

（15）在日本朝鮮人連盟「第七回中央委員会決定」（『集成〈戦後篇〉』［注12］第一巻、不二出版、二〇〇〇年）。

（16）「両国人民의굳은団結로　놈들의陰謀를封殺하라〔両国人民の固い団結で奴らの陰謀を封殺せよ〕」（『解放新聞』一九四六年九月一〇日付）。

（17）「学生들도많이죽엇소〔学生たちもたくさん死んだ〕　具霊達氏談」（『解放新聞』一九四六年九月一〇日付）。

（18）「一九二三年東京地震被虐殺同胞追悼式挙行」（『朝鮮日報』一九四六年九月三日付）。「怨恨에게解放을報告　残虐日帝를想起　残滓粛清을盟誓〔怨恨に解放を報告　残虐日帝を想起　残滓粛清を盟誓〕」（『自由新聞』一九四六年九月三日付）。

（19）「民主主義民族戦線結成大会議事録」（金南植編『「南労党」研究資料集〈第二輯〉』高麗大学校亜細亜問題研究所、一九七四年）二二〇頁。

（20）曺喜俊「서울委員会의〔の〕活動状況報告」（在日本朝鮮人連盟中央総本部「第四回全体大会々議録」『叢書』第九巻所収）。

（21）「共委朝連参加と決定　代表に金正洪副委員長」（『朝鮮人生活権擁護委員会ニュース』一九四七年七月二一日）。

(22)「朝鮮革命救護会反日運救로改称」(『東亜日報』一九四六年一月二四日付)。
(23)「憎悪할〔する〕日帝　残党을〔を〕駆逐　民戦談話」(『自由新聞』一九四六年九月三日付)。
(24)「七千同胞追悼　日政에真相発表要求　震災記念日에在日朝連談話」(『自由新聞』一九四七年九月三日付)。
(25)朴賛俊の証言については、前掲、山田昭次〔注1〕二四九頁を参照。
(26)怨恨生「随筆　法界無縁塔을차저서」(『解放新聞』一九四八年九月一八日付)。
(27)「朝鮮人連盟の関東大震災犠牲慰霊碑」(『千葉新聞』一九四七年四月二五日付)。
(28)「九一ギセイ同胞慰霊碑　船橋で除幕式」(『朝鮮人生活権擁護委員会ニュース』一九四七年四月二八日付)。
(29)碑文は山田昭次『関東大震災時の朝鮮人虐殺――その国家責任と民衆責任』(創史社、二〇〇三年)二四四～二五五頁を参照。なお、現在慰霊碑は船橋市馬込町の馬込霊園内に法界無縁塔と共に移転している。
(30)「犠牲者追悼式」(『朝鮮新報』一九四七年九月二日付)。
(31)『朝鮮新報』一九四七年九月二日付。
(32)金秉稷「大虐殺の意義」(金秉稷編『関東震災白色テロルの真相』朝鮮民主文化団体総連盟、一九四七年)七一、七二頁。
(33)この追悼会については哲生「関東大震災当時犠牲者同胞追悼会に際し」(『自由朝鮮』一九四七年一〇月号、同友社)が感想を寄せている。
(34)朴烈「主張　第廿五回関東大震災」(『民団新聞』一九四七年九月一三日付)。
(35)「火事ドロ式の弾圧　遂に治維法に発展　今のうちつぶせ福井の悪条例　布施辰治氏と一問一答」(『アカハタ』一九四八年九月一日付)。
(36)詳細については拙著『朝鮮独立への隘路――在日朝鮮人の解放五年史』(法政大学出版局、二〇一三年)第六章を参照。
(37)金斗鎔「社説　日本反動政府의陰謀를曝露함」(『解放新聞』一九四六年九月一〇日付)。
(38)金斗鎔と日本共産党朝鮮人部については前掲『朝鮮独立への隘路』〔注36〕第五章を参照。
(39)日本共産党出版部『朝鮮の兄弟諸君へ』一九四六年、三二頁。
(40)「社説　大虐殺当한〔された〕関東大震災」(『解放新聞』一九四八年九月三日付)。
(41)「社説　朝鮮人大虐殺의날　「大正震災」記念日을당하여〔朝鮮人大虐殺の日　「大正震災」記念日にあたって〕」(『解放新聞』一九四九年九月一日付)。
(42)「大震災虐殺犠牲者追悼大会順序」(朝鮮大学校朝鮮問題研究センター在日朝鮮人関係資料室蔵)。同史料については、鄭永寿氏

（朝鮮大学校研究院、東京外国語大学大学院）に御教示いただいた。記して感謝申し上げる。なお、四六年九月の追悼大会時のスローガンとして、『解放新聞』に掲載された朝鮮語版がある（「누구의罪인가　虐殺同胞의피를살이라〔誰の罪なのか　虐殺同胞の血を生かせ〕」『解放新聞』一九四六年九月一日付）。この記事ではスローガンは勤労者生活擁協会が発表したと記されており、字句も若干異なる。

(43)「関東大震災と習志野収容所での体験「収容所からつれだされて」申鴻湜氏の話」（『関東大震災と朝鮮人〔資料編第二集〕』千葉県における関東大震災と朝鮮人犠牲者追悼調査実行委員会、一九七九年）一三頁。

第9章　八広に追悼碑ができるまで――東京の朝鮮人虐殺の実態

西崎雅夫

1　追悼碑建立まで

二〇〇九年、東京都墨田区八広に「関東大震災時韓国・朝鮮人殉難者追悼之碑」が建立された。最初にその建立の経緯を話したい。

足立区の小学校教師だった絹田幸恵が荒川放水路の歴史を教えたとき、子供たちは「先生、こんな大きな川が人工の川だなんて信じられないよ」と言った。絹田はそこから自分自身で荒川放水路の工事の歴史を調べ始めた。彼女の調査で特徴的なのは川の流域を聞き書きして歩いたことだ。そしてちょうど墨田区八広で「荒川の工事も大変だったけど、ここらでは関東大震災の時にもっと大変なことが起こった。朝鮮人がたくさん殺された」と聞いた。彼女の呼びかけで一九八二年に「関東大震災時に虐殺された朝鮮人の遺骨を発掘し慰霊する会（後に「追悼する会」に改称）」が結成された。

この地域で朝鮮人虐殺事件が多発したのには理由がある。ここには放水路開削工事や周辺の工場で働く朝鮮人労働者が多く住んでいた。また木造の旧四ツ木橋が火災から逃れる人々の避難経路になっていた。多くの朝鮮人労働者が住む地域に避難民が一気になだれ込んだのだ。そこに流言蜚語が流れた。「朝鮮人が火をつけた」「爆弾を投げている」「井戸に毒を入れた」等である。

ここでは九月一日夜から自警団による虐殺事件が起きた。生き延びた曺仁承の証言を紹介する。

四ツ木橋を渡って一日の晩は同胞十四名でかたまっておった。そこへ消防団が四人来て、縄で俺たちをじゅずつなぎに結わえて言うのよ。「俺たちは行くけど縄を切ったら殺す」って。じっとしていたら夜八時ごろ、向かいの荒川駅（現八広駅）のほうの土手が騒がしい。まさかそれが朝鮮人を殺しているのだとは思いもしなかった。翌日の五時ごろ、また消防団が四人来て、寺島警察に行くために四ツ木橋を渡った。そこへ三人連れてこられて、その三人が普通の人に袋だたきにされて殺されているのを、私らは横目にして橋を渡ったのよ。そのとき俺の足にもトビが打ちこまれたのよ。橋は死体でいっぱいだった。土手にも、薪の山があるようにあちこち死体が積んであった(1)

同じ日、旧四ツ木橋の反対側に避難していた後の文芸評論家の水野明善の証言もある。彼の一家は浅草の橋場で火災に遭い、大八車に家財を乗せて避難し、旧四ツ木橋の橋桁に蚊帳を吊って母子三人で寝ていた。

一九二三年九月一日。旧四ツ木橋の西詰。夜半〔中略〕阿鼻叫喚がいくらかおさまったと思われた時、母がマッチをすった。マッチを上下左右させた。押し殺したギャッという叫びが母の口を辛くもついて出た。《血よ、血よ》。私の目はパチッと開いた。母はもう一本、もう一本とマッチをつけた。橋上から滴り落ちる液体が蚊帳を伝わる。赤褐色。血だ。やがて暫くして父がもどってきた。「おい、津る、明善はどこだ?」〔中略〕「やった、やったぞ、鮮人めら十数人を血祭りにあげた。不逞鮮人めらアカの奴と一緒になりやがって。まだ油断ならん。いいか、元気でがんばるんだぞ。」そう言うなり向島側に駆け戻っていった。炎を背に父のシルエットが鮮やかだった。〔中略〕四ツ木橋下での恐怖の一夜、非人道そのものともいえる一夜をへて、翌朝、渡った四ツ木橋の所々方々に見受けられた血塊が無残であった(2)

この水野明善の父は震災直前まで警察の高等係をしていた人物である。彼の行動は当時の警察の思想を反映していたのではないかと推測できる。

さらにこの地域では軍隊が機関銃で朝鮮人を次々と虐殺したため、犠牲者数が多くなった。これも証言を引用する。

荒川駅（現八広駅）の南の土手に、連れてきた朝鮮人を川のほうに向かせて並べ、兵隊が機関銃で撃ちました。撃たれると土手を外野のほうへ転がり落ちるんですね。でも転がり落ちない人もいました。何人殺したでしょう。ずいぶん殺したですよ。私は穴を掘らされました。あとで石油をかけて焼いて埋めたんです。いやでした。ときどきこわい夢を見ました。その後一度掘ったという話を聞いた。しかし完全なことはできなかったでしょう。今でも残っているのではないかなあ(3)

一九八二年に追悼する会が発足して、すぐに慰霊祭と試掘を行った。「遺骨は今でも残っているのではないか」という証言を受けてのことだ。しかしそのときは遺骨らしきものは見つからなかった。でも発掘現場を取り巻く人々の中から次々と目撃証言が飛び出してきた。会ではさらに証言を収集し、同時にもっと文献資料も調べて発掘すべき地点を明らかにしようとした。その過程で一九二三年一一月一四日付報知新聞に「骨も掘れずに遺族引還す――亀戸事件死体遺棄の現場は憲兵や警官に守られて」という見出しと、旧四ツ木橋付近の土手に警官が群がる写真を見つけた。前後の各紙を総合してわかったことは、亀戸事件犠牲者の遺体もここに朝鮮人犠牲者と一緒に埋められていて、遺族が引き取りに向かう前日深夜警察が密かに遺体を発掘しいずこかへ運び去ってしまい、翌日遺族が現場を訪れた時には警官隊が一切近寄らせなかったことと、その二日後にも再度警察が遺体を発掘し運び去ったことだった。

　こうして会の目標は遺骨の発掘から追悼碑の建立へと移っていった。会では事件の現場である土手や河川敷に碑を建立したいと考えたが、そこは国有地であるため、当時の担当行政である建設省荒川下流工事事務所に相談したところ、「河川法があり一市民団体にそうした許可を出すわけにはいかない。ただ墨田区のような地方公共団体が協力するというのであればこちらとしても考える」という回答であったため、二〇〇〇年に墨田区議会に追悼碑建立に協力するよう陳情を出した。だが区の回答は次のようなものだった。

> 旧四ツ木橋付近でそのような事実（朝鮮人虐殺）があったかは、現時点でも明らかではない。あったと断定するのは非常に難しいと考えている。個々人の見聞をしたという体験談はいろいろとあるようであるが、公的な資料とか記録には心証を得るまでに至るものは、今のところ見当たらないといった状況である。[4]

　結局この陳情は採択されなかった。これ以降は私有地での建立を目指すしかなくなった。でも適当な土地はなかなか見つからない。たまたま毎年の追悼式の打ち上げで利用していた土手下の居酒屋のご主人が「あんたら土地を探しているんなら、俺ももう年だからこの店の土地を売ってやるよ」と言ってくれたので、ようやく追悼碑建立の目処が立ち、二〇〇九年に建立できた。

　追悼碑ができると多くの人が訪れた。とりわけ事件の目撃証言を伝え聞いてきた地元の人たちの話は衝撃だった。

> 「五～六人は殺した。（四つ木の）村の者数人で（朝鮮人の）後ろから鉄の棒で叩いて、気を失ったのを返事をしないからと、何度も叩いた」と得意気だった。そして「黙ってろよ」って言うんだ。じいさんは、自慢話のように語っていたよ。

祖母から聞いた話です。「関東大震災の時、旧四ツ木橋の上で欄干に朝鮮人を押し付けてサーベルで刺し殺して川へ投げ捨てたのを見た。」当時はまだこの辺は水道がなくて、みんな井戸だった。その井戸に毒を入れたというんで、朝鮮人がやられたそうだ。サーベルで殺したと言っていたから、警官がやったんじゃないかな。

追悼碑という具体的な象徴ができたことで、多くの人が現地フィールドワークに訪れるようになった。たとえ私有地の小さな碑でも、伝える力は大きいのだと実感している。

2　証言から見える東京の朝鮮人虐殺の実態

東京で生まれ育った私は長年この運動に関わる中で、関東大震災の時に東京で何が起きていたのか、どうしても知りたくなった。墨田区旧四ツ木橋周辺の当時の状況は聞き書きや文献で少しはわかってきたが、他の地域では何が起こったのかほとんどわからない。だがすでに九〇年も経っているので当時を語れる人はいない。そこで都内の図書館をめぐって自伝・日記・郷土資料などから証言を探す作業をここ数年続け、三冊の手作り冊子にまとめた(5)。以下はそうして集めた証言から見えてきたことである。

まず流言蜚語の伝播に関して「警察が民衆に流言を伝え警戒を呼びかけた」という証言が多数ある点が注目される。一九二五年に警視庁が発行した『大正大震火災誌』には決して出てこない内容だ。二つ例を挙げる。

（北品川で一日夜）そこにサーベルの音もものものしく、制服の巡査が巡って来て、「皆さん、今この非常な天災の時につけ込んで鮮人が暴動を起こして市民の井戸などに毒物を入れて歩いたり、暴れ込むということもあるかもしれない。井戸水は気をつけてなるべく呑まないようにし、警察の方も手が廻りかねるので、皆近隣のグループグループで組織を作って、各地区は自分達で守ってほしい。鮮人を見つけたら警察につき出すこと、いいね」とふれて行った(6)

(戸山ヶ原で二日午前二時過ぎ)「〇〇〇が隊を組んで押寄せているそうです。東京市内があんなに焼けるのも、〇〇〇が爆弾を投げたためだそうです。東京を焼き払ったら隣接の町村にも押寄せて来るという報せがありました」「〇〇が押寄せるという事を誰が知らせたのですか」「今警察から言って来たのです。警官が触れ回っています」「警察が言うんだから確かだろう。ぐずぐずしていると、どんな目にあうかもしれない(7)」

また新聞社による流言拡大も行われた。その情報源は警視庁だと語る証言を二つ紹介する。

(一日夜警視庁から)帰って来た者の報告では、正力(松太郎――引用者)君から、「朝鮮人がむほんを起こしているといううわさがあるから、各自、気をつけろということを、君たち記者が回るときに、あっちこっちで触れてくれ」と頼まれた(8)

私が九月二日午後丸内を通った時、某新聞社は盛んに鮮人襲来を宣伝して居たが、これは警視庁から頼まれてやったものとのことである(9)

また東京では流言蜚語を広めたバイクの疾走もあった。

(戸塚で一日)まだ明るいうちに憲兵という腕章をつけた軍服の男が、時どきオートバイでやってきて、「朝鮮人の一隊が、目黒の行人坂をこちらに向かってやってくる。建物の塀や壁などにチョークで印をつけたところでは、井戸に毒物を投げこむから用心するように」などといって走り去る(10)

（一日桐ヶ谷通りで）早めに夕食の支度をすることにして、外にコンロを持ち出して乾物などを焼いていました。そのとき、三台ほどのオートバイに乗った男の人が、「朝鮮人の暴動だ」と連呼しながら五反田駅方面へ疾走して行ったのです。近所の商店の人たちが血相を変えて、「早く女や子供を避難させるように」と家から家へ伝言し合いました(11)

また東京での朝鮮人虐殺事件に関していくつかわかったことも指摘しておきたい。

一点目は、虐殺事件の目撃証言が集中している地域があることだ。その地域の特徴は、朝鮮人や中国人が多く住んでいて、火災の隣接地域であるため避難民が一気に流入しており、軍隊が治安出動した、という三つの条件が重なっている。墨田区八広、江東区亀戸・大島、江戸川区小松川・今井橋、北区赤羽、等である。

二点目は、証言からは虐殺事件の「具体性」が伝わってくることだ。「どうやって殺したか」という具体的事実がわかって初めて私たちは「何が起こったのか」を実感することができるのではないか。

たとえば首や手足を切り落とした例がある。なお以下の証言は抜粋であり（　）内は事件の目撃場所である。

首が肩の際から切り取られている（永代橋(12)）

二十人位の首を日本刀で切っていた（砂町小学校(13)）

他にも電柱等に縛りつけて殺したという証言もある。

土手の桜並木に一人ずつ縛りつけ兵士が「今夜ぶった切る」（赤羽土手[14]）
電柱に縛られ傍らに「不逞鮮人なり、殴る蹴るどうぞ」と棍棒まで置いてある（洲崎[15]）

他にも投石で虐殺したとの証言も多い。

堀に飛び込んだ人に石を投げつけ、沈み、浮いたらまた投げる（上野科学博物館裏[16]）
遠くから石を持って打ち殺した（下谷[17]）

他にも女性への蛮行もあった。

蓮田で女性の急所を竹槍で突き通して殺したのを見た（墨田雨宮ヶ原[18]）
腹を裂かれ胎児がはらわたの中にころがっている妊婦の陰部に竹槍が（大島[19]）

他にも火あぶりの虐殺も東京では多かった。

針金で縛り焼け残っている火の中へ放り込む（浅草公園[20]）
材木に縛りつけて燃えている上野駅の火中に投げ込んで焼殺（上野[21]）
四人を針金で縛し一升瓶の石油をぶっかけて火をつけた（被服廠跡[22]）
五〜六人を石炭の焼け残りの火中に投げ込んだ（月島三号地[23]）

これが朝鮮人虐殺の実態である。この実態こそもっと周知されるべきだと考える。

三点目は、東京での虐殺事件の発生場所が、知られている以上に広範囲にわたっていることだ。具体的には、綾瀬川、吉原、御徒町、金杉上町、鐘紡工場、御蔵橋・安田邸・被服廠跡、砂町小、茅場町、日本橋、神田佐久間町、東京駅、宮城前広場、淀橋、葵橋、神楽坂、赤羽橋、泉岳寺、大森、大塚等々である。さらに証言が発見されればもっと明らかになるだろう。

四点目は、軍隊や警察による虐殺も知られている以上に多くの地域で行われた、という証言が多数あることだ。具体例を三つ挙げる。

私の妻の妹は赤羽で朝鮮人の夫婦二家族を同居させており、その人たちは何処にも行かず家にいたが、三日ごろ憲兵と制服の巡査が来て連れ出したので、後を見送っていると、赤羽の土堤の上に四人を立たせ、憲兵がドスで四人の首を切り落とし川の中へ突き落とした(24)

南千住警察署の裏庭に朝鮮人が後手にしばられて三十人程おりました。私は恐る恐る板塀の穴からのぞき見ました。何人かの朝鮮人が目かくしをされ次々と銃で打ち殺されたのを見ました。大きなわめき声も憶えております(25)

奥戸橋で五〜六人つかまえて橋の番小屋の所へつなつけて入れといたんだよ。青年会役員で朝鮮人をつかまえてみんな入れてしまう。朝になって戒厳令がしかれたら、朝鮮人を橋の上で殺してしまう。剣付きでね。誰が殺すかというと国府台の兵隊さん(26)

他にも多数の目撃証言がある。その中には軍人や警官の「現場感覚」がうかがえるものもある。

連隊長が「朝鮮人が暴動やっているから征伐せにゃならん」と（国府台野重砲兵第一連隊）(27)

高輪署長の命で若い者達で決死隊をつくり大崎駅へ派遣された（高輪署）(28)

警察署の中庭で「戒厳令の効き目を知れ」と殴る蹴るの暴行を受けた（巣鴨署）(29)

五点目は、虐殺事件の起きた後の隠蔽・歪曲の側面に関する証言もあることだ。まず震災の翌年の小学校での「朝鮮人側の謝罪の講演会」を記憶している人の話を紹介する。

翌年の春だったかと思いますが、文部省さし廻しの二名の朝鮮人の弁士が市内の各学校を訪れました。日鮮、当時は日朝とは言いませんでした。鮮人という蔑称でしたから日鮮でした。その日鮮友好のための、そして先の災害の禍を福に転ずるための祈りにも似た願いでした。そんなことがどうして出来たのか。今では到底考えも浮かばない、しかしはっきりとした朝鮮人側の謝罪（？）の旅であったと思います。「日鮮が手を取り合い、躯を支えあってこそ平和が保って行けるのです。仲良くしましょう」という趣旨が、二人の掛け合い万歳のようなやりとりで、非常にわかりやすく語られたことを思い出します。

これって、反対じゃないでしょうか。仮に一歩を譲っても、日本人側の同趣旨が同時に述べられなければならないのではないでしょうか。どういう経緯であったかは記憶しませんが、滑稽な結末が待っていて、最後は校長、職員、生徒が全員爆笑したことを覚えています。ですからこの行動は大成功だったと思います(30)

こうした講演会がどのような経緯・規模で行われたのか、さらなる調査が必要だろう。だが教育分野の隅々まで

「朝鮮人は謝罪せねばならないような悪いことをしたのだ」という洗脳を徹底した事実は、その後の人々の歴史観を大きく左右したのではないか。

また、一九二四年に発行された『子供の震災記』の改ざん例も紹介したい。これは東京師範学校初等部児童の震災体験をまとめた本だが、原本と出版本の内容が大きく異なっている。原本にあった朝鮮人関連の記述が、出版本ではすべて改ざん・削除されている。

具体的には「二人の巡査に、両方からつかまえられながら、一人の朝鮮人が、血だらけになって、つれられて行くのにあった」という原本の記述が、出版本では「一人の男の人が、大層よっぱらって、つれられて行くのにあった」と改ざんされていたり、原本の「鮮人のころされたのを見て来た人の話によると鮮人を目かくしにして置いて一二三で二間ばかりはなれた所より、射さつするのだそうで、まだ死に切れないでうめいていると方々からぞろぞろと大勢の人が来て『私にも打たして下さい』『私にも少しなぐらせて下さい』とよって来るのだそうだ。そして皆でぶつなり、たたいたりするので遂に死ぬそうである。」という記述は、出版本では削除されている。

『子供の震災記』出版本は都内の古い公立図書館にも所蔵されているが、原本は国会図書館にのみ所蔵されている。当時の検閲は厳しく、改ざんせざるを得なかったのだろうが、原本を誰かが残してくれたおかげで私たちは当時の子供が目にした事実を知ることができる。逆に言えば原本がなければわからないままで終わってしまっただろう。そうした危険性が関東大震災朝鮮人虐殺の研究には常に付随する。

3　遺族は今も遺骨を探している

最後に犠牲者の遺族の話をしたい。私は関東大震災時に虐殺された朝鮮人の名前を知りたいと思い、いろいろな資料を見てリスト化したことがある。だが七十〜八十人の名前しかわからなかった。数千名が殺されているのに、名前や遺骨の行方がわかっている人はほんのわずかしかいないのだ。

二〇一三年六月、韓国の国会議員会館でこれまでの会の活動を報告する機会があり、そこで「犠牲者氏名判明リスト」を紹介した。その集会が終わったとき、洪東善という人が話しかけてきた。

「犠牲者氏名判明リスト」に私の祖父の名前がない。祖父は洪藍裕（別名喆裕）といい関東大震災の時東京で夜間学校に通っていたが、震災後行方不明になった。すでに結婚していたが、祖母は妊娠中だったので日本に行かず郷里に残っていた。祖母は祖父の帰りをずっと待っていたが、亡くなるまでその行方は分からずじまいだった。祖母が亡くなる時、「なんとしても祖父の遺骨を探し出して一緒にお墓に入れてほしい」との遺言を残した。その後私はずっと祖父の遺骨の行方を探しているが、全く手がかりがない。何とか探してもらえないか

洪さんの話を聞いて、九十年経ってもこの事件は終わっていない、遺族は今も世代を継いで痛みを抱え続けている、とあらためて思い知らされた。

私自身も関東大震災時の朝鮮人虐殺事件はまだ終わっていないことを肝に銘じつつ今後も活動を続けていきたい。

注

（1）関東大震災時に虐殺された朝鮮人の遺骨を発掘し追悼する会編『風よ鳳仙花の歌をはこべ』（教育史料出版会、一九九二年）四九頁。
（2）水野明善『浅草橋場・すみだ川』（新日本出版社、一九八六年）一五〜一八頁より抜粋。
（3）前掲『風よ鳳仙花の歌をはこべ』［注1］六二頁の井伊（仮名）証言より。
（4）『墨田区議会企画総務委員会議事録』二〇〇一年三月二六日より。
（5）『関東大震災時朝鮮人虐殺事件東京下町フィールドワーク資料』二〇一一年、『関東大震災時朝鮮人虐殺事件東京フィールドワー

ク資料（下町以外編）』二〇一二年、『関東大震災時朝鮮人関連「流言蜚語」東京証言集』二〇一二年の三部。国会、都立中央、墨田区立八広、同ひきふね、江東区立深川、葛飾区立中央の各図書館に所蔵。
(6)　伴敏子『断層・自立への脱皮を繰り返した画家の自叙伝』（かど創房、一九八八年）一七六頁。
(7)　友納友次郎『教育革命・焦土の中から』（明治図書、一九二五年）二九〜三〇頁。
(8)　石井光次郎『回想八十八年』（カルチャー出版、一九七六年、二九一頁。
(9)　三宅騏一「科学的精神の振興」（東亜協会編『東亜之光』一九二四年一月号）四八頁。
(10)　宮崎世民『宮崎世民回顧録』（青年出版社、一九八四年）四四頁。
(11)　品川区環境開発部防災課『大地震に生きる・関東大震災体験記集』一九七八年、一〇七頁の鈴木ふよ証言より。
(12)　黒木伝松「震災見聞記」『創作』一九二三年一〇月号（琴秉洞編・解説『朝鮮人虐殺に関する知識人の反応2』緑蔭書房、一九九六年）一五五頁に所収。
(13)　関東大震災五十周年朝鮮人犠牲者追悼行事実行委員会『歴史の真実・関東大震災と朝鮮人虐殺』（現代史出版会、一九七五年）一九二頁の伊藤国太郎証言より。
(14)　松崎濱子『すそ野をゆく——オルグ活動六十年』（学習の友社、一九九一年）二七頁。
(15)　潮出版社『潮』一九七一年九月号、一〇二頁の飯田長之助証言より。
(16)　高橋義博『彩鳳記・高橋義博自伝』（大日精化工業、一九八二年）三三頁。
(17)　『北海タイムス』一九二三年九月七日付、館山太郎証言より。
(18)　前掲『風よ鳳仙花の歌をはこべ』[注1]一一三頁の鈴木（仮名）証言より。
(19)　田辺貞之助『女木川界隈』実業之日本社、一九六二年（改題『江東昔ばなし』青柿堂、一九八四年）九〇頁。
(20)　山本芳蔵『風雪七十七年』私家版（一九七七年）三四頁。
(21)　加太こうじ『浅草物語』時事通信社、一九八八年、二七頁の父親の証言より。
(22)　前掲『風よ鳳仙花の歌をはこべ』[注1]一六五頁の浦辺政雄証言より。
(23)　姜徳相『関東大震災・虐殺の記憶』（青丘文化社、二〇〇三年）一五七頁の高瀬義雄証言より。
(24)　労働運動史研究会編『労働運動史研究・震災四〇周年号』（労働旬報社、一九六三年七月号）二二頁の藤沼栄四郎証言より。
(25)　震災記念日に集まる会編『関東大地震体験記』（私家版、一九七三年）二二〜二三頁の原田勝見証言より。
(26)　葛飾区立奥戸中学校郷土クラブ編『ドキュメント・地震と人間——奥戸編』一九八一年。

(27) 前掲『風よ鳳仙花の歌をはこべ』〔注1〕一四五頁の遠藤三郎証言より。
(28) 警視庁目白警察署編『関東大震災を語る――私の体験から』(一九七七年)九頁の長尾健策証言より。
(29) 加藤一夫「震災日誌」一二頁(『自由人叢書2』「自由人」復刻版別巻、緑蔭書房、一九九四年)。
(30) 神谷量平「麻布山善福寺裏(三)・関東大震災の思い出」(京浜文学会事務局編『京浜文学』二〇〇五年五月号)一〇七頁。

第10章　千葉県での朝鮮人虐殺の解明と記憶の継承について
――『地域に学ぶ関東大震災』刊行を通して

小笠原強

はじめに

二〇一四年三月一一日、東日本大震災の発生から三年が経過した。三年前のあの日、災害の状況がリアルタイムで一斉に世界に配信され、多くの人々に衝撃を与えた。しかし、時間の経過とともに、震災直後の感覚は次第に忘れつつあり、記憶の「風化」をまざまざと感じている。

あれから三年しか経っていないのに、「風化」を感じる状況から思うに、発生から九〇年が経過した関東大震災の記憶については、なおさらのことといえよう。その「風化」を少しでも食い止めるには、その時々にあったことを記録化し、後世に残していくしかないのである。

筆者も参加している専修大学関東大震災史研究会（以下、震災史研究会と略称）は、二〇一二年八月に『地域に学ぶ関東大震災――千葉県における朝鮮人虐殺　その解明・追悼はいかになされたか』（田中正敬・専修大学関東大震災史研究会編、日本経済評論社。以下、『地域に学ぶ関東大震災』）を出版した。

同書は、震災史研究会による共同研究の成果をまとめたもので[1]、関東大震災下の千葉県で発生した朝鮮人虐殺を解明・追悼している「千葉県における関東大震災と朝鮮人犠牲者追悼・調査実行委員会」（以下、実行委員会。場合によって正式名称を用いる）に注目し、フィールドワーク記録、実行委員会の歴史、同委員会メンバーや関係者へのインタビュー記録を掲載して、実行委員会の活動の記録化をめざした内容となっている。

震災史研究会が実行委員会に注目するきっかけとなったのは、二〇〇七年に実行委員会の方々に案内していただいた千葉県八千代市・習志野市・船橋市でのフィールドワークであった。そのフィールドワークは、事件の関連史跡を巡りながら説明を受けるものであったが、案内は事件の詳細だけではなく、実行委員会がいかにその地域に根ざして歴史の掘りおこしを行ってきたのか、これまでの取り組みの奥深さを私たちに知らしめるものであった。

刺激を受けたフィールドワーク参加者は、実行委員会が一九八三年に出版した『いわれなく殺された人びと――関東大震災と朝鮮人』（青木書店）の読み直しを進め、実行委員会がいかに事件の解明、犠牲者の追悼を行ったのか、活動の歴史を学びながら、実行委員会の方々から聞いたことや感じたことを記録化しておくべきではないのかと考えるようになった。その結果、できあがったのが『地域に学ぶ関東大震災』であった。

筆者もメンバーの一員として、フィールドワークや実行委員会への聞きとりに参加し、『地域に学ぶ関東大震災』内では冒頭文、船橋でのフィールドワークについて執筆を担当させてもらった。本稿では冒頭で千葉県での事件について言及し、実行委員会の歴史、地域に根ざした取り組みについて、出版を通して、筆者が感じたことを述べていくこととする。

1　千葉県での虐殺事件

一九二三年九月一日一一時五八分に発生した相模湾を震源とする大地震は、東京・神奈川・千葉・埼玉・静岡・山梨・茨城に被害を及ぼし、なかでも東京・横浜では地震後の火災が被害を増大させた。

地震による被害という点からいうと、千葉県の被害は比較的軽微であり、甚大な被害が生じた東京と隣接していたため、東京方面で被災した人々の避難場所となっていた。避難民の流入は人の移動だけをもたらしたのではなく、同時に被害状況や朝鮮人に関する流言も各地に伝えられ、流言をもとにした虐殺事件が発生していくこととなる(2)。

千葉での事件は東京寄りの船橋・習志野地域で多く発生している(3)。同地域は東京と接しているだけではなく、朝鮮人に関する流言を全国へ発信した「海軍東京無線電信所船橋送信所」（以下、船橋送信所）、震災発生後、治安維持のために東京、横浜方面に出動した習志野騎兵連隊、九月四日以降、朝鮮人・中国人を「保護収容」した習志野収容所などの軍関連施設が多くあり、軍隊の存在は周辺の事件に直接的な影響をもたらしていた。

船橋周辺では九月三日から五日にかけて、民衆が組織した自警団による虐殺事件が発生している。事件で犠牲となった多くの人びとは北総鉄道（現在の東武野田線）の敷設工事に携わっていた朝鮮人労働者たちであり、船橋や市川の警察へ連れて行かれる途中で犠牲となっている。海軍の船橋送信所所長が朝鮮人の「襲撃」から送信所を守るために、周辺地域の自警団に警備させ、朝鮮人の殺害を命じたとする証言もある。その一方で、船橋の丸山では朝鮮人を守った自警団もいたのであった。

習志野では船橋での事件が沈静化し始めていた九月七日以降に事件が発生している。各地で朝鮮人に関する流言が飛び交ったことにより、日本政府は九月四日に習志野収容所に朝鮮人・中国人を「保護収容」することを決定し、多くの朝鮮人・中国人が収容された(4)。習志野での事件は「保護収容」したはずの習志野収容所とその近隣の村で発生しており、収容した朝鮮人の中から意図的に選別された人物が犠牲となっている。なかでも大和田新田・高津・萱田（現・八千代市）などの村で発生した事件は、収容所の軍隊が朝鮮人を村の民衆に下げ渡して、殺害させるという稀有な事例であった。自警団による虐殺が中心の船橋とは異なり、習志野では軍隊と軍隊に殺害を命じられた民衆が事件の中心であった。

事件後、事件があった地域ではひそやかに追悼行事が行われていた。一九二四年には船橋仏教連合会によって「法界無縁塔」、四七年には在日本朝鮮人聯盟により「関東大震災犠牲同胞慰霊碑」が船橋に建立されている。また八千代の大和田新田でも住民有志によって「無縁仏之墓」が建てられており、地域住民には事件の事実が時を経ても、深く刻まれていたのである。

以上の船橋・習志野地域での事件の掘り起こしを行ったのが実行委員会に集った人々であった。

2 実行委員会の歴史——調査開始から現在まで

(1) 朝鮮人虐殺事件の調査開始

「千葉県における関東大震災と朝鮮人犠牲者追悼・調査実行委員会」(以下、実行委員会)は一九七八年に結成されている。組織としての結成は七八年であったが、朝鮮人虐殺という地域における事件の掘り起こしは、実行委員会の結成以前よりすでに個人やグループによって始められていた。その個人・グループとは①日本と朝鮮の友好運動の立場から調査研究、②千葉県歴史教育者協議会市川、船橋、習志野、八千代支部の教員、③労働運動や農民運動の実践、労働農民運動史の研究調査、④海軍東京無線電信所船橋送信所の歴史に関する調査を進めてきた人々であった。[5]

のちの実行委員会メンバーによる朝鮮人虐殺の調査が始まったのは一九七四年のことで、同年の千葉県歴史教育者協議会船橋大会で、朝鮮人虐殺に関する報告を行った高橋益雄氏(実行委員会初代代表)による呼びかけをきっかけとしていた。実行委員会メンバーの一人である平形千惠子氏は高橋氏から震災下のことについて教わり、調査を開始したと述べている。[6] 平形氏は同年に資料調査や船橋市丸山での聞きとり調査を始めている。

一方、一九七六年夏には、実行委員会メンバーの大竹米子氏が顧問を務める習志野市立第四中学校郷土史研究会(以下、郷土史研究会)が聞きとり調査を始めている。郷土史研究会は大和田新田で事件を目撃した阿部こう氏への聞きとりや萱田での調査を踏まえ、同年秋の文化祭で調査結果を報告した(7)。さらに翌一九七七年一二月には、最初は話すことに消極的でありながら、子どもたちと話すということで会うことを承諾した萱田の老人への聞きとり内容も踏まえた冊子『第五回文化祭発表のまとめ――大和田の朝鮮人虐殺の事実を探る！』を発行し、のちの実行委員会結成の動機の一つになっていったと大竹氏は述べている(8)。

船橋や習志野などで始まった調査は、一九七七年秋の小松七郎氏の出版記念会をきっかけとして、一つの組織、つまり実行委員会の結成へとつながっていくこととなる(9)。出版記念会の席上で小松氏は関東大震災の体験談について話し、それに関連して平形千恵子氏が船橋丸山の事例を報告し、その調査報告であるガリ刷りのパンフレット『関東大震災と朝鮮人虐殺』（船橋歴史教育者協議会、一九七六年）が紹介された。「地元の運動をもっと掘り下げ、今の人たちに知らせていこう」という課題の下、紹介されたパンフレットであったが、すでに残部がなかったため、吉川清氏が増刷を提案し、パンフレット内容と関係資料を収集した『自治研版「船橋の歴史」資料編第一集・関東大震災と朝鮮人――船橋市とその周辺で』（一九七八年四月、以下『資料編第一集』）を完成させている(10)。

『資料編第一集』の発行は船橋周辺での虐殺事件を広く伝えるものであっただけではなく、編集過程で朝鮮人虐殺に関心をもち、前述の個人・グループによって、それぞれ調査研究が進められていることも明らかとした。「この機会に合流するならば、運動は大きく発展することになるであろう」と吉川氏が個人・グループ間のパイプ役となって、実行委員会の基盤が作り上げられていくことになった(11)。

実行委員会の結成直前の六月四日、前述の習志野第四中学校郷土史研究会による調査について新聞に掲載されると、新聞の読者であった八千代市の某氏から大竹氏に連絡があり、「子どもたちには村の歴史を正しく伝えたい」と八千代市高津での虐殺について記された日記史料が提供されている。この日記には習志野収容所から朝鮮人を「呉れるから取りに来い」といわれた住民に朝鮮人が下げ渡され、各区に分配して、高津なぎの原で六人を殺害した状況が生々しく記されていた(12)。この日記を読んだメンバーは、結成が迫る実行委員会の「任務の大きさに身体が固くなる思いを味わった」と述べている。[13]

(2) 実行委員会の結成から『いわれなく殺された人びと』出版まで

朝鮮人虐殺に関心を持った人々の結集、事件に関する史料の提供などを受けて、一九七八年六月二四日に実行委員会は結成された。[14] 結成時に実行委員会の活動計画案として、虐殺事件の目撃者・関係者からの聞きとりや資料調査、実行委員会の活動を伝える会誌『いしぶみ』の月一回の発行、追悼行事としての慰霊祭や講演会等の実施、資料集の発行などが挙げられている。[15]

なかでも「最重点」とされたのは、事件の目撃者や関係者からの聞きとり調査であった。[16] 大竹米子氏を講師に招き、船橋市三山町の「主婦」たちにより結成された三山歴史サークルは、一九七八年七月に習志野収容所関係者より朝鮮人虐殺について証言を聞き出し、第二回実行委員会で調査報告を行った。[17] 以後、三山歴史サークルの中心人物である川崎英美氏、西沢文子氏は実行委員会メンバーとなり、後述のスライド作成で大きな役割を果している。ついで、同年八月には大竹米子氏・平形千恵子氏が習志野収容所に収容された申鴻湜氏、曺仁承氏からの聞きとりを行い、収容所での事件の状況が次第に明らかになっていった。これらの習志野収容所関係の成果は『関東大震災と朝鮮人　習志野騎兵連隊とその周辺――資料編第二集』（千葉県における関東大震災と朝鮮人犠牲者追悼・調査実行委員会・千葉県歴史教育者協議会・千葉県自治体問題研究所船橋支所共編、一九七九年九月）としてまとめられ、[18] 一九七九年九月一日の『朝日新聞』やNHKニュースで報道されると大きな反響を呼ぶこととなる。

資料集の発行など、実行委員会の活動が盛んになっていくと、次第に地域住民に変化が見られるようになっていった。朝鮮人犠牲者の殺害現場となった八千代市高津なぎの原では、一九六三年から数人の住民で行われていた施餓鬼供養が、八二年に高津区民一同の名義で行われるようになった。また、八千代市萱田では八三年三月、殺害された朝鮮人が埋葬されていた共同墓地周辺の住宅開発に伴い、三体の朝鮮人の遺骨を発掘して、近くの長福寺に改葬されている。[19] この改葬の中心となったのは、習志野第四中学校郷土史研究会が聞きとりを行った「萱田の老人」こと君塚国治氏たちであり、地域住民の朝鮮人虐殺への意識が少しずつ変化していったことがうかがえる。

そのようななかで、関東大震災から六〇周年を迎えた一九八三年、実行委員会はそれまでの調査結果をまとめた『いわれなく殺された人びと』を出版している。史料や証言資料から習志野収容所やその周辺での朝鮮人虐殺を実証的に明らかにした同書は、当時の関東大震災研究の一つの到達点を示すものであった。[20]

同書の序章には、一九七八年六月に八千代市の某氏より提供された日記史料の一部が掲載されている。その日記史料について、序章の最後には「関東大震災六〇周年にあたる今年、事実を明らかにすることが犠牲者への大きな供養になると考え、記録の公表を願ってきたが、何世紀にもわたる村落の絆と、負いつづけてきた心の呵責とは、今なお関係者にためらいを残しており、記録の全容を載せることができない」と記されている。事件の解明を犠牲者の供養と考える実行委員会、その一方で虐殺事件の加害者という「負の歴史」を負っている地域住民の苦悩といった両者間における複雑な感情がそこにはあった。[21] その両者間にあった複雑な感情は、両者一緒に追悼行事を行いながら、信頼関係を深めていくことによって、新たな動きを生み出していくこととなる。

(3)　慰霊祭の実施から遺骨発掘・慰霊碑建立、現在まで

『いわれなく殺された人びと』が出版された一九八三年九月、高津区民と実行委員会の合同による慰霊祭が実現した。実行委員会代表の高橋益雄氏は『いわれなく殺された人びと』の出版と高津区民合同での慰霊祭開催が実現したことを霊前に報告し、「近い将来、みなさんの遺体を発掘し、手厚く葬りみなさんの霊を安んじたいと思っております。いま少しの時をお貸しください」と「追悼の言葉」を述べている。[22] この「追悼の言葉」にあるように、実行委員会の次なる目標は遺骨発掘、慰霊碑の建立へと移っていく。

一九八七年七月下旬に高津区長、高津観音寺住職、実行委員会によって、なぎの原の朝鮮人犠牲者の遺骨発掘と慰

霊碑建立をめざす「関東大震災朝鮮人犠牲者高津遺骨収集・慰霊碑建立実行委員会」（以下、遺骨収集・慰霊碑建立委員会）を結成している。(23) 同会結成後、数度の会議が開かれ、発掘に向けて動いていたものの、発掘方法などをめぐって折り合わず、一九八八年以降、会議は開かれなくなり、遺骨収集・慰霊碑建立委員会は自然消滅している。

高津区役員会と実行委員会の間で、遺骨発掘について合意が得られたのは遺骨発掘に関する最後の会議から十年後の一九九八年のことであった。実行委員会は「最後のチャンス」として、高津区役員会へ発掘の話し合いを進め、条件付きで発掘することで両者合意している。(24) 折り合いがつかなかった十年の間に、高橋益雄氏は急逝（一九八八年三月）し、実行委員会代表は吉川清氏へと替わっていた。

両者は遺骨発掘でこそ折り合いがつかなかったが、合同慰霊祭は毎年行われ、関係が途切れたわけではなかった。この期間中、ここでも高津区役員会と実行委員会の間のパイプ役を担ったのは、代表の吉川氏であった。慰霊祭の打合せや高津区の祭りに顔を出すなど、何度も高津に足を運び、地道にコンタクトを取っていたことが遺骨発掘へとつながったと考えられている。(25)

以上の経緯を経ながら、一九九八年九月二四日、高津なぎの原で遺骨発掘が行われ、前述の日記史料に記載されていたとおり、六体の遺骨が発掘された。発掘された遺骨は同年一〇月一二日に実行委員会、高津区特別委員会、在日本朝鮮人総連合会、在日本大韓民国民団などの関係者が参加して、船橋市の馬込斎場で改葬の火葬が行われ、その際に高津区特別委員会会長の江野澤隆之氏は慰霊碑の建立を表明している。(26)

翌年の一九九九年春、慰霊碑の石材選定が実行委員会、高津区役員によって行われ、碑の建立に向けて動き出していった。しかし、ここで慰霊碑の碑文をめぐって、両者の意見が割れることとなる。

平形氏は「地域住民は加害者でありながら、軍隊に「取りにこい」と言われてやらされたことから、被害者でもある。その事実の経過と軍隊の責任についてだけは碑の裏面にかいて残したいと私たちは思った」が、「「軍隊にやらされたのだ」という言葉は出るが、それを石に刻んで残すということは地域の合意がとれな」かったと述べている。(27)

その結果、慰霊碑の表には「関東大震災朝鮮人犠牲者慰霊の碑」、裏面には「高津区特別委員会委員長　江野澤隆之、高津区民一同、高津山観音寺　住職　関光禅、千葉県における関東大震災と朝鮮人犠牲者追悼調査実行委員会委員長　吉川清」とだけ刻まれた。慰霊碑の除幕式は一九九九年九月五日に、高津観音寺での合同慰霊祭で行われ、慰霊碑の下には六体の遺骨が納められた。

慰霊碑の建立以後も、合同慰霊祭や会報『いしぶみ』の発行など、活動は継続的に行われている。二〇〇三年の関東大震災八〇周年記念行事で、実行委員会を代表して平形氏が朝鮮人犠牲者の遺骨発掘と慰霊碑建立の経緯について報告を行い、他にも多くの研究集会などで調査報告を行っている。また、震災史研究会が発足したきっかけともなったフィールドワークの案内も精力的に行われている。

ここ数年は冊子などの発行が盛んに進められており、二〇〇八年、〇九年には資料集を、関東大震災から九〇周年を迎えた一三年には二冊の冊子を発行し（後述）、「モノを書いて残す」ことが実践されている。[28] また、二〇〇九年には八千代市が出版した『八千代市の歴史　通史編下巻』の関東大震災の記事に誤記があったため、誤記の訂正を八千代市史編纂委員会へ要請している。[29]

3　実行委員会の取り組みについて

大竹米子氏は「実行委員会は、追悼・慰霊と、調査研究と多くの人に知ってもらうこととの三つを活動の柱に据えて、それらが相互に作用しあう運動体に発展」したと述べているように、[30] 実行委員会の取り組みは(1)事件の解明、(2)犠牲者の追悼、(3)情報発信という三本柱から形成されている。

(1) 事件の解明

前章でもあったように実行委員会による事件の解明は、虐殺事件の目撃者や関係者への丹念な聞きとり調査と文献調査を経て、双方を補完しながら、船橋・習志野地域での虐殺事件の真実を掘り起こしていった。

主な聞きとり調査の成果としては、二人の朝鮮人を救った船橋丸山の人々について、習志野市立第四中学校郷土史研究会による事件の証言者への聞きとり、習志野収容所での朝鮮人虐殺について、船橋周辺での事件関係者からの聞きとりなどが挙げられる。なかでも、習志野第四中学校郷土史研究会による聞きとりは、それまで隠されていた習志野収容所周辺での事件の真実を掘り起こしただけではなく、地域の住民から八千代市高津なぎの原での事件を裏付ける日記史料の提供をもたらし、事件解明への突破口を開くものであった。

当時を知る人々からの証言を得られたことにより、事件が掘り起こされたのは事実であるが、その背景には実行委員会の聞きとりに向かう姿勢も強く反映されていた。

平形氏は聞きとりについて、「聞きたいことだけ単刀直入に聞いてはいけない」「人の生活に即し、その人の生きてきた道とか、感じていること」を聞き、「親しくなるなかで聞きたいことも少しずつ」聞いていったと述べており、話を聞く相手のことを考えながら、少しずつ話を聞いていくという地道な姿勢があったことを示している。[31] また、この地道な姿勢は聞きとり調査だけに限らず、実行委員会の地域と向き合う姿勢ともリンクしているといえよう。

(2) 犠牲者の追悼

実行委員会による犠牲者の追悼は、実行委員会のみで行うのではなく、慰霊祭、犠牲者の遺骨発掘と慰霊碑建立が事件のあった地域の住民と合同で行われている点が特徴といえる。

犠牲者の追悼行事は実行委員会、八千代市高津の住民それぞれ別個に当初は行われていたが、一九八三年以降、高津観音寺・高津区住民・実行委員会合同で「関東大震災朝鮮人犠牲者追悼慰霊祭」が実施されている。合同慰霊祭は一九八三年から一九八八年までは犠牲者の殺害現場となった高津なぎの原で行われ、一九九九年に高津観音寺に慰霊碑が建立されてからは慰霊碑前で、毎年九月八日前後の週末にとり行われている。

合同慰霊祭は犠牲者の遺骨が眠る高津観音寺を中心に行われるが、観音寺での慰霊祭後、実行委員会メンバーによる他所の犠牲者関連墓碑をめぐるフィールドワークが行われている。主に八千代市大和田新田の「無縁仏之墓」、長福寺の「震災異国人犠牲者　至心供養塔」、中台墓地の「無縁供養塔」をめぐり、それぞれに線香を手向け、犠牲者を追悼している。

(3)　情報発信

大竹氏が「多くの人に知ってもらうこと」と述べているように、実行委員会の取り組みは事件の解明や犠牲者の追悼だけにとどまらず、多くの人に向けて積極的に情報が発信されている。その主な活動として、①スライドの作成②会誌・資料集の発行の二点が挙げられる。

①スライドの作成

一九八二年九月、三山歴史サークルによって、スライド「埋もれかけた記憶を――関東大震災と朝鮮人虐殺」が作成され、第五回追悼講演会で上映された[(32)]。スライド作成を担当した西沢文子氏は「関東大震災と朝鮮人虐殺の真実を、ひろく一般の人に知らせたい、若い世代に伝えたい、児童生徒のために教材化したいという、主婦や教師の思い」、「もっとやさしく説明し、感情に訴えてくるようにしたい」という思いをスライド作成で実現させたと述べている[(33)]。

同じくスライド作成を担当した川崎英美氏はスライド作成の理由について、「やさしく、目で見て、わかりやすいように」若者へ伝えていこうと考えたと述べている[(34)]。その背景には、「事件を理解するためのむずかしい理屈と〝虐殺〟

という文字」が気になっていた「主婦」たちの見方が反映されており、難しいとされがちな問題を克服しようとする意識からの若い世代に向けたメッセージであったといえる。

②会誌『いしぶみ』・資料集・冊子の発行

実行委員会は結成時の活動計画案で、「実行委員会の活動を活発にし、情報の交換をスムースにおこなうため」に、会誌『いしぶみ』を発行するとして、結成と同時に創刊号が発行されている。(35)『いしぶみ』は実行委員会の活動報告の場であるだけでなく、追悼行事や実行委員会によるフィールドワークへの参加者の感想なども掲載され、読者と実行委員会をつなぐ重要なツールでもある。二〇一三年には第五〇号が発行され(二〇一四年七月現在では第五二号まで発行されている)、継続的に情報が発信されている。

その『いしぶみ』のバックナンバーや集会のビラ、研究会でのレポート等をまとめて掲載された資料集が二〇〇八年、二〇〇九年に、(36)関東大震災九〇周年を迎えた二〇一三年には、冊子『関東大震災九〇周年　千葉の「関東大震災と朝鮮人虐殺事件」を歩く――船橋・習志野・八千代フィールドワーク』と題したフィールドワークのガイドブック、「研究論文などには縁遠い一般の方にも興味をもってもらえる方法の一つとして」、「実行委員会の取り組みの要点」が記された冊子『関東大震災九〇周年に到る実行委員会と地域の取り組み』を発行している。フィールドワークガイドブックの「発行にあたって」で吉川氏は「これまでの地域で行なって来た具体的な調査・追悼・慰霊の取り組みを、再びこうしたことを繰り返さないために次の世代、その次の世代にも引き継いでいかなければならない」と述べ、「次の世代」への活動の継承を打ち出している。

実行委員会による情報発信とは、単なる調査報告といったものではなく、事件を「わかりやすく」説明し、事件の事実や活動内容を多くの人々に共有してもらおうとする、今後への記憶の継承を強く意識した取り組みであるといえる。三本柱からなる実行委員会の取り組みは、事件の解明が聞きとり調査と資料調査が相互補完し合って成されたように、それぞれの柱を補完し合って成り立っているといえよう。

むすびにかえて

繰り返しになるが、実行委員会の取り組みの大きな特徴は、地域の歴史の掘り起こしや犠牲者の追悼が加害者側である地域住民とともに進められている点である。犠牲者を追悼する側と加害者の立場に身を置いた検討、つまり、さまざまな立場にある人のことを考えながら、歴史的事実を検討するといった研究は、少なくとも関東大震災史研究においてはなされてこなかったのではないのだろうか。

「虐殺」という「負の歴史」をめぐり、それぞれの立場にある人が話し合えば解決する、という決して単純ではない問題が事件に関わった地域には存在していると実行委員会が浮き彫りにさせたといえる。この地域が持つ複雑さは千葉の事例だけではなく、事件のあった他の地域でも同様のことなのかもしれない。それだけに事件の大枠からだけでは知り得ない事実を明らかにした実行委員会の取り組みが持つ意義は大きく、今後の関東大震災史研究を進めていくためにも、実行委員会の活動は継続・継承されていくべきものである。

ここ数年の実行委員会の活動は、前述した冊子に見られるように、活動自体の今後への継承に移行し始めているといえよう。まさに「九〇周年」という時間的な現実を実行委員会は感じているのかもしれない。これまでの活動を今後へ継承していくためには、これまでの取り組みを地道に継続し、フィールドワークへの参加や実行委員会への聞きとりなどを通して、史実や取り組みを多くの人々に、「広く知ってもらうこと」に尽きるのではないのだろうか。そのためにも「やさしく」「わかりやすいように」今後へ伝えていく努力が求められていくであろう。専修大学関東大震災史研究会による『地域に学ぶ関東大震災』が少しでもその一助になってくれればと思っている。

注

（1）専修大学関東大震災史研究会は、専修大学大学院文学研究科歴史学専攻の東アジア近現代史ゼミナールに参加する教員と大学院生有志、卒業生により二〇〇八年に結成された。二〇〇八年から二〇一二年まで、専修大学歴史学会の紀要『専修史学』に共同研究として論考を発表し、その論考が『地域に学ぶ関東大震災』に収録された。同書には紙幅などの事情により収録できなかった記録もあるため、『専修史学』も参考にしていただきたい。

（2）千葉県における関東大震災と朝鮮人犠牲者追悼・調査実行委員会編『いわれなく殺された人びと――関東大震災と朝鮮人』青木書店、一九八三年、三三～三五頁。

（3）本稿では概要のみの記載とするが、船橋・習志野の事件については、田中正敬・専修大学関東大震災史研究会編『地域に学ぶ関東大震災――千葉県における朝鮮人虐殺　その解明・追悼はいかになされたか』（日本経済評論社、二〇一二年）の第一部を参照されたい。

（4）姜徳相『〔新版〕関東大震災・虐殺の記憶』（青丘文化社、二〇〇三年）第七章参照。

（5）前掲『いわれなく殺された人びと』〔注2〕一七五～一七六頁。

（6）平形千恵子「追悼、調査の仕事を通して」（『高橋益雄先生追悼記念文集』一九八九年）一三九～一四〇頁。

（7）大竹米子「クラブ活動で朝鮮人虐殺事件を調査発表して」（千葉民族教育を守る会『こぶし　十周年記念誌』）三四～三六頁。

（8）大竹米子「朝鮮人虐殺事件の掘りおこしから――郷土史研究部」（「中学校教育実践選書」編集委員会編『中学校教育実践選書No.三四　クラブ活動のすすめ方　部活動』あゆみ出版、一九八三年）二二六頁。同「大和田の朝鮮人虐殺の事実を探る」（千葉県における関東大震災と朝鮮人犠牲者追悼・調査実行委員会準備会・歴史教育者協議会船橋支部・千葉県自治体問題研究所船橋支所共編『関東大震災と朝鮮人虐殺　船橋市とその周辺で――自治研版　船橋の歴史　資料編第一集』六一～九二頁）。

（9）前掲『いわれなく殺された人びと』〔注2〕一七四頁。

（10）吉川清「関東大震災時の朝鮮人虐殺の真相をほりおこす」（『住民と自治』一九七九年一一月号）三五頁。

（11）前掲『いわれなく殺された人びと』〔注2〕一七六頁。

（12）同右、六～九頁。

（13）同右。

（14）同右、一七七頁。

（15）同右、一七七～一七八頁。

(16) 高橋益雄氏は結成会議の開会挨拶にて、関東大震災下の朝鮮人虐殺については「〝聞きとり〟というきわめて困難な作業を通してのみしか得られないうえ、体験された方々がみな高齢になっているため、いますぐこの活動を展開しなければならない」と強調している（前掲『いわれなく殺された人びと』［注2］一七七頁）。
(17) 同右、一七九～一八〇頁。
(18) 資料編第二集には他に千葉県各地での調査報告や講演会の記録なども掲載されている（同右、一八八～一九〇頁）。
(19) 長福寺に改葬された際に「震災異国人犠牲者至心供養塔」が建てられている（平形千恵子「朝鮮人犠牲者の遺骨掘り起こしと慰霊碑の建立」関東大震災八〇周年記念行事実行委員会編『世界史としての関東大震災――アジア・国家・民衆』日本経済評論社、二〇〇四年、八七～八八頁）。
(20) 平形氏はのちに、『いわれなく殺された人びと』は「中間報告」にあたるものと述べている（同右、八七頁）。
(21) 前掲『いわれなく殺された人びと』［注2］一一頁。日記所有者と実行委員会の交渉については、大竹米子「活動のかなめに」（前掲『高橋益雄先生追悼記念文集』一三七～一三九頁）、「補記　第一部の理解を深めるために」（前掲『地域に学ぶ関東大震災』［注3］九七頁）を参照。
(22) 千葉県における関東大震災と朝鮮人犠牲者追悼・調査実行委員会編『いしぶみ』第一四号、一九八四年一月一九日。
(23) 小薗崇明「千葉県における関東大震災と朝鮮人犠牲者追悼・調査実行委員会の活動Ⅱ」（前掲『地域に学ぶ関東大震災』［注3］）一七一～一七三頁。
(24) 前掲平形千恵子「朝鮮人犠牲者の遺骨掘り起こしと慰霊碑の建立」［注19］九〇～九一頁。
(25) 前掲小薗崇明「千葉県における関東大震災と朝鮮人犠牲者追悼・調査実行委員会の活動Ⅱ」［注23］一七四頁。
(26) 『いしぶみ』第二七号、一九九八年一二月二四日。
(27) 前掲平形千恵子「朝鮮人犠牲者の遺骨掘り起こしと慰霊碑の建立」［注19］九二頁。
(28) 小笠原強「船橋市営馬込霊園・「船橋無線塔記念碑」を歩く」（前掲『地域に学ぶ関東大震災』［注3］）二一一頁。
(29) 『いしぶみ』第三七号、二〇〇九年六月一五日。
(30) 前掲大竹米子「活動のかなめに」［注21］一三八頁。
(31) 前掲小笠原強「船橋市営馬込霊園・「船橋無線塔記念碑」を歩く」［注28］二一二頁。
(32) 平形千恵子「お母さんたちのスライドづくりと高校生の感想――関東大震災と朝鮮人虐殺」（『歴史地理教育』第三五六号、一九八三年九月）六〇～六七頁。

(33) 西沢文子「スライド「埋もれかけた記憶を」の製作を担当して」(前掲『いわれなく殺された人びと』[注2])二〇八〜二一一頁。
(34) 田中正敬「千葉県における関東大震災と朝鮮人犠牲者追悼・調査実行委員会の活動Ⅰ」(前掲『地域に学ぶ関東大震災』[注3])一五二〜一五三頁。
(35) 前掲『いわれなく殺された人びと』[注2]一七八、一八〇頁。
(36) 千葉県における関東大震災と朝鮮人犠牲者追悼・調査実行委員会・委員長編集・作成『関東大震災八五周年千葉県における関東大震災と朝鮮人犠牲者追悼・調査実行委員会資料集』(二〇〇八年)。この増補改訂版が二〇〇九年に発行されている。

第11章　記録映画『隠された爪跡』と『払い下げられた朝鮮人』

小薗崇明

1　呉充功監督と朝鮮人虐殺ドキュメンタリー映画

はじめに

関東大震災の朝鮮人虐殺のドキュメンタリー映画として、呉充功《オチュンゴン》監督による二本の映画がある。『隠された爪跡——関東大震災と朝鮮人虐殺』（一九八三年。以下、『隠された爪跡』）と『払い下げられた朝鮮人　関東大震災と習志野収容所』（一九八六年。以下、『払い下げられた朝鮮人』）である。

『隠された爪跡』は、呉監督が横浜映画専門学院（現・日本映画大学）の卒業制作から撮りはじめた作品である。一九八二年の九月、「関東大震災時に虐殺された朝鮮人の遺骨を発掘し慰霊する会」（後に「慰霊」を「追悼」に変更。以下、「発掘し追悼する会」）により、旧四ツ木橋（現・東京都墨田区八広）付近でおこった虐殺犠牲者の遺骨の試掘が行われる[1]。『隠された爪跡』は、その時の様子や震災体験者からの証言により構成された作品である。また、『払い下げられた朝鮮人』は、「陸軍支鮮人収容所」（以下、習志野収容所）に収容された朝鮮人が収容所周辺の村落に「払い下げられて」虐殺された問題に焦点をあてて製作された作品である[2]。

図11-1　呉充功監督
（2014年1月6日小薗撮影）

呉監督の映画はライプツィヒ映画祭（一九八三年）、第三回釜山国際映画祭（一九九八年）、山形国際ドキュメンタリー映画祭（二〇〇五年）などで上映され、その他にも市民団体の要望があるつど北海道から九州まで各地で上映された。本論はこの二作品を撮った、在日朝鮮人二世である呉監督の作品ができるまでの歴史と作品について述べる。なお呉監督の作品については、佐藤忠男『東京という主役――映画のなかの江戸・東京』（講談社、一九八八年）、松田政男・高橋武智編『群論　ゆきゆきて、神軍』（倒語社、一九八八年）のなかで批評されている。

(1)　映画を撮るまで

呉充功監督は一九五五年東京の下町、葛飾区立石で生まれた[3]。五歳の頃に「難聴」となり、その影響で発音や聞き取りがいささか困難になってしまう[4]。小学校は当初、葛飾区立の学校に通うが民族差別や「難聴」により、よくいじめられ[5]、そこから生じた悩みを作文にぶつけた。やがて学校の先生のすすめもあり荒川の近くの東京朝鮮第五初中級学校（以下、初中級学校）に通うことになる。

小学四年生から転校した呉監督だったが、その後もいじめはなくならなかった。民族差別がなくなったとしても、「難聴」に対する差別があるからだ。初中級学校時代、荒川の河川敷ではサッカーやマラソンをしたが、朝鮮人虐殺がこの辺りであったとは知らなかったという。

その後東京朝鮮中高級学校（北区十条台、以下、中高級学校）に入学した。高校二年の時は新聞部に所属し記事を書く[6]。この頃の夢は新聞記者だった[7]。卒業後は朝鮮大学校に進学するが中退し、民族系の出版社で雑誌編集の仕事をした[8]。

その頃に、呉監督は差別がもたらす心理的葛藤から金石範《キムソクポム》、李恢成《イフェソン》、許南麒《ホナムギ》らの文学を読みあさり、また自身も朝鮮語で詩を書き発表するようになる。呉監督は「自分の中にあるものを、朝鮮の文字で表現したいと思った」(9)。しかし、ある日、南北朝鮮の絵本を読み、知らない語彙があまりにも多くショックを受ける(10)。監督は四歳、五歳の子どもたちが理解する言葉を知らないで、難しい言葉ばかり並べて詩を書いていたと反省した。

呉監督は「自分の中にある」何かをうまく表現するために、いろいろ見聞し体験しようと考えた(11)。専門学校に入る前に、盛善吉《もりぜんきち》監督のもとを訪ねたのもそのためだろう(12)。たまたま読んだ新聞に、盛監督が朝鮮人被爆者のドキュメンタリー映画を撮るためのアシスタントを募集していた。当時、呉監督は映画製作に関する知識はなかったが、応募したら採用され、助手を務める。

呉監督は長崎・広島を回った。製作予算がなく機材を積んだ重い荷物を担いで回り、長期滞在する所では冷房もないところで三か月から半年過ごしたという。このような体験から、表現方法としての可能性を映画に感じたのか、呉監督は今村昌平の映画専門学校に入学する。その時、二七歳だった。

映画専門学校に入った監督は、なかなか情熱的な学生だった。友人たちと一緒に学校の予算への不満を訴えたり、経理の公開を要求したりしていたが、その運動の一つにドキュメンタリー・ゼミの設置要求があった。要求通りゼミができ、監督はそこに入った。

その授業のなかで、ラジオ・ドキュメンタリーという音声だけのドキュメンタリー作品を作ることになった。呉監督は、一九七〇年代にあった「国士舘大学生の朝鮮高校生に対する暴行事件を素材にして」作り、「日本人のスタッフ五人ぐらいで手がけた」という(13)。

一九七〇年代は東京朝鮮中高級学校の生徒（以下、朝高生）に対する集団暴行事件が問題になっていた。例えば一九七〇年三月一二日『朝日新聞』（夕刊）には、同日午前一〇時四〇分頃、東十条駅近くで朝高生五人が、帝京商工高等学校（現・帝京大学高等学校）の生徒五〇人に囲まれ暴行を受けたとある。記事の最後には「最近、帝京商工と朝鮮高校生とのトラブルは五、六回も起きている」とある。

一九七〇年五月二九日『朝日新聞』の記事には、東横線の下り列車で国士舘高校の生徒一二人が目黒区の私立高校生二人を朝高生のつもりで暴行したとある。さらに、翌年の四月一八日『朝日新聞』には、争いのなか通りかかった「主婦」がまきこまれた事件が掲載された。依田憙家《よだよしいえ》によれば、「マス・コミは最初この事件を単なる不良同士の乱闘事件として扱い」、「一般市民にも危害を与えている事実が明らかになるにしたがい、ようやく朝高生も〝被害者の一部〟として取扱うようになった」と指摘している(14)。

一九七三年の六月一四日に国士舘大学総長の柴田梵天が謝罪会見を行う。会見の様子は同日『読売新聞』(夕刊)の記事に掲載された。それによると、「親の心を知らない一部の学生が、とんだことをしでかしたが、大部分の学生はまじめに勉学に取り組んでいる。在留朝鮮人については、偏見教育をしていない」と述べている。

この時代に監督自身も渦中にいた。監督は当時について、電車の乗り換え駅で集団暴行事件はよくおこったと述べ、「お互いそうなんだけども、あぁ何々さんは何々駅で乗り換えだとか。マークし合う」と振り返る(15)。呉監督の友人も被害にあった。千葉から通うまじめな級長の沈植が、いつも早朝に登校するところを狙われて、「意識を失うぐらいやられて」殺されそうになったという。

呉監督が作成したラジオ・ドキュメンタリー『理由なき襲撃』は、その友人にインタビューをし、さらに国士舘、帝京高校の学生や教師にもインタビューをした。「日本人」スタッフは、最初は「興味本位」での参加だったが、事件について知るうちに「朝鮮に対する偏見というものを自分ではそうじゃないと思いながらどうしてもはっきりと打ち消す自信がない、というような状態が浮き上がってき」て、呉監督は「それで、民族差別とか偏見とかいうものをもっと深くつきとめていけたらなぁと感じた」(16)。

その後、スタッフの一人が吉村昭の『関東大震災』の本を読み、「朝鮮人虐殺の模様を卒業制作としてドキュメンタリー化しないかと言い出し」、「ちょうど荒川河川敷で発掘作業が行われるとの情報も入った」ので「とにかく撮ってみようとなった[17]」。

(2)　真の出発点

映画『隠された爪跡』は、呉監督と蒲谷雄二、小島透、里内《さとうち》英司が中心となって卒業制作から撮りはじめ、学校を卒業後には「麦の会」という自主制作グループを作り、約一年半かけて仕上げたドキュメンタリー映画である[18]。

専門学校時代は、「ン高い月謝と観たい映画のチケット代をかせぐために、しょっちゅうアルバイトをしながら学校と映画館を往復する毎日」だった[19]。そのため、当初はなるべくバイト代を使わないで、「学校の渋い製作割当て金」でおさめようと「作品をセコクセコク仕上げることだけ」を考えていた。

呉監督は「記録映画を作るのに困難だったのは、資金だけではなく、ほとんど取材の下地もなしに突然キャメラをかついでこの穴をテーマも決めずにのぞきに行った私自身のいいかげんさ」だったという。

この「穴」とは、冒頭にも記したが、「発掘し追悼する会」による遺骨試掘作業で生じた穴である。同会は小学校教師をしていた絹田幸恵が中心となり結成された。絹田は地域を歩いて年配者から聞き取り調査をしていると、「デマのためにたくさんの朝鮮人が殺され、旧四ツ木橋の下手にうめられた」という話を聞く[20]。それから虐殺に関して調査するようになった。

呉監督は映画『隠された爪跡』の製作取材のなかで最も印象的だったのが、曺仁承《ソインスン》だったという[21]。曺は九月一日夜に荒川土手で拘束された[22]。その後、二日に寺島警察署へ連れて行かれる。「途中「あそこに朝鮮人が逃げるぞ!」と誰かが叫べば、皆んながいっせいにとびかかり、悲鳴と共に同胞が虐殺された」。曺自身も自警団に襲われ、生涯足を引きずる傷をおわされる。

映画には、大井競馬場近くで営んでいるホルモン焼きの店にて登場する[23]。曺の妻、朴粉順《パクブンスン》も台所でキムチをきざむ姿が映し出される。店内で朴が語るシーンでは、次のように言う。

「お父さんが、急に夜中に起きちゃってもう、暴れたり、手たたいて人のほっぺたひっぱたいたりするから、私はほんとあの時病気だと思ったの。この人なんか頭がおかしいかなんか病気だと思って。それずーっと何か月もがまんしていたんだけど」。

朴がその件をたずねても、はじめ曺は何もこたえなかった。しばらくしてから、「震災の時ひどい目にあったから、それが今時たま夢で見ちゃって驚いてね、そうなるんだって」と曺が言った。映画の最初に登場する証言が、曺のトラウマであるが、このシーンは朝鮮人虐殺の「終わらない」問題を端的に表現している。

「発掘し追悼する会」は、一九八二年九月二日、三日、七日に試掘を行う[24]。呉監督はその様子を撮影するにあたり、「あくまでも、発掘と、その隠されてきた「遺体」の発見を記録することのみ神経が集中し、どちらかというと当然発見されるであろう、それを映像にとらえることが可能であるとばかり、思いこんで」いた[25]。しかし、遺骨は掘り出せなかった。

発掘中はマスコミが多く訪れ、見学していた地域住民を奪いあうように囲んだ。あっという間に人山ができ、地域住民も興奮してマスコミの取材にこたえた。その様子を呉監督は「証言と狂言が交差」している状況だったという[26]。

その後、「発掘の終わった街の様子は、熱っぽい興味から冷たい無知、無関心、無視へと変化して」いった[27]。呉監督のもとに残ったのは、膨大な撮影フィルムと証言をおさめたカセットテープだった。夏休みのアルバイト代はそのフィルム代に消え、学校から支給された予算はフィルムの現像代ですでにオーバーだった[28]。

数日後、呉監督のもとにスタッフが集合し何度もフィルムを映写機にかけてテープを聞いた。しかし、「そこには「何」を撮ったのかわからない状態」しかなかった[29]。呉監督は原因に、撮る前に歴史をよく知らなかったことをあげる。また、スタッフ同士で話し合っても、感情の「食い違い」が生じたことも問題だった。それを監督は「日本人」と「在日二世」の違いとしてとらえた。

この「食い違い」は、「日本人」スタッフや証言者が、震災の混乱がもたらした不幸な事件として虐殺を位置づけており、民衆の責任を回避するような考え方に起因すると思われる。しばしば、証言の構造は、「流言のせいで」、「流言によって」、虐殺がおこったという構造になっている。また、流言が事実として今もって伝わっている場合も多々ある。

背景には、「日本」の「民衆本来」は善であり、虐殺は震災の混乱時の流言のせいで「たまたま」おこった出来事に過ぎないという意識が反映されている。これは前述の柴田の「大部分の学生はまじめに勉学に取り組んでいる。在留朝鮮人については、偏見教育をしていない」という言い訳にも似ている。

このような「食い違い」に、生まれ育った環境が違う、文化が違う、民族意識が違うということに原因を求めてしまうと、永遠に相容れない可能性がある。

一つの穴をめぐって名もなく殺され埋められた側と、虐殺に加担し、なおもそれを隠し続ける側の苦しい立場が食い違って民族的感情が熱っぽくむし返されもしました。共に受けた教育、生きてきた環境が違う事は拒めないとしても、私たち両民族の何世代前に掘られた穴であり、また現在目前に埋められてしまった穴の上でお互いに共有すべき歴史がこんなにも生き物のように勝手に、現われては死んでしまって良いのだろうか？

共有すべき、虐殺の問題の本質は何か、呉監督を含めたスタッフは再び、証言者を探して奔走した。呉監督はこの時が映画作りの「真の出発点」だったと言い、「もしもあの穴から「遺体」が発見されてたらこの映画作りは発掘作業の事実のみを記録して終っていたように思います」と述べる(30)。

(3)「観念」から「対話」へ

卒業制作の期限はとっくに過ぎ、「楽しみにしていた」就職の面接カードの提出期限も終わっていた。しかし、「誰一人として自己満足できず」、さらに何十回と構成をくり返し、再びアルバイトと撮影に分担してでかけた[31]。

その頃、スタッフ陣は学校ともめている[32]。本来、卒業制作は八ミリで撮らなければならなかったが、より良い映像を残すために一六ミリで撮ったことが学校側に問題にされた。さらに学校側は、卒業制作の提出期限により「ネガも含めて学校の財産だから全部渡しなさい」と要求した。しかし、呉監督は「中途半端な形で出したくなかった」。作品が未完成で「編集するのにネガがないと編集できない」からである。結局、監督らはネガを含めて、学校に作品を提出せず、卒業はしたがその後も撮影と編集をつづけた。

その前後、呉監督は関東大震災の朝鮮人虐殺について研究書を読んで学んだ。しかし、本から知識を得ることで、悩みを言語化できるようになるからこそ、映像化への悩みを抱えるようになることはよくある。呉監督は「観念のかたまりで頭がノイローゼになって[33]」、「テーマから逃げ出したくなることも度々[34]」あったという。

その悩みから助けてくれたのは、一緒に制作に取り組んだ日本人スタッフだった。スタッフたちはノイローゼ気味の監督を「置いて他のスタッフと一緒に何度もしつようなまでに、取材を重ねて証言者とのコミュニケーション作りにと、ゲートボールや銭湯に出かけ」た[35]。また、研究書を読むようになってからアポイントメントをとらずに姜徳相《カンドクサン》を訪ね直接学ぶようになったが、その姜より撮影地域を荒川周辺の証言に絞り、映画を時系列に構成したらとのアドバイスを受け助けられた。

映画『隠された爪跡』は曺仁承がストーリーの軸となるが、曺は震災のおこった年に渡日する[36]。貧農の子に生まれ、父母を病気で亡くし、下男として奉公に出る。その時に「日本に行けば白いメシが食える」と聞いて、日本にやってきた。曺が荒川の下流にあるバラックに住み「土方」に従事するが、なかなか仕事がなかった。日本は第一次世界大戦後の不況で労働争議が頻発していたが、朝鮮人は安い労働力として日本人労働者から仕事を奪う存在としてみられていた。曺も偏見やねたみにさらされた。震災時は自警団によって足を刺され、従兄を失い、その後は震災時の傷によって不自由な足を引きずって生きるようになる。

監督らが●を撮影しはじめた頃、「隔てていた壁」があった。その後スタッフはホルモン焼きの店に通い、食事や手伝いをするなかで「壁」が少しずつなくなっていった。●の印象として、呉監督によれば「あまり怒りを表面に出さず」、「不自由な足で、常連客とともに競馬を楽しみ、住民と共に元気に一歩一歩歯をくいしばって散歩するその姿には、苦しさを切り抜けてきた人だけがもつやさしさと力強さがあふれて」いたという。

●の受けた困難は、監督自身が受ける差別に投影され、●のひたむきさが「日本人」といかに虐殺の問題を共有できるかに悩む監督を励ましてくれた。呉監督は後に『あぼぢとおもに』（一九八四年）という映画も作っている。

一方で、加害者側との「壁」はどうだろうか。呉監督は映画『隠された爪跡』に登場する証言者は「半年以上もおつきあいをしてもらった仲の良いおじいさん、おばあさんです」という。呉監督は「なるべく辛抱強くおつきあいをして、カメラの前で直接語って頂くことを心がけて」作った(37)。

> 老人たちと私たちの間には、年代の違い、歴史の深さ、人生、民族の違いがはかりきれないほどありますが、常に対話の中で何かを考え、何かを学び発見し、自分なりのテンポで「真実」に接近して行こうとするきずなを築けたと思います。
>
> 若者として私たちが学ぶ機会のなかった過去の民衆の歴史を、本や教育で覚えた観念ではなく、生の証言から共に確かめあうこの対話は、常に私たちの映画のスタイルとなって自然な映像になったと、思います。そうしますと、表情の一つひとつ言葉の一言一言に、その人の長い人生ばかりでなく六十年という歴史の空白がひだとなって私たちのキャメラに切迫しました(38)。

証言者の話を表情まで含めて聞く。そして質問する。相手が拒否さえしなければ、「対話」は成り立つので「ゲートボール」の「つきあい」も、カメラを意識せずに話しやすい環境をつくることで「対話」の一部である。この「対

図 11-2　君塚国治にインタビューする呉充功監督（1985年、呉監督提供）

話」を通して「真実」を問い続けていくことが呉監督のスタイルである。

映画『隠された爪跡』が公開された年の九月に千葉県における関東大震災朝鮮人犠牲者追悼調査実行委員会（以下、実行委員会）が、それまでの研究・活動記録をまとめ、『いわれなく殺された人びと――関東大震災と朝鮮人』（青木書店）を出版する。実行委員会（一九七八年に結成）はその名のとおり、千葉県の虐殺の調査と追悼活動を先駆的におこなってきた。

映画『払い下げられた朝鮮人』（一九八六年）はこの実行委員会の活動と深く関係している。特に実行委員会が明らかにした習志野収容所に収容された朝鮮人が、九月七日以降に軍隊によって高津、大和田新田、萱田上、萱田下（いずれも現・千葉県八千代市）の村民に渡され、その後虐殺された事例がそうである。実行委員会は、軍隊が村落に朝鮮人を渡すことを「払い下げ」と表現し、その表現は呉監督の映画のタイトルとなる。

この映画は収容所周辺と騎兵連隊の虐殺が中心にえがかれ、前作同様、潜在的な「流言蜚語」を追及する。(39) 前作と『払い下げられた朝鮮人』との違いは、虐殺に関する証言者の立場において、具体的な虐殺とその加害者が近いということである。

映画で最も印象に残るのは、萱田下の虐殺について証言した君塚国治の長回し映像である。村人が「長く生きている訳にはいかねえ」と朝鮮人に言ったり、「どういう風になって死んだ方がいいか」と聞く。「殺すのにもらって来た」ことが平然と話される[40]。この君塚がカメラに向かってたんたんと話すその姿と内容のギャップに驚かされる。君塚の話す姿はどこにでもいそうな「おじいさん」に映るからだ。

別に君塚に聞き取りをした実行委員会の大竹米子は、君塚のことを次のように言う。「おじいさんが、「子どもにだから話してあげたい」と〔大竹は当時習志野四中の教員で生徒を連れて話を聞いた〕。でもね、なかなか話せないんですね」、虐殺現場は「はっきり「ここだ」なんてなかなか言えなくってね。でも「この辺だよ」」とじょじょに話すようになった。話すことも現場を伝えるのにもかなり躊躇したようである[41]。君塚の語りからは、自身が主体的に虐殺に加担したという記憶が表出されている。

むすびにかえて

関東大震災下の朝鮮人虐殺に関する二つのドキュメンタリー映画『隠された爪跡』と『払い下げられた朝鮮人』、その監督、呉充功は「在日二世」であり、また幼少の頃から「難聴」をかかえていた。それにより差別を受け、鬱屈した感情をかかえるが、その悩みを見つめ作文や詩を書く。その表現がやがて朝鮮人虐殺ドキュメンタリー映画に変わった。

撮影において日本人スタッフとの「対話」から、差別に対する認識の違いがわかり、民族意識をこえて考えるにはどうすればいいのかと模索する。試掘の時の証言者との「対話」から感じる虐殺への無関心から虐殺の問題の根深さを感じる。その後朴慶植《パクキョンシク》、姜徳相《カンドクサン》らの在日朝鮮人史、朝鮮独立運動史関係の本を読んで、植民地支配と被支配の関係性、それによる民族の対立がわかってくると、いっそう差別の強固さを感じる。

そのような「観念」にとらわれる時に出会った、曺仁承との「対話」。生死の境界をさまようような虐殺の難から辛うじて逃れた体験を知り、さらには生きていくたくましさを学ぶ。一方で、虐殺現場にいた君塚国治との「対話」からは、民衆の虐殺の主体的責任に悩む姿を見出した。

「対話」によって虐殺を問いつづける重要性が、呉監督の作品には反映されている。作品から、観衆は何度も虐殺とは何かを考えさせられるし、他者への想像力をかきたてさせられる。安易に答えを求めない作品に呉監督の作品の魅力がある。その背景には、呉監督自身が受けてきた差別の重層性がうかがえる。日本にいて受ける差別、民族学校にいても受ける差別から、呉監督は安全な場所はどこにもないということを感じ、いろいろ悩みながらも、そういうところは人と人との「対話」を通じて他者を尊重しながら自ら作らなければならないという境地に達したのではないかと思われる。最後に呉監督による当時の映画に対する思いを引用する。

私としては朝鮮人側の立場からだけではなく、私も日本に生きてきましたし、これからも日本人と共に生きて考えて、日本に永住するつもりでおりますので、日本人と力をあわせて何が出来るか、それに力を入れて映像に表していきたいと思っております。(42)

注

(1) 旧四ツ木橋周辺の虐殺や当時の遺骨発掘に関しては、関東大震災時に虐殺された朝鮮人の遺骨を発掘し追悼する会『風よ　鳳仙花の歌をはこべ』(教育史料出版会、一九九二年)にくわしい。
(2) 習志野収容所周辺の虐殺に関しては、千葉県における関東大震災朝鮮人犠牲者追悼調査実行委員会『いわれなく殺された人びと——関東大震災と朝鮮人』(青木書店、一九八三年)にくわしい。
(3) 呉充功「関東大震災朝鮮人虐殺の記録を次世代に」『Ｓａｉ』第七〇号(一般社団法人　在日コリアン・マイノリティー人権センター事務所、二〇一三年一二月)、四六頁。立石で生まれたことは、私が二〇一四年一月六日に行ったインタビューより(以下、引用でインタビューと記された場合はこの日のインタビューを指す)。
(4) 前掲『Ｓａｉ』第七〇号、四六頁。
(5) 前掲インタビュー〔注3〕。
(6) 呉充功「自分の心の中の熱い体験をしたい」(『新しい世代』一九八三年一二月号、朝鮮青年社、一九八三年一二月)一〇六頁。

(7) 前掲インタビュー〔注3〕。
(8) 同前。
(9) 前掲『新しい世代』〔注6〕一〇六頁。
(10) 同前。ただし、呉監督の希望により、出典先の文章を一部改訂。
(11) 同前。
(12) 以下の盛善吉との関係は、前掲インタビュー〔注3〕。
(13) 前掲『新しい世代』〔注6〕一〇七頁。
(14) 依田憙家「朝鮮高校生に対する国士舘右翼学生の襲撃について」『アジア経済旬報』第九〇六号（中国研究所、一九七三年七月）一五頁。
(15) 以下の暴行事件に関しては、前掲インタビュー〔注3〕。
(16) 前掲『新しい世代』〔注6〕一〇七頁。
(17) 同前。
(18) 呉充功「殻をのぞいて、凝視めるまで――「隠された爪跡」を撮りおえて」（日本の教育1984編集委員会『日本の教育1984』現代書館、一九八四年）一三二頁。
(19) 以下の専門学校時代の話の引用は、同前、一三二、一三三頁。
(20) 前掲『風よ　鳳仙花の歌をはこべ』〔注1〕二〇頁。
(21) 前掲『Ｓａｉ』第七〇号、四七頁。
(22) 以下の春の体験については前掲『風よ　鳳仙花の歌をはこべ』八八～九〇頁より。他にも春の証言は、朝鮮大学校『関東大震災における朝鮮人虐殺の真相と実態』（一九六三年）、千葉県における朝鮮人犠牲者追悼調査実行委員会・千葉県歴史教育者協議会・千葉県自治体問題研究所編『関東大震災と朝鮮人――習志野騎兵連隊とその周辺』資料編第二集（一九七九年）にある。
(23) 以下の春に関する映画の記録は、『関東大震災朝鮮人虐殺記録映画　隠された爪跡　採録シナリオ』（麦の会、一九八三年）による。
(24) 試掘の様子は、前掲『風よ　鳳仙花の歌をはこべ』二八～三四頁にくわしい。
(25) 前掲『日本の教育1984』〔注18〕一三四頁。
(26) 同前、一三四頁。

(27) 同前、一四一頁。
(28) 同前、一三四、一三五頁。
(29) 同前、一三五頁。
(30) 同前、一三六頁。
(31) 同前、一四二頁。
(32) 以下の学校とのトラブルは、前掲インタビュー。
(33) 前掲『日本の教育１９８４』〔注18〕一四〇頁。
(34) 同前、一三九頁。
(35) 同前。
(36) 以下の曺の略歴は、前掲『日本の教育１９８４』〔注18〕一四〇、一四一頁。
(37) 杉並記録映画を見る会の会誌『くりっぷ』第一八号（一九九一年九月二一日）二頁。
(38) 前掲『日本の教育１９８４』〔注18〕一三九、一四〇頁。
(39) 前掲『くりっぷ』〔注37〕第一八号、二頁。
(40) 『払い下げられた朝鮮人「関東大震災と習志野収容所」採録シナリオ』（一九八六年か）一一、一二頁。
(41) 田中正敬・専修大学関東大震災史研究会編『地域に学ぶ関東大震災――千葉県における朝鮮人虐殺 その解明・追悼はいかになされたか』（日本経済評論社、二〇一二年）五〇、五一頁。
(42) 前掲『くりっぷ』〔注37〕第一八号、八頁。

2　映画完成から三〇年――曺仁承あぼぢと共に

呉充功

一九八三年、記録映画『隠された爪跡』は、難航しながらも在日朝鮮人と日本人の若者との制作により完成した。関東大震災六〇周年を控えた同年八月二二日、水道橋の全逓会館で最初の公開上映が行われた。満員となった会場の前列に、映画の重要な登場人物である、曺仁承《ソインスン》氏の姿が見えた。

一九〇二年生まれの曺氏は、一八歳の時（一九一九年）故郷の慶尚南道居昌郡にて、三・一万歳運動に参加した村人達が日本軍憲兵に銃殺されるのを目撃した。「ウリの（俺らの）村の前で憲兵が五〇人位で二列ずつ並んでその間に白い朝鮮服着たのが入っていくんだよ。村の水がみな流れつく所まで行って、穴ほらして生きたまま入れて上から鉄砲でもって殺したんだ。秋になったらね、ものすごく降ったんだ、雨が。雨がずーっと山の向うから降って…その川に赤い水が流れたんだ。赤い水が……」（曺氏宅でインタビュー呉採録、一九八二年）。

一九二三年二月、曺仁承氏は、二三歳の時、従兄の曺相承《ソサンスン》氏とともに渡日し、大阪、岐阜、東京、柳島、州崎飛行場建築現場を転々としながら土木仕事に従事していた。同年九月一日関東大震災に遭遇した曺仁承氏は、大畑村（現・押上）のバラックを飛び出て、旧四ツ木橋を渡り荒川土手（葛飾区側）へ朝鮮人の仕事仲間三人と避難した。一日夜、軍隊の銃声を聞いた曺は一三人の朝鮮人と、土手上で消防団に縄で身柄を拘束されて夜を明かす。

二日朝、再び消防団に囲まれて旧四ツ木橋を引き返す。「血が一杯なの！　足元にね。皆な一日の晩殺したんで出血がすごいだろ。それ見たら本当に空が真っ暗！」（『隠された爪跡』）。寺島警察署へ連行される橋上で曺氏は、足をトビで刺される。さらに橋のたもとで待ちかまえている自警団と、流言にあおられて家から俎板、包丁を手にした女

図11-3　海の中に投げ込まれた朝鮮人を棒で殴ろうとする男（高瀬義雄氏の絵）

図11-4　コークスに投げ込まれる朝鮮人（高瀬義雄氏の絵）

性などを交えた民衆が、曺氏一行から三人を引っ張り出して惨殺する。「生《なま》の人間殺したんだから暴れるのがすごいだろうが、喉こうやってかいて（トビで）そいで皆なもって行って、向こうにもこっちにもいっぱい、足と足で合わせて死んだ遺体がいっぱいに積んであるの」（『隠された爪跡』）。

傷ついた足で寺島署に入るがそこでも、サーベル持ちの警官に襲われそうになり、林檎の木に登って逃げる。わずか一日の間に消防団、自警団、民衆、警官とリレー式に恐ろしい虐殺を体験した唯一の生き証人である。従兄の曺相承氏は震災後から行方不明である。

一六ミリフィルムにまとめた映画は、関東大震災を体験した当時の日本と朝鮮の証言者二〇名が自ら目撃した朝鮮人虐殺を衝撃的に語る映像で構成されている。また、高瀬義雄氏は少年の日に月島で、生きたまま海や、燃え盛るコークスの中に投げ込まれる朝鮮人を目撃した。その高瀬氏は自分の証言と共に、映画のために絵を九枚描いてくれた。

今村昌平監督はこの映画について、「アボヂおじさんの拙い日本語による語りを軸に数々の証言や客観的な証拠を集め、この残虐行為は、何故起きたのか？　それは偶発的なものであったのか？　もしかしたら、実は仕組まれたものではなかったのか？　そしてこの事件に拘ろうと、拘るまいと、今、我々日本人にとってそれはどんな意味を持っているのかを、ひたひたと問いつめてくる」と語っている。

　映画は関東より関西地方へと徐々に全国に自主上映が拡がり、上映開始から二年で上映会は早くも三〇〇か所を記録した。一九八五年、八千代市高津観音寺の関光禪《せきこうぜん》住職より、「急いで横浜港へ来て通訳してほしい」との電話を受けカメラマンとかけつけた。先に横浜港で待ち構えている関住職の目の前に、韓国より観音寺へ寄贈された二〇〇キロの「慰霊の鐘」一式がコンテナより下りようとしていた。鐘をつる「普化鐘楼」。それを大切に見守る韓国人間文化財の三人の技工師。翌日、組立作業を指揮するために韓国民俗研究所の沈雨晟《シムウソン》所長が訪れ、劇団ソナンダンの劇団員と共に観音寺で合宿をする。私は以前よりマダンクッ日本公演などで親交があった沈雨晟氏から、鐘楼を送るために、韓国言論文化人によるチャリティコンサート、街頭募金で集めた基金運動の経緯を感慨深く聞くことができた。

　その鐘楼の建設を撮影した映画『払い下げられた朝鮮人』は、一九八六年に完成。映画のラストシーン

図 11-5　後手にしばられて連れて行かれる朝鮮人（高瀬義雄氏の絵）

図 11-6　絵を描いている高瀬義雄氏

では「普化鐘楼」の屋根の上で、沈雨晟氏が韓国瓦を並べながら「韓国各道の土を少しずつ集めてきました。南北が統一したら、あと半分の（北の）土をここにまぜてあげたい」と韓国八道地区の土をまく。一一月一〇日、観音寺本堂で関住職をはじめ、江野沢貞義旧高津区長、当時、習志野収容所の軍隊より朝鮮人の「払い下げ」を受けて殺害した萱田下の証言を残してくれた君塚国治氏ほか、集落の有志一同の皆様と上映会を行った。

土本典昭監督はみずから上映会（杉並記録映画を観る会）を企画して、「殺人という事実が当事者の口から、このように克明に語られた映画はほかにない。歴史をのこすという巨視的な思想があればこそ、語らせえたものと思う。この二本によって、今もある朝鮮への蔑視、差別の輪郭がよりはっきりと浮かび出たものと思います」と語った。

一九八七年九月六日、映画製作スタッフと、上映に協力してくれた関係者に呼びかけ、私はなぎの原で犠牲となられた六名の祖先に『払い下げられた朝鮮人』の映画完成報告をかねて秋夕の祭祀を行った。関光禪住職と私達の呼びかけに韓国の僧侶、朴慶植《パクキョンシク》先生他多くの人々が、名もなく虐殺された六名の朝鮮人犠牲者の霊に焼香された。その後、九八年になぎの原の犠牲者は観音寺と「千葉県における関東大震災と朝鮮人犠牲者追悼調査実行委員会」、旧高津区関係者有志により遺骨が発掘され、九九年観音寺に改葬された。二〇一三年九月六日（九〇周年）、関光禪住職、子息と孫の三代の住職による供養が厳かに行われた。

第一作完成から三〇年を迎えた。二〇一一年から、関東大震災九〇周年に向けて、東京、千葉、神奈川、埼玉、茨城等各地の調査追悼委員会と在日コミュニティグループ主催による、二部作同時上映は、二〇一三年九月までで三二か所で行われた。二〇一二年八月一一～一七日には韓国ソウル歴史博館に於いて二部作（韓国語字幕入り）が、初めてソウル市民に公開された（『列島の中のアリラン　在日一〇〇年』――映画が語る在日同胞』主催　東北亜歴史財団、ソウル歴史博物館、韓人歴史資料館）。故国韓国で実現した初の一般上映会場で「慰霊の鐘」を送る会の代表である、申禹植《シンウィシク》氏（大韓言論人会顧問）と、理事である金義卿《キムウィギョン》氏（現代劇場代表）と再会し、遅ればせながら二八年目、映画の完成報告ができた。

二〇一三年六月一九日韓国国会議員会館で「関東大震災朝鮮人虐殺事件の問題解決のための国会議員討論会」で専修大学の田中正敬《まさたか》教授の基調報告に次いで四人の報告者が各地域の調査報告をした。八月二二日は、ソウルで「関東大震災朝鮮人虐殺」国際学術シンポジウム（東北亜歴史財団主催）が行われた。この二つのシンポジウムを撮影取材した翌日は、韓国ソウル城南教会で上映会（韓国基督教長老会主催）を行った。長老会は、七月第五次民間調査団を日本に派遣し、東京、埼玉、群馬、千葉の調査報告書をまとめ、犠牲者の遺族探しを韓国内外に広く呼びかけている。また、アメリカ・東イリノイ大学の李真姫《イジンヒ》准教授の尽力により、九月よりノースウェスタン大学を皮切りに、ブラウン大学、イリノイ大学、ペンシルバニア大学、シカゴ大学、カリフォルニア大学等で上映会が開催された。翌二〇一四年三月二三日にはＡＡＳ・Ｆｉｌｍ Ｅｘｐｏ（アジア研究学会主催）に参加出品が認められた。

図11-7　インタビューを受ける曺仁承あぼぢ

日本と韓国、アメリカで私の二作品が同時期に上映実現したことは、私自身大きな励みとなり、一人でもこの映画を観てくれる人がいる限り、再び次作制作が必要なことを自分自身に問いかける契機にもなった。

一九六〇年代より、関東大震災朝鮮人虐殺を早くから追究し長きに渡り学術研究を精力的に継続してこられた、姜徳相韓人歴史資料館館長、故琴秉《クムビョン》洞《ドン》先生、そして山田昭次教授。関東大震災の隠された歴史を風化させまいと、日朝協会をはじめ関東大震災六〇周年より、七〇、八〇、八五、九〇周年へと世代を引き継いでの研究者と教師らの調査活動。毎年フィールドワークを休みなく続けてきた市民グループと、教育関係者らに支えられた貴重な上映会である。特に上映マネージャーを快く引き受けてくれた矢野恭子氏と皆様に感謝を表したい。小学生から八〇歳代の老人から寄せられたアンケートと手紙。毎年九月になると、必ず上映会を準備してくれた、女子パウロ会、山口県防府教会、熊本県小倉教会ほか多くの宗教関係者。スーパーの買物帰りに家に持ち寄った、野菜の包み紙を、台所で拡げて私のインタビューを読み、上映会の市民カンパを呼びかけた三〇代の若き日本人主婦Fさん。大きな札幌市民会館が立ち見で満員となった夜、本当に胸が熱くなった。

二作のドキュメンタリー映画制作と上映を通して、関東大震災朝鮮人虐殺の全容を少しでもひもとくことができたのだろうか？　二度と繰り返してはならないと映画で語る証言者たちの遺言はどこまで届いたのだろうか？　という問いはいつも心の中にある。映画『隠された爪跡』は、私達スタッフが曺仁承あぼぢと妻である朴粉順おもにの実生活に一年六か月接しながら、二人三脚で作り上げた作品である。その映画の完成を見届けた曺あぼぢは、一九八四年八月、八三歳で亡くなった。あぼぢは「日本人も日本政府もね、はっきりやったものはやったと、言わなくちゃ駄目なのね」と映画で語っている。あぼぢ亡き後、生活保障がなく八五歳までホルモン焼店をやめなかった朴おもに。二〇一四年五月二四日一人残された孫娘に見守られて荼毘に付された（享年九〇歳）。

九〇周年を経過した現在、数千名の朝鮮人犠牲者の真相は依然として日本政府によって調査・公開されず、教科書から朝鮮人虐殺の記述は殺害へと変えられ、その史実さえ消されようとしている。私は一人でも多くの人が、この映画を通して関東大震災の真相を深く知ってほしいと思う。天災の非常時に異民族を虐殺し、死体を隠蔽した九一年前のジェノサイド。二度と繰り返さないため今何が求められているのか。三〇年前、日朝の震災体験者が勇気をもってカメラに向けて語った未来への「遺言」メッセージに耳を傾けてほしい。

遺骨の行方もわからず故郷で祭祀を重ねる遺族。

九一年間、史実をひたすら隠し続けてきた日本政府は、今こそ真摯に犠牲者の名簿と遺骨の行方を調査公開する責任がある。

ブックガイド3

千葉県における関東大震災と朝鮮人犠牲者追悼・調査実行委員会編『いわれなく殺された人びと――関東大震災と朝鮮人』（青木書店、一九八三年）

関東大震災発生後、千葉の陸軍・習志野収容所に「保護」収容された朝鮮人や中国人。その収容所周辺では、軍が朝鮮人を「呉れるから取りに来い」（本書七頁）と地域住民に払い下げ、殺害させる事件が起こっていた。長い間、隠蔽されていたその事実は、編者らが加害者側となる事件のあった地域の人々とともに、長い年月を経て、築き上げてきた関係のもと、地域に根ざしながら掘り起こされたものであった。

本書は千葉での事件の概要や事件の掘り起こしの経緯、追悼行事などの活動についてまとめられているが、人々の生活の場である地域にとって虐殺事件が残したものとは何であるのか、地域に根ざして活動することとはどういうことなのか、自分たちの足下から物事を考えさせられる著作である。

関東大震災六十周年朝鮮人犠牲者調査追悼事業実行委員会編『増補保存版　かくされていた歴史――関東大震災と埼玉の朝鮮人虐殺事件』（日朝協会埼玉県連合会、一九八七年）

埼玉県内での関東大震災時の朝鮮人虐殺は、群衆化した民衆が事件の中心となり、被害を拡大させたことが特徴といえる。本書は埼玉の各地域で発生した虐殺事件を関係史料と目撃者の証言から網羅的に描き出している。とりわけ、埼玉県本庄から群馬県へ移送されていく朝鮮人が途中で受け入れを拒否されて、本庄へと戻っていく途中で群衆に虐殺されるシーンを描く史料と証言は、今でも生々しさを感じさせる。

この増補保存版は一九七三年に日朝協会埼玉県連合会が出版した同名の書誌に、震災六〇周年の調査記録を追加した内容となっており、一九六三年に日朝協会本部と同埼玉県連合会が本庄・神保原で行った現地調査からの調査活動の集大成と位置づけられている。

関東大震災時に虐殺された朝鮮人の遺骨を発掘し追悼する会編『風よ　鳳仙花の歌をはこべ』（教育史料出版会、一九九二年）

編者の一人、絹田幸恵氏は荒川放水路について地元の方々から聞き書きしていたところ、震災時に旧四ツ木橋付近で朝鮮人が虐殺され、河川敷に埋められた。その遺骨は埋められたままかもしれないとの証言を聞く。その証言をもとに、編者らを中心として、一九八二年九月に荒川河川敷で遺骨発掘を試みるところから本書はスタートしている。発掘から十年後に出版された本書は、その十年間の追悼と聞き書きを記録したもので、当時を知る人々からの聞き書きはもちろん、四回に亘って韓国へ赴き、犠牲となった人々の関係者からの聞き書きも掲載されており、荒川のことだけではなく、虐殺の全体像に迫ろうとする編者らの試みがうかがえる内容となっている。

編者らは現在も毎年九月に、東京・墨田区旧四ツ木橋付近の荒川河川敷で追悼式を行っている。そして、編者らは追悼式に合わせて、犠牲者の故国の花・鳳仙花を毎年植えている。

今井清一『横浜の関東大震災』（有隣堂、二〇〇七年）

関東大震災で東京と並んで、甚大な被害が発生した横浜。東京の被害に目が奪われがちで横浜に関する震災の研究が乏しい（「はじめに」五頁）と指摘する本書は、震災によりダメージを受けた横浜の各地域の状況にふれながら、復興していく過程を追っている。それと同時に、震災下で発生した事件として、横浜の朝鮮人・中国人虐殺を取り上げ、公文書、新聞資料や回想録を用いながら、当時の社会背景、朝鮮人に関する流言が発生・拡大していくなかで自警団や民衆により虐殺がおこる状況、また「横浜震災救護団」を組織した山口正憲と流言との関係性について論じられており、全体的に「流言」に重きを置いた描かれ方となっているといえよう。

震災下の横浜について地域別に詳述されており、とりわけ横浜に土地勘のある方には、ぜひ一読していただきたい。

仁木ふみ子編・今井清一監修『史料集　関東大震災下の中国人虐殺事件』（明石書店、二〇〇八年）

関東大震災下の中国人虐殺研究の到達点といえる本書は、監修者による研究史整理、編者の史料解説、そして緻密で膨大な史料から構成されている。掲載史料は多くの中国人労働者が殺傷された事件や僑日共済会会長王希天の殺害事件に関するものが中心となっているが、虐殺の事実をめぐる日中両政府間での交渉の経緯、犠牲者の追悼行事など多岐に亘っている。

なかでも注目したいのは、中国人が被害者や目撃者からの聞きとりを踏まえて作成した被害者名簿が掲載されている点である。その名簿には被害者の名前、出身地、被害内容や被害に遭った場所などが克明に記されており、事件の全体像を捉える重要な手掛かりとなる史料といえる。九五七頁からなる本自体からもわかるように、虐殺の事実の「重さ」を一層強く感じさせる一冊である。

（小笠原　強）

田中正敬・専修大学関東大震災史研究会編『地域に学ぶ関東大震災　千葉県における朝鮮人虐殺　その解明・追悼はいかになされたか』（日本経済評論社、二〇一二年）

九〇年前、首都圏は「大正関東地震」に襲われた。人的被害は、死者行方不明一〇万五三〇〇余名。しかし、この数に含まれない多数の不条理な犠牲者がいた。彼らの死は〝自然災害〟には起因しない。本書は、その実態解明に取り組む市民団体の活動に若手研究者が着目し、埋もれた記憶の発掘や犠牲者の追悼がいかに行われてきたのかを検証した成果である。実行委員会は証言調査と共に慰霊・追悼に取り組むことで、事件を地域社会に即して明らかにしてきた。若手研究者は、実行委員会の活動の両面に着目し、その意義を検証していく。両者の活動に通底する課題は、記憶の忘却に抗うことである。市民と研究者の世代を越えた共同作業による事件の実相究明の道程は、読者を当時の「時」と「場」へ臨場させる。

（芹澤廣衛）

第4部　さまざまな視点からの探究

第12章　関東大震災下に「誤殺」されたろう者について

小薗崇明

はじめに

関東大震災下の虐殺研究では朝鮮人に間違えられて虐殺された「日本人」の研究はあまり言及されていない(1)。その一つに「ろう者」（聾者・聴覚障害者）の虐殺があげられる。本稿ではろう者の虐殺について言及するが、その前に震災直前のろう者の体験談から、ろう者を取り巻く社会状況についてみてみよう。

一九一四年に発刊した、ろう教育関係の雑誌に『聾唖《ろうあ》界』がある。発行所は東京聾唖学校内の聾唖倶楽部（一九一三年設立）で、部長は校長の小西信八であり、ろう者の団結を求めて作られた団体である(2)。関東大震災の直前の一九二三年七月の『聾唖界』第二八号には興味深い記事が掲載されている。

巡査に誰何された話　石川進

▲唖…■巡査

▲突然捕へられて実に驚きましたが私は唖です、何故、私をお捕へなされたでせうか

■左様、貴様は唖生と詐称して居る常人だらうが、今日はこ、に何用あってきたか

▲否、私は唖者でこれから散歩する処です
■貴様は偽言を吐いてゐる盗棒だらうと思ふ、只今何学校に在学なのか
▲それは非常に可笑しい次第です。私の唖は事実です。未だ何も盗みません、目下は東京聾唖学校に在学中です、もし御嫌疑もあらば御手数ながら同校長へ右の実否を電話で御尋ね下さい、実否が直に分明します。
■諾分った、就ては左の件々を書きなさい。
1.同校長は何と申すか、2.同校の電話番号は何か
3.貴君の姓名は何と申すか、4.年齢は何歳か、
5.只今原籍は何処か、

〔以下略〕

以上は、いきなり巡査に泥棒と思われて検束され、誰何《すいか》された東京聾唖学校の生徒の体験談の一部である。この後、生徒は巡査の問いに対して答え、警察は校長に電話して確認した。巡査は「私は考へ違ひして失礼いたしました」と謝罪し、生徒は「実に驚きましたが事情が分明して安心しました、左様なら」と解放されて終わる。

この体験談にはいくつかの疑問が残る。まず、会話がどのように展開されたかがわからない。そもそも検束されたのは「唖」である。筆談でされたのだろうか。それとも石川はある程度の聞き取りと発話が可能だったのだろうか。警察には「唖生と詐称して居る常人」の「盗棒」と思われているので、少なくとも手話による対話ではないことはわかる。

また、この体験談はなぜ雑誌に載せられたのだろうか。たまたま、誤解を生んでの出来事だったら記事にする必要はない。似通った経験をしている、ろう者が他にもいて、その際の対処法として記されているように読み取れる。つまり、ろう者が不審な目で見られる社会的状況があったのではないだろうか。

この記事が出された数か月後、関東大震災がおこり、一人のろう者が虐殺された。本稿ではその事件について考察

する。(3)

1　漫画にえがかれたろう者の虐殺

山本おさむの漫画『わが指のオーケストラ』（全四巻、秋田書店、一九九一～九三年）は、大阪市立聾唖学校の校長を務めた高橋潔の物語で、実在の人物をもとに作者の創作を織りまぜてえがかれた作品となっている。そのなかで関東大震災下にろう者が朝鮮人と間違えられて虐殺された話が登場する。

もと高橋の生徒である一作（架空の人物）が、教員になるために東京聾唖学校の師範科で勉強していた時に震災に遭遇する。その時の様子を一作は大阪に帰った後で高橋に次のように語る。

地獄です……
東京は……まさに地獄です
東京の荒川を渡って埼玉県の大宮まで線路を歩いてやっと汽車に乗れました
その間に何百……何千もの死体を見ました
壊れかけたビルには殺された朝鮮人の死体が針金で縛りつけてありました
川では自警団に殺され投げ込まれた死体にウジがわいていました
「何故だ!?　朝鮮の人達が暴動を起こしたというのは本当なのか!?」〔高橋〕
デマです！　そんな事はありません
おかしいのは軍隊や警察や自警団です!!
連中はかたっぱしから朝鮮人を見つけては追いまわし捕まえてよってたかって虐殺しました

そして……殺されたのは朝鮮人や社会主義者だけではありません……

ろうあ者も殺されました!!
東京聾唖学校の生徒も殺されました!!
「何故だ!!　何故ろうあ者が!!」〔高橋〕
50円50銭です……
朝鮮の人は大体「こちゅーえんこちゅーせん」と発音するんだそうです
だから憲兵に「50円50銭」と言ってみろと言われても黙って答えませんでした
そのろうあの生徒は憲兵に呼び止められても耳が聞こえないために答えられませんでした
だから……朝鮮人だと思われて憲兵に連れていかれ殺されました。(4)

この漫画のシーンは果たして事実であろうか。演出家の千田是也が、千駄ヶ谷で朝鮮人と間違えられて殺されそうになったことから、センダ・コーリア、千田是也という芸名を名乗るようになったという有名なエピソードがあるように、(5)自警団の誰何は厳しく、多数の日本人が暴行を受け、時には殺されている。誰何に応じることが困難なろう者が虐殺されることはあり得ることである。以下、当時の資料を通じて検証するが、その前に漫画には、虐殺されたシーンの欄外に参考資料が記されている。(6)それは、一九七三年九月一日『日本聴力障害新聞』(第二六六号)の伊藤政雄(日本聾史学会初代会長)による「民族差別とろうあ者」という記事である。以下、長文となるが一部引用しよう。(7)

「ろう者にも犠牲者」
大正十二年九月二日午後六時政府から戒厳令発令、軍隊と警察が各地の要所に検問所を設置して、怪しい人をとりしらべ、容疑の人あれば直に検束するかまたは刺殺するときびしくかまえた。怪しい人を見つけ次第、「五十円五十銭といってみろー！」。

朝鮮人では、正確な日本語の発音ができない。五十円五十銭を言わせると、「コチューエンコチューセン」と発音するのが大体である。このため、多くの朝鮮人は憲兵の問答に答えることができなかったので即時に刺殺された。ろう者が憲兵に呼び止められたら、もうおしまいだった。ろう者が間違えられて殺されたという事実がある。

故三浦浩先生（全日本ろうあ連盟顧問）の回顧談によると、ろう学校の生徒一人が憲兵に刺殺されたという事実があった。当時小石川区指ヶ谷町（現在文京区）官立東京聾唖学校の一生徒が買物のため外出、道路上警戒中の憲兵に呼びとめられて、ことばが通じないため、朝鮮人と間違えられて銃剣で刺し殺されてしまった。当時の校長小西信八先生はこの不幸な事件を聞いて、早速に生徒全員に証明書を交付した。外出時、警察または憲兵に呼びとめられたらすぐにこの証明書を見せてあげなさいと注意を与えた。また、万一を考えてしばらくの間ろう生徒の外出を禁止した。

当時の学校勤めのろう者の教員が八名いた。彼らにも例の証明書を交付した。刺殺されたろう生徒の件は震災による死亡として発表された。これはおそらく軍部の命令だったらしい。

東京聾唖学校の震災被害状況は女性寄宿舎の屋根から多数の瓦が落ち、壁が大きく破損し、男性寄宿舎は大きく傾斜し、講堂は最も破損した。それ以外の教室等の校舎は余り《ママ》損害がなかった。校内に約五〇〇名の避難者が充満して、体操場を解放した。十一月十四日まで授業停止、避難者はその日まで留まった。

当時の東京市内のろう学校は、東京聾唖学校と私立日本ろう話学校〔日本聾話学校〕二校だけだった。その頃の日本ろうあ学校〔日本聾話学校〕はまだ牛込教会を使っていて、開校三年になっているばかりであった。横浜にはまだ一校もなかった（横浜市立ろう学校開校は大正十四年）。

ろう学校就学率がまだ低かった頃で、無学のろうあ者が沢山いたらしく、大震災にあって急に普通でない状況におちこまれてひどく迷っているところ、運悪く間違えられて殺されたというろうあ者がかなりいたと推定される。

なお、記事には証明書が付されており、「証明書　渡辺至太郎　年令十八才　右の者は間違いなく聾唖者であることを証明します　大正十二年九月五日　官立東京聾唖学校　校長　小西信八　印」と記されている。

この記事では、関東大震災下に東京聾唖学校の生徒一人が、朝鮮人と間違えられて、憲兵により刺殺されたとある。当時の校長、小西信八は、ろう者であることの証明書（朝鮮人ではないことの証明書）を生徒全員に交付したとある。以下、詳しく同記事を検討してみるが、まずは当時の震災の様子をみていこう。

東京聾唖学校の場所は、震災時、小石川区指ヶ谷町（現・文京区）にあった。一九二五年七月三一日に発行された警視庁『大正大震火災誌』(8)によれば、小石川区内の焼失面積の割合は〇・〇四%である。全一五区中、麻布区（〇%）、牛込区（〇%）、四谷区（〇・〇二%）に続いて四番目に火災の被害が少ない地域だった。ちなみに、焼失面積の割合が高い上位三区は、順に日本橋区（一〇〇%）、浅草区（九六%）、本所区（九五%）である。(9)

小石川区では地震直後による火災は、九月一日の午後六時頃には鎮火した。新諏訪町は全焼したが、他の町では比較的火災の被害は少なかった。(10)小石川区の消防活動にあたっていた消防隊の報告によれば延焼を防いだ要因として、諏訪町方面も音羽町・桜木町方面も「江戸川ノ水利」をあげている。(11)比較的被害の少ない小石川区には罹災者が避難し、特に神田区と本郷区からの避難者が多く流入した。(12)『大正大震火災誌』に記されている小石川区の避難先には東京聾唖学校があげられている。(13)

その小石川区であるが、朝鮮人の暴動に関する流言はどうであったろうか。『大正大震火災誌』の小石川富坂警察署の報告(14)によれば、最初の流言が二日午前五時頃であり、「強震ノ再襲アルベシ」というものだった。富坂警察署は中央気象台に確かめ、虚言であることを人びとに伝えたという。その後、同日午前七、八時頃に「鮮人放火ノ説漸ク管内ニ宣伝セラレ、大塚火薬庫襲撃ノ計画ヲ為スモノアリトサへ称スルニ至ル」と、朝鮮人暴動の虚言が流れた。富坂警察署によれば、二日午後三時の流言で自警団が形成されている。東京聾唖学校のある指ヶ谷町の自警団は「狂暴」と評された。大塚警察署では朝鮮人を保護するが、そのために自警団から恨みを買っていることが記されている。[15]

東京聾唖学校が位置する小石川にも不穏な空気が漂っていた。しかし、学校の近辺でろう者が虐殺されたという記録は登場しない。

2　虐殺されたろう者とは誰か

ろう者が虐殺されたことについては、関東大震災後の新聞で確認することができる。それは以下の三種に分けられる。(1)ろう者の虐殺について記された最初の記事。これは一九二三年一〇月五日（四日夕刊）『中央新聞』、一〇月五日『二六新報』、『読売新聞』、『新愛知』などがあげられる。(2)事件の詳細記事として、一九二三年一〇月二七日（二六日夕刊）『東京朝日新聞』がある。(3)その事件の裁判記事として、一九二四年四月八日『中央新聞』、四月二〇日『法律新聞』があげられる。

まず(1)だが、どの新聞も一〇月五日に出されており、同じ内容の記事になっている。『二六新報』によれば、震災時「多数の聾唖者が傷害」されて「半死半生の憂目にあった」とある。なかでも一九二〇年に東京聾唖学校を卒業した「家井義雄」は、九月六日浅草からの帰途殺害されたとある。

そのことを知った父親は学校に届出を出した。学校側は朝鮮人と間違えられないように、「石川主席教師[16]」が尽力し、「百余名の生徒に聾唖印章を着けさす」とある。この印章がどういうものかはわからないが、あるいは前述の『日本聴力障害新聞』にあるような証明書かもしれない。とにかく、(1)の各新聞はいずれもニュース・ソースが同じであり、多数のろう者が「傷害」を受けたことと、一人のろう者が殺害されたことが記されている。これがろう者の虐殺についての最初の記事となる。

次に(2)であるが、東京聾唖学校の卒業生の事件に関して殺害日時、加害者、被害者等が記された『東京朝日新聞』の記事である。この記事には「家中義雄」が九月二日に虐殺され、翌日区役所の手で火葬されたとある。(1)とは日付・被害者名が異なっているが、名前の類似性から同一人物だと思われる。被害者である「家中」は大工職であり、七、八歳くらいの程度でしか話せなかったとあるが、まったく話せないわけではなかった。父親は九月七日に殺害の事実を知ったとあり、警察署へ行っても相手にされなかったとある。加害者は大和民労会の会員と記されているが、これは一九二一年に河合徳三郎によって結成された土建系の右翼団体だった。

(3)の記事は、(1)、(2)に登場する殺害された家中の裁判記事である(裁判の判決は四月七日)。特に『法律新聞』では、いつ・どこで・誰が・誰に殺害されたかがわかる。一方で(1)のような多数のろう者の「傷害」については(2)、(3)の新聞では見られない。しかし、(2)、(3)の記事に該当する事件については官憲側の資料にもみられる。

例えば『大正大震火災誌』では「自警団員ノ殺傷事犯捜査検挙」の一覧表のなかに当該事件が記されている。この事件は一〇月二七日令状執行、すなわち逮捕とある[17]。また、別に同書の浅草象潟警察署の報告書に同じ事件が記されている[18]。そこには「九月二日午後四時頃流言アリ、曰ク「約三百名ノ不逞鮮人南千住方面ニテ暴行シ、今ヤ将ニ浅草観音堂並ニ新谷町ノ焼残地ニ放火セントス」ト。是ニ於テ、自警団ノ専横トナリ、鮮人ニ対スル迫害トナリシガ、之ガ為ニ同夜午後十時頃新谷町ニ於テ通行人三名ハ鮮人ト誤認セラレテ殺害ニ遇フノ惨劇ヲ生ズルニ至リ」と記されている。

もう一つ、官憲側の資料として、司法省による「震災後に於ける刑事事犯及之に関連する事項調査書㊙[19]」がある。同資料は司法省内部の極秘資料であり、一九二三年一一月一五日までの起訴状況をまとめたものである。当該事件に関しては、犯人氏名「滝戸峯島外二名」、被害者氏名「家中義雄」、犯罪事実として「日本刀及槍を以て殺害す」などと記されている。これら官憲側の資料の特徴として、被害者の立場・背景は記されていない点がある。

以上の資料をふまえ、殺害された日付・場所・加害者について検討しよう。まずは殺害された日付だが『東京朝日新聞』、『法律新聞』、警視庁『大正大震火災誌』、司法省調査から九月二日が正しいと思われる。時間は午後九時頃〜一〇時頃であり、場所は浅草区新谷町第一飛行館付近である。前述のように浅草区の被害は大きかったが、『大正大震火災誌』の浅草象潟警察署の報告書には、第一飛行館は焼残地域として避難場所になっていた[20]。その付近で事件はおきた。

次に加害者についてだが、警視庁の各記録、司法省調査、新聞などで人数や名前が異なり不明である。ただし、加害者の職業はどれも土木関係とある。

一方、被害者についてだが、最初の報道には被害者は東京聾唖学校の卒業生という貴重な情報を提供している。よって学校側の資料から、この人物について検討できる。東京聾唖学校が編んだ各年度の『東京聾唖学校一覧』（以下、一覧）には、在学生と卒業生の名簿が掲載されている。その名簿の中に「家中義雄」（最初の報道「家井」は間違い）の名がある。

一九一四年度の一覧[21]には、家中は尋常科第一学年として登場する。それによれば、家中は一九〇二年の七月に生まれ、本籍は大阪府だった。聴力を失ったのは六歳の時であり、原因は脳打撲によるものだった。それで一四年四月に東京聾唖学校に入学した。家中は中途失聴者だと考えられる。一九年度の一覧[22]では、家中は尋常科第六学年であり最終学年だった。最終学年の時は、裁縫科第二学年として在籍しており、兼修していた。二〇年度の一覧[23]には、卒業後の状況として「琴製造」と記してあるが、二二年度の一覧[24]では卒業後の状況が「仕立」にかわっていた。『東京朝日新聞』では「大工職」として清水方で働いていたと記事にあり、さらに仕事を変えたのかもしれない。震災後の状況を反映している二五年度の一覧[25]には、卒業後の状況として「亡」とだけ記されている。

一覧以外では、『行啓記念帖　大正六年十月十九日』（一九一七年）がある。これは一九一七年一〇月一九日に皇后が東京聾唖学校に行啓したことを記念して学校で作成されたものである[26]。これによると講堂にて、皇后の前で家中義雄（当時尋常科第四学年）が「音話」によって話していることがわかる。中途失聴者の家中は発声が可能であり、皇后の前で話をすることからも優等生だったと考えられる。

ただし、発声することができたからといって、関東大震災下での自警団の誰何に応じられたかどうかは疑わしい。おそらく家中は読唇によって相手の主張を読みとろうとしたと思われるが、虐殺された当時は夜間であり、自警団は複数人いて、武器を持って殺気立っている。がなりたてる自警団の言葉を読唇によって冷静に理解することはほぼ不可能だろう。また発する言葉にも非常に厳しい要求がつきつけられる。地方出身者の日本人が方言によって、日本人と信じてもらえず殺害された事例もあるからである。

家中義雄の死は、当時の東京聾唖学校校長である小西信八によって同窓会誌『殿坂之友』第二七号のなかで「鮮人と見違はれ殺害」されたと語られた[27]。そこでは家中の死は他の災害による死者とともに「不幸の方々」として語られるが、どのような学生であったか、また虐殺の背景は語られなかった。

3　震災後のろう教育

関東大震災時に自警団の誰何における「日本人」の条件は、「日本語」（「標準語」）ができるか否かであり、もっと言えば文字言語ではなく音声言語に重点が置かれていた。その限りにおいて、関東大震災時のろう者は死と隣合わせだった。一方で、震災時とは異なる日常的な空間のなかで、ろう者は「日本人」の条件としてどのように向き合わされたのか。震災後のろう教育界の動向と共にふれておきたい。

関東大震災の直前一九二三年八月に盲学校及聾唖学校令が公布された。これにより、盲唖学校は盲学校と聾唖学校に分離され、それぞれ道府県に設置義務、公立盲学校及び聾唖学校初等部その予科に授業料不徴収の原則がうたわれた[28]。この勅令によって、ろう教育は慈善事業から公教育への道へ歩みはじめた[29]。ただし、同令では就学義務はなく、実際に義務教育化がなされるのは戦後であり、一九四七年三月の学校教育法からである[30]。

それでも同令によって学校数や就学率は増加した。勅令以前は公立校は一〇校程だが、勅令以後の一九二四年では、国立一、公立一七、私立二〇、計三八校。三九年では国立一、公立四七、私立一五、計六三校になっている[31]。また就学率に関しては勅令以前が一五%程だったのが、三六年には四五%になった[32]。

一九四二年の東京聾唖学校編『聾唖学校初等部各科指導の変遷』では、同令を振り返り教育研究実践の時機が得られたと意義を述べており、この頃からろう教育における方法論が激しく議論されたことがうかがえる[33]。二四年には日本聾唖教育会、二五年には日本聾口話普及会とそれぞれ研究会が誕生した。特に後者の研究会では、川本宇之介、橋村徳一、西川吉之助らが中心となり、口話法普及運動が展開された。

口話法とは音声として言葉を発生する発語と、口形から言葉を読み取る読話（読唇）によってコミュニケーションを成立させるための教育方法である[34]。川本らの運動は手話法を排除した純粋口話法によって展開された。前述の漫画『わが指のオーケストラ』の主人公・高橋潔はこれに反対し、口話法・手話法を含めた適性教育を掲げる。また、当時の東京聾唖学校の校長であった小西信八も口話法には消極的であり、同校で口話学級が開設されたのは一九二五年からだった[35]。

川本宇之介は勅令の草案起草者であり、勅令後のろう教育界の中心人物であるが、彼のろう教育観とはどのようなものだったのか。一九二六年四月二一日の『東京朝日新聞』には「つんぼの子供ものが言へる　口話法教育の有難さ」という川本の寄稿記事が掲載されている。内容は、「聾唖者」の「聾」と「唖」を区別した形で、耳が聞こえないのはしょうがないが、言葉を覚える「脳中枢」や「舌等の発音器官」には支障がないので、聾唖学校で学べば話をすることができると主張する。この主張は川本のなかでは終始一貫しており、例えば一九三二年に出された川本の論文「聾者と其の教育[36]」も同様である。同論文は、川本が考える、ろう教育の目的、口話法、手話法の位置づけがわかる。

川本は、まず「聾唖者は聴唖者や白痴性唖者でなくして、発語中枢たるべき部位の脳皮質も、生理的には殆んど何等の障碍を受けて居らず、又発音器官並に之と連絡ある運動中枢も殆んど生理的には全く障害を受けて居ない者である。故に是等を刺戟して働かせていけば、発音も出来、言葉もいひ得る様になり、発語中枢は発達して来る」と述べる。前述の記事のように、脳や発音器官に障害はないから話すことができるという主張である。教育目的は、ろう者を「一個独立した国民」、「社会国家に厄介をかけない者」にさせ、「社会文化の共有と発展とを分担」させることを目指す。

口話法については、相手の話を視覚的に理解し、そこから発声と筆記を養う方法と述べるが、特に思想を発達させるのに適した方法として述べられている点が注目される。これは手話法に対する批判にも通じており、「聾唖者の身振表情語は無文法的であるから」、「思想を十分に整頓し難い」し、「抽象的の語」は「手真似は複雑多岐となり、表現に困難を感じ到底デリケートな思想を明確に伝達することは出来得ない」と述べる。よって「知識を弘め、その思想を発達させるには、手話法は不適当」と断じた。

さらに、「一般社会人として共同生活を営む上に、この手話を以て最も共通的なる言葉とすることは、到底出来ない以上、聾者の思想伝達の為めの手話は、彼等の範囲内に於てのみしか通用しない」。よって、「円満なる交際を進めることは到底望み得ない」という。つまり、手話法への批判は二つあり、一つめに手話は無文法なので、抽象的な概念等を理解するのには困難であり、思想が発達しないと批判された。現在ではこの論は否定されており、手話独自の文法体系が明らかにされている(37)。それから、二つめに一般社会において手話は使われないので、聴者と「円満なる交際」は望めないことが指摘されている。

川本の口話法について、本多創史は「ろう者は、内地にいる「国民」として「国語」教育を受けていたのではなく、内地にいる植民地の人々として、手話を禁じられ「国語」を強制されていた」と指摘している(38)。川本の論理は、本多のように現代の人からすると聴者社会からの、ろう者に対する同化政策だと批判できるが、川本のろう者に対する認識は次のようなものであった。「聾唖者は、殆んど奴隷の如く仕事に酷使されるか、然らざれば、社会の廃残者、厄介者乃至白痴狂人扱にされて、淋しく家の中に塞ぢ込められたり、町の隅や村端れ等に寂しくぼんやり立ちすくんでゐたりして、一生を送らざるを得なかつた」。川本にとって、ろう者が隔絶された状況から脱するために、「一個独立した国民」になる必要があったのである。

一九三五年に出された『唖の子もものが言へる』(39)は、一九三一年に設立した聾教育振興会によって家庭向けに書かれた啓蒙冊子である。その冊子は同会の常任理事に就任した川本によって編集された。冒頭部分では、体験談が記される。それには、ろう者の子を持つ母親が、世間体を気にしてろう学校へ子どもを入れられないで迷っている。そこで、ろう者の子どもが喋るラジオ放送を聴いて、学校に入れたいと思うようになる。母親は学校に行けば、耳が聞こえるようになると勘違いしており、それに対してろう学校の先生は口話法によって話をすることができると諭す。この資料に登場するような、ろう者によるラジオ放送もまた口話法教育推進のために使われた。例えば一九二九年二月二〇日の『東京朝日新聞』の記事には、「「ア、リ、ガ、ト、ウ」昨夜愛宕山から放送したオシの児達が御褒美を頂いてかへる時」と題したラジオ放送の記事がある。それには「オシの子供達の可愛い放送」が行われたとある。そして「いづれも東京聾唖学校と市立聾学校の八歳から十四歳までの可愛盛りの子供達」が「日記の朗読、お話、対話、約十五分にわたる放送」があり、「聞きとり難い初歩のものもあつたがほとんど常人に近い巧なのもあつた」とある。

この記事で重要な点は記者（おそらく聴者）の感想として、ろう者の声は「聞きとり難い」ものもあり、「巧なのも」あったとあるが、「巧なのも」あくまで「ほとんど常人に近い」という評価でしかない点にある。『聾唖学校初等部各科指導の変遷』（一九四二年）では、「聾唖教育に口話法が取り入れられて以来、聾唖者に正常者の如き、否、正常者には及ばないまでも少なくとも正常者に近き、吾々が聞いて理解し得るやうな話を如何にしてさせるかには、幾多の研究と種々の方法とを以てあらゆる努力が払はれた」と豪語されている(40)。新聞に記された「常人に近い」という感想や、教育の期待される成果としての「正常者に近き」状態は、結局、口話法による教育は「正常者」への同化どころか、よくても漸近化にしかならなかったことをあらわしている。

関東大震災下に家中義雄が虐殺されないために必要だったことは「日本語」(「標準語」)を話すことであり、奇しくも関東大震災後のろう教育界のあり方はそれを追求したものだった。虐殺の加害者と、手話法を排除した当時のろう教育者の多くは、「常人」、「正常者」とされる聴者である。いずれも、音声言語としての「日本語」ができない人を「異常」とみなしていた。音声を言語の本質とする認識を改めない限り、このような言語による支配はなくならないだろう。[41]

川本らに適性教育で反対した高橋潔らの少数の手話擁護グループは孤立を余儀なくされ、戦後も盲聾教育の義務制が実現するなかで手話の排除はさらに進み、昭和二〇年代末には教室からほぼ駆逐されることになる。[42]

むすびにかえて

ろう者の虐殺について多数のろう者が虐殺されたという事実は資料上見出すことはできない。しかし、裁判になるような虐殺はなかったにしても、ろう者に対する暴行が多数あった可能性は否定できない。また、『日本聴力障害新聞』の記事にあるような「憲兵に呼びとめられ」た生徒が、「朝鮮人と間違えられて銃剣で刺し殺され」たケースも完全には否定できない。なぜなら、軍隊による朝鮮人虐殺は法廷では誰一人裁かれなかったからである。[43]ただ確かなのは、東京聾唖学校の卒業生である家中義雄は自警団に虐殺された。その家中の死は、むしろ各新聞に記述されるような、多数のろう者の虐殺を想像させたのではないだろうか。震災時における多数のろう者の虐殺が事実ではなくても、音声言語を理解し話すことが困難なろう者の多数は、死と隣合わせであることは事実だったからである。

音声言語による支配は、関東大震災前後から口話法教育が隆盛する教育界でも同様だった。家中義雄は、皇后の前でスピーチをしていることから、口話法教育全盛の時代に学生だったとしても優等生だったかもしれない。しかし、関東大震災時には虐殺された。口話法による読唇と発語は、聴者の社会の要求（それこそ音声言語による支配）に応えるには容易なことではないからだ。家中の死について口話法の推進者たちが検討してみたら、口話法における問題点も見出すことが可能だったかもしれないが、ろう者を「正常者」に近付けるための教育では「運悪く」殺されたと位置づけられてしまう。つまり、口話法教育の隆盛期における音声言語の支配は、家中の死を不可視にさせたと考えられる。

最後に、口話法教育推進の中心人物である川本宇之介の論理を同化政策だと批判することは容易であるが、彼が目指したのは聴者と、ろう者の「円満なる交際」だった。この「円満なる交際」の現代版はどのようなあり方が可能だろうか。東日本大震災に際し、地震や津波の緊急を伝えるサイレンの音や、避難所生活において灯油の配給に回る車のスピーカー音を把握できない人たちの生活の苦労について想像し、知ろうとした聴者はどれだけいただろうか。川本が批判した社会は聴者とろう者の隔絶した社会であるが、現代はそのような社会になっていないだろうか。聴者にとって近くにいるろう者が不可視である時、それは一つの音声言語による支配の社会だといえる。

注

（1）ただし、福田村事件は研究がある。同事件は一九二三年九月六日に現在の千葉県野田市三ツ堀の利根川で、被差別部落出身の日本人の行商が自警団に殺害された事件である。詳しくは千葉県福田村事件真相調査会編『福田村事件の真相』（二〇〇一年）、同二集（二〇〇二年）、同三集（二〇〇三年）を参照のこと。

（2）上野益雄「『聾唖界』『聾唖教育』『聾唖の光』」『障害者　教育　福祉　リハビリテーション　目次総覧　別巻　第一期六巻・別巻二』（大空社、一九九〇年）、四六頁。

（3）本章は、拙稿「関東大震災下に虐殺されたろう者――近代日本における音声言語のポリティクス」『東京社会福祉史研究』第六号、東京社会福祉史研究会、二〇一二年）、拙稿「関東大震災下に虐殺されたろう者とその後のろう教育」（『人民の歴史学』東京歴史科学研究会、二〇一二年）の各論文をもとに加除・修正したものである。
(4) 山本おさむ『わが指のオーケストラ③』（秋田書店、一九九二年）七〇～七四頁。
(5) 関東大震災七〇周年記念行事実行委員会編『この歴史永遠に忘れず』（日本経済評論社、一九九四年）一二頁。
(6) 前掲『わが指のオーケストラ③』［注4］六三頁。
(7) 日本聴力障害新聞編集部『日本聴力障害新聞〈縮刷版〉第三巻』全日本聾唖連盟出版局、一九七六年）。
(8) 警視庁『大正大震火災誌』（一九二五年）五～七頁。
(9) 小石川区の鎮火は、「第一篇本庁活動　第八章消防　第六節鎮火時刻ト焼失区域及ビ著名建設物　第一鎮火時刻」（同前、七五三、七五四頁）でも確認できる。
(10) 同右、七六三頁。
(11) 同右、七三四頁。
(12) 同右、七〇四頁。
(13) 同右、七〇六頁。
(14) 富阪警察署の報告は、前掲『大正大震火災誌』［注8］一〇七九、一〇八〇頁。
(15) 大塚警察署の報告は、同前、一〇八六、一〇八七頁。
(16) 東京聾唖学校には当時、石川という名の教諭は石川倉次と石川文平の二人がいた。「石川主席教師」は石川倉次のことだと思われる。
(17) 前掲『大正大震火災誌』［注8］五九三頁。
(18) 同前、一一四〇、一一四一頁。
(19) 姜徳相・琴秉洞編『現代史資料（六）』（みすず書房、一九六三年）三七一～四四九頁。当該事件が掲載される表の前に「第二罪名及被告人員表」、「第三被告人員表」があり、いずれも「十一月十五日現在」と記されている。よって、同資料は一九二三年一一月一五日までの起訴状況の調査書だと考えられる。
(20) 前掲『大正大震火災誌』［注8］一一三九、一一四〇頁。
(21) 東京聾唖学校『東京聾唖学校一覧　自大正三年四月　至同四年三月』（一九一五年）四八頁。
(22) 東京聾唖学校『東京聾唖学校一覧　自明治一三年　至大正九年一月』（一九二〇年）二六、二九頁。
(23) 東京聾唖学校『東京聾唖学校一覧　自大正九年四月　至一〇年三月』（一九二一年）五〇頁。

(24) 東京聾唖学校『東京聾唖学校一覧 自大正一一年四月 至同一二年三月』(一九二三年) 五〇頁。
(25) 東京聾唖学校『東京聾唖学校一覧 自大正一四年四月 同一五年三月』(一九二六年) 四六頁。
(26) 他の資料として一九一七年一〇月二〇日「皇后の宮 聾唖学校行啓」『読売新聞』がある。
(27) 東京聾唖学校同窓会誌『殿坂之友』(第二七号、一九二四年) 五頁。
(28) 梅根悟『世界教育史大系三三 障害児教育史』(講談社、一九七四年) 一四四頁。
(29) 中村満紀男・岡典子「日本の初期盲唖学校の類型化に関する基礎的検討——明治初期から一九二三(大正一二)年盲学校及聾唖学校令まで」『東日本国際大学福祉環境学部研究紀要』(第七巻第一号、二〇一一年三月) 二頁。
(30) 見田宗介・内田隆三・市野川容孝編『ライブラリ 相関社会科学 8 〈身体〉は何を語るのか——20世紀を考える(Ⅱ)』(新世社、二〇〇三年) 四五頁。
(31) 前掲『世界教育史大系三三』一四五頁。
(32) 同前、一四六頁。
(33) 東京聾唖学校編『聾唖学校初等部各科指導の変遷』(一九四二年) 五四頁。
(34) 本多創史「生誕する「聾者」——新たなその身体と精神の創出過程」(前掲『ライブラリ 相関社会科学 8』) [注30] 三六頁を参照。
(35) 清野茂「昭和初期手話——口話論争に関する研究」(『市立名寄短期大学紀要』第二九号、一九九七年) 五七頁。
(36) 以下の引用は、川本宇之介「聾者と其の教育」(『岩波講座 教育科学』第五冊、一九三二年)。
(37) 例えば、金澤貴之編『聾教育の脱構築』(明石書店、二〇〇一年)。
(38) 前掲『ライブラリ 相関社会科学 8』[注30] 四九頁。
(39) 財団法人聾教育振興会 (編集 川本宇之介)『編集復刻版 知的・身体障害者問題資料集成〔戦前編〕』(不二出版、二〇〇五年)。
(40) 前掲『聾唖学校初等部各科指導の変遷』一一六頁。
(41) 一九九五年の木村晴美と市田泰弘の「ろう文化宣言」では、「「ろう者とは、日本手話という、日本語とは異なる言語を話す、言語的少数者である」——これが、私たちの「ろう者」の定義である」とした(木村晴美・市田泰弘「ろう文化宣言 言語的少数者としてのろう者」現代思想編集部『ろう文化』青土社、二〇〇〇年) 八頁。同宣言の初出は、『現代思想』一九九五年三月号。その後『現代思想 臨時増刊号「ろう文化」』(一九九六年四月) に再録。同書は、臨時増刊号の装丁を変えて再刊されたもの。
(42) 前掲『市立名寄短期大学紀要』[注35] 第二九号、七一頁。

（43）　山田昭次『関東大震災時の朝鮮人虐殺とその後』（創史社、二〇一一年）九八頁。

第13章　関東大震災時の朝鮮人留学生の動向

裵姈美

はじめに

震災前年の一九二二年に東京に三千名近くいた朝鮮人留学生は、震災後に約五百名に減り、震災前の規模に戻るのに三年もかかった[1]。ほぼ毎年発行されていた在日本東京朝鮮留学生学友会（以下、学友会と略す）の機関誌『学之光』が、二三年三月に発行された第二四号の次号が二五年四月の第二五号になるなど[2]、規模の減少だけでなく留学生の活動全体が打撃を受けた。被災当事者である留学生は、朝鮮人虐殺を見聞きして朝鮮内外に伝え、震災後の対応においても中心的な役割を果たし、その他の在日朝鮮人団体とともにいち早く犠牲者調査など真相究明に乗り出した。このような点から本論文では、当時の朝鮮・朝鮮人にとっての関東大震災の意味を考える一つの材料として、関東大震災を直接経験した留学生の認識・対応を、朝鮮内の動向や朝鮮総督府（以下、総督府と略す）の対策とともに考えることとを課題とする[3]。

1　朝鮮における動向

朝鮮では九月三日の新聞報道をもって関東大震災のことが一斉に報道された。被害の実像や朝鮮人虐殺に関する情報はほとんど報じられない厳しい言論統制のなか、朝鮮人はどのように対応し、総督府はまたどのような対策を講じたのだろうか。

(1)　朝鮮人の対応

①ソウル

震災に対応して最も早く作られた朝鮮人の団体はソウルの「在京日本留学生会」だった。夏休みで帰省中だった留学生ら約三〇名が九月四日に発起し、六日に一〇〇名が天道教堂に集まり、常務委員と調査委員を選抜し、救済方針を立てたものである。調査委員の日本派遣旅費等に当てる「救済金」を募ると、即座に六六円二〇銭、後日納入申込として八三円五〇銭が集まった。六日から震災地への渡航が禁止されたために渡航取締の緩和を求めたが、当局に「弾劾運動」として警戒された(4)。

七日には「在東京留学生父兄会」が設けられた。四〇〇名もの人が開会を待っていたが、警察は留学生とその家族だけを列席させ、労働者の家族や傍聴者は退場させた。家族八四名と帰省中の留学生は、負傷者に対する手当てと食料支給、安全な地域への救出などの救済方針と留学生委員の派遣を決めた。また、救済金と旅費のために寄付を募ると、その場で九九円、後日納入申込金額は二〇四円に達した(5)。また同日、「在東京罹災朝鮮人臨時救済会」の発起会が開かれ、翌八日に正式に発足した。上述の「在京日本留学生会」と連携し、被災状況調査を計画したが、委員に東亜日報、朝鮮日報等の言論や学校関係者、留学生が多いことから、当局に「東京ニ於テ鮮人虐待セラレ尚苛酷ナル取締ヲ受ケ居ルニ対シ材料ヲ募集シ与論ヲ喚起シ当局ニ対抗ス可ク調査ニ藉口シ実情ヲ査察セシムルニ努メツ、アリテ将来特ニ注意ヲ要スル」と警戒された。[6]

②地方

地方においても同様の動きがあった。咸興では、留学生家族約四〇名が三日、東亜日報咸興支局で会合し、調査・救護委員の派遣を計画したが、許可されなかった。[7] 平壌でも留学生、家族などが平壌ＹＭＣＡに事務局を置いて「日本留学生会」を作ったが、やはり派遣は許されなかった。[8] とくに平壌は留学生数も多く、ソウルとともに最も当局に危険視されていた地域であり、震災が報じられた三日にはすでに「万が一を警戒するために騎馬巡査と私服警官が市内市外を回り、目と耳を尖らせ、……兵隊まで出動」するような状況であった。[9] ほかにも、開城、錦山、仁川、全州、晋州などでも組織が作られたが、派遣は全て果たせなかった。[10] 当然、ソウルからの派遣も許されるはずはなく、[11] 東京に派遣された朝鮮人は『東亜日報』の李相協一人だけであった。

(2)　総督府の対策

総督府はこのように朝鮮人の自主的な動きを封じるだけでなく、実態を知る者、つまり被災地から避難してくる朝鮮人の緘口と被災留学生の転校方針を打ち出した。

①緘口

斎藤実総督が九月一〇日から三〇日まで東京に滞在する間、朝鮮で対応にあたっていた有吉忠一政務総監は、九月七日に「同胞相愛の誠を尽せ」という通牒を出し、[12] 各地域における家族や帰省中の留学生の動きを警戒する一方、総督府が留学生の安否把握と保護に尽力していることを何度も強調した。また丸山鶴吉警務局長は、釜山に朝鮮人救護事務所を特設し、被災者の無料乗車を可能にすると発表した。東京からは、留学生は安全で労働者四五〇〇名も無事保護されているという総督府東京出張所からの電報と「一般学父兄は安心せよ」と伝えられた(13)。

総督府が内地への渡航を禁じ、留学生や家族に注意を払っていたことには、朝鮮人虐殺の実態が朝鮮に知られることを極度に恐れ、とくに青年学生の動向を警戒した背景があった。丸山警務局長は震災から一一年後の一九三四年、当時の対応について次のように書き記した。七日の夕方に釜山の警察署長から電話で被災地から帰ってくる朝鮮人にどう対応すべきかを聞かれ、警務局員を釜山に派遣し、収容所の急造と婦人団体による「優遇」を行わせた。朝鮮人、とくに「排日思想の濃厚な、元気な」留学生は「都会に入込んで、或は宣伝煽動」し、「混乱」を起こしかねないために都会に出ないようにし、無料乗車させて郷里に帰す際には、各管轄警察署に予め到着時間を知らせ、署長に出迎えまでさせた。帰宅後にも地元警察が各家庭を訪問し、留学生が都会に出たり震災に関する発言をしないように本人や家族に注意した。新聞報道や集会開催を厳重に取り締まっても「騒ぎの事情」を知って憤慨する者もいるため、「大衆を煽動」して「動乱」を起こしかねない各地方の「所謂志士的人物」は都会への移動を一切禁じ、都会に入った者は逮捕するよう各警察署長に命じた(14)。

要するに、総督府は、朝鮮人虐殺を朝鮮に知られないために、丸山警務局長の指揮の下、帰ってくる留学生を一人一人調査し、本人と家族に対し、無料乗車などの「慰撫」と取り調べや沈黙強要＝緘口、都会への移動禁止といった「脅迫」をもって、被災地で見聞したことを話さぬよう、あらゆる手を尽したのである(15)。このような方針の下、さっそく帰ってきた二人の留学生、李周盛と韓昇寅がその翌日に逮捕された(16)。韓昇寅の回想によると、二人は六日の朝にソウルに着き、東亜日報社とインタビューした内容をすぐに号外にしたが、朝鮮人虐殺に関する部分は全部削除されたため、集会を開いて実態を知らせようとＹＭＣＡ会館に向う途中、逮捕されたという(17)。

その後、留学生の帰還については、逐一、在学先・本籍地・氏名・船舶名が報じられた。被災地から朝鮮に逃げてくる朝鮮人はみな、収容されていた警察署や収容所、総督府東京出張所、下関水上警察署、連絡船内において「幾回ト知ラス取調」を受け、「帰鮮後鮮人殺害ノ事実ヲ話シテハナラヌ其ンナ事ヲ云フタラ即座ニ朝鮮ノ警察ニ引張ラレルゾ」と脅かされた後、ようやく釜山にたどり着く。[18] しかし、帰郷先でも地元警察による監視と統制は続いた。たとえば、平安南道安州では、安州警察署長が留学生の家族らを警察署に呼んで「茶菓会」を開き、震災の状況を説明し、当局が留学生を充分保護していると伝え、全羅北道錦山では、錦山警察署長と警部補が帰ってきた一三名の留学生の家を一々訪問し、無事帰郷を「慰労」した。[19]

②転学

船舶を利用して数百名規模の留学生が朝鮮に帰ってくる九月半ばから開校期と相まって留学生の転学問題が浮上した。すでに日本では文部省が被災地の学生の無条件編入方針を発表したが、総督府学務局の方針は定まっていなかった。[20] 実際、被災地の学校、とくに学生密集地域の神田などの地域の被害が大きく、当該地域への留学や復校が危ぶまれていた。[21] また震災を経験した留学生の中には、被災地に戻りたくないと、朝鮮の学校への転学を希望する者もいた。

留学生の転学について萩原彦三総督府学務課長は必要性を認めつつも、中学校や高等女学校への転学希望者が多いことについて、高等普通学校も教育内容に大差ないといい、高等普通学校への転学を暗に勧めた。朝鮮での中学校進学に失敗した者が日本の私立中等教育機関に留学するため、そのような留学生の転学を朝鮮の中学校が歓迎しないということが理由であった。[22] ともかく収容学級人員制限を一時撤廃して定めた学務局の転学方針[23]は、被災地の留学生には「震災地所在の中学校に在学する者にして朝鮮内の学校に転学を希望する者は事情の許す限り其の希望を容るゝに付九月末日迄に左記事項を具し日比谷衆議院通用門内朝鮮総督府出張員仮事務所に申込まるべし」という新聞広告を通じて伝えられ[24]、朝鮮では学務局か釜山の事務所を通じて申請するようになった。[25]

二回実施された申請を通じて、中学校九〇名、高等普通学校七六名、実業学校三三名、女学校四名、合わせて二〇三名が転学した(26)。また、想定外だった専門学校への転学も希望者がおり、京城法律専門学校六四名、京城医学専門学校一六名、延禧専門学校一四名、京城高等商業学校一〇名、普成専門学校六名、セブランス医学専門学校三名、水原高等蚕業学校三名、京城高等工業学校二名など(27)、一一八名が転学した。このように三二一名の留学生が関東大震災によって留学を中断して朝鮮の学校へ転学した。一九二三年九月一日から同年一一月一一日までの間、日本から朝鮮に帰ってきた朝鮮人三万一五六三名のうち、「震災地帰還者」が六五〇九名、そのうち留学生が一六四九名（労働者四六二三名、其の他二二八名(28)）だったことを考えると、約二割の留学生が転学したことになる(29)。

2　日本における朝鮮人留学生の動向

(1)　震災直後における留学生

震災当時、「東京付近在留朝鮮人ハ日本人ノ精神的ニ於テハ更ニ全部殺サレタルモノナレハナリ生存者ノ生命ハ只タ僥倖ニ過キサルノミ(30)」という状況下にいた留学生は、東京に設けられた朝鮮人収容所（以下、括弧内は管轄機構を示す）――習志野陸軍廠舎（陸軍）、目黒競馬場（警視庁）、督学部寄宿舎金剛洞（総督府の留学生監督機関の督学部）、青山明治神宮外苑（総督府東京出張所）、日本橋日鮮企業株式会社（在日朝鮮人親日団体の相愛会(31)）のほか、早稲田の長白寮、鶏林荘、各管轄警察署の拘置所、篤志家の邸宅内に収容されたケースも多かった。また横浜では鈴木商店所有の停泊中の船「香小丸」と川崎警察署に収容されていた(32)。これらの収容所、警察署、寄宿舎までの道のりとその後の経験は、個人によって全く異なるであろう。ただ以下に紹介する三人の事例から留学生がどのような状況に置かれていたのか、その実態に少しでも近づいてみたい。

震災当時、向島に下宿中だった申鴻湜は九月二日、偶然日本人学友に会って一緒に千葉方面の電車に乗ると、棍棒や鳶口をもった青年団、消防隊員が乗り込み、「そこの海岸に今朝鮮人が船で来襲して町に放火し、井戸に毒薬をまき、女子共を殺してゐる。此の車中にも朝鮮人がゐるから今から征伐する」と近づいてきた。幸いに学生服を着ており、日本語の発音がよく、日本人学友の助けもあって難を免れた。八街の知人宅に身を隠したが、「お宅に見知らぬ朝鮮人が来てゐるそうだが何者か」と騒がれたため、知人に迷惑がかかると思い、近くの警察署へ出向いた。しかし、署長に「朝鮮人引渡」を執拗に求める人々がいたため、警察は朝鮮人を「一個所にまとめて殺すのだから、といふようなわけで、生残り組の十二三名を珠数つなぎにし、武装警官の一隊によつて習志野へ護送」させた。習志野収容所では各地から集められた三千名のやつれ果てた朝鮮人と一緒だった。そこで聞いた話をまとめて文字にしたが、押収された。朝鮮からの視察団と外国人慰問団が来た際に東京へ戻ったが、東京の空気は未だ重苦しかった。留学を断念する仲間も増え、彼も朝鮮に帰った(33)。

日本大学留学生・東京朝鮮労働同盟幹部の金泰燁は東京朝鮮労働同盟の事務所にいるところ、管轄の淀橋警察署高等係主任と四、五名の刑事によって警察署に連れて行かれた。ある群れに「朝鮮人はみな我自衛隊《〔ママ〕》が一任して処理することになっている」と彼を引き渡すように要求されたが、刑事に「重大犯人」と言われて難を逃れた。淀橋警察署には三〇〇名の留学生、労働者が収容されており、朝鮮労働同盟幹部や日本人社会主義者らもいた。彼と幹部らは留置場に移され、高等係の悪名高い朝鮮人刑事に取調と拷問を受けた。六三日後、黒友会の朴興坤と堺利彦の秘書の藤岡淳吉と一緒に最後に出たが、アナーキストの金鐵が殺されたと聞いた(34)。

東京で留学中だった呉林は、神田の下宿から逃げ、「収容余裕地」を探し回り、電信柱の広告をみて富士見小学校に行った。火事注意の説明中に、放火は全部朝鮮人の仕業であるが、このようなことが起きたらどう対処するかと聞かれた校長が「任意に処置する」と答えると、群衆は「朝鮮人を皆殴り殺そう」と叫んだ。身の危険を感じ、次の余裕地であった「酒井伯爵家」へ向って歩いていた時、急に放火犯だと名指しされて殴られ、すでに留学生、労働者約二〇名が収容されていた神田警察署に連れて行かれた。その後半蔵門小学校へ移動させられ、留学生二〇名、労働者四〇名とともに収容された。内鮮係長らしき者に、大学や専門学校の学生は「早期放還」するから通訳をするようにと命令され、彼がその任についた。先に「説諭」、「放還」された督学部寄宿舎生らに交えて彼もそこを出て督学部寄宿舎にしばらくいてから九日、上海に渡った(35)。

数少ない記録から特徴を捉えることは慎まなければならないが、被災地の朝鮮人は誰もが「朝鮮人殺し」を叫ぶ日本人群衆に襲撃されるかもしれないという生命の危機を感じる経験をしたことはいえよう。虐殺犠牲者の正確な人数は未だ把握されていないなか、留学生の被害状況も当然確認できない。

(2) 一九二三年の「罹災朝鮮同胞慰問班」と追悼会

九月末から渡航が可能になり、日本の留学先へ戻る留学生が増えていった。「内地官憲ノ希望ニ基キ」絶対に禁止されていた朝鮮人の内地への渡航が、九月末、三〇〇～四〇〇名の留学生の渡航を皮切りに再開された(36)。しかし当分は「公務留学生商取引其ノ他已ムヲ得サル事情アル者ニ限リ証明書ヲ交付シ渡航ヲ容認シ労働者其ノ他一般ニ対シテハ依然阻止ノ方針」となった。その後、渡航者は徐々に増え、一〇月一か月の間、六〇二名の朝鮮人――留学生二二二名（東京一七八名）、労働者一九六名、その他一八四名――が朝鮮から日本へ渡った(37)。

また収容所や警察署にいた留学生も出てくるにつれ、朝鮮人虐殺の実態を調べる動きが始まった。留学生たちが真っ先に取り組んだのは、前年度の中津川朝鮮人労働者虐殺事件の際と同様(38)、真相究明のための実地調査を行う組織作りであった。設立認可のために虐殺という表現を避け、「会」より格下の「班」にするなど慎重を期し、組織名は「罹災朝鮮同胞慰問班」（以下、慰問班を略す）にした。「慰問班」は天道教関係者と留学生らが虐殺の実態を調査しながら遺族を訪れて朝鮮との通信を手伝ったり救護物資を配るなどの活動を行ったが(39)、日本人が朝鮮人には虐殺の実態を話してくれないと思い、日本語も流暢で顔も日本人に似ている人を調査委員に選んだ。「遺家族を訪問し、傍ら惨殺された死体や、あちこち散らばつてゐる骸骨や或は墓――墓などゝは云ふものゝ、多勢の死体を一緒にして死体丸出しのまゝ埋めてあるのが幾つもあった——など詣で乍らいろんなところを見聞[40]」する一か月間の調査活動だった。

この調査報告を受け、一二月二八日に「慰問班」は追悼会を開いた。「慰問班」を中心に、学友会、女子青年会、大東公論社、東京朝鮮労働同盟会、女子興学会、螢雪会、北星会、在日本朝鮮無産青年会、朝鮮労働者状況調査会、YMCA、天道教青年会、仏教青年会、女子青年会、文化新聞社、前進社、労友社、大阪朝鮮労働同盟会など、相愛会のような親日団体を除く一七個の東京の朝鮮人留学生・宗教・思想・運動・労働者団体すべての共同主催によるものだった。千余名が参加した報告・追悼会は、被虐殺朝鮮人数は二六一一名、朝鮮人犯罪や暴行については「全然ナシ」、流言蜚語については「日本人民心ノ動揺ヲ防止シ鮮日無産階級ノ分離ヲ図ル為」に作ったのも拡散したのも日本政府当局だと、説明がなされた後、追悼歌合唱、追悼文朗読、朝鮮からの弔電朗読が続いた。また、その場には布施辰治、木村盛（日本労働総同盟会）、上野一雄（労働運動社）など日本人も参加していた。参加者一同は今後の調査は学友会に一任することを決めて閉会した[41]。

3　一九二四年以降における追悼会

毎年のように行われた追悼会については山田昭次「戦前における在日朝鮮人による関東大震災時被虐殺朝鮮人追悼・抗議運動年表」（『在日朝鮮人史研究』第四〇号、二〇一〇年一〇月）に詳しいため、詳細は割愛するが、時期別特徴のみ記しておく。

一九二四年九月、多くの留学生が「昨年の二の舞を怖れて」夏休みに朝鮮に帰ってしまったため、一日ではなく一三日開催となった。前年と同様、学友会を中心にほとんどの朝鮮人思想・宗教・学生団体が共同主催したこの追悼会には千名が集まった[42]。二五年と二六年度は、思想・労働運動系と宗教系団体がそれぞれ別途の追悼会を開いた[43]。留学生を含む在日朝鮮人の共産主義、アナーキズム運動が盛んになるつれ、思想と宗教の対立・葛藤が深まり、このような一種の「分裂」が生じ始めたためと思われる(44)。一九二七年には、二五、二六年度とは違い、在東京朝鮮人団体協議会（二月）と新幹会東京支会（五月）の創立によって、再び朝鮮人団体がほぼ網羅された形で追悼会が行われた(45)。しかし二八年以降は取締の強化によって集いを持つことが難しくなり、檄文・追悼文の作成、頒布、郵送などへと運動の形式が変わった。さらに三〇年にはほとんどの朝鮮人団体が解消するにつれ、震災の追悼会とともに留学生のみならず在日朝鮮人運動全体の軸を成していた三・一運動記念日にも表立った運動は見られなくなった。

おわりに

関東大震災時に虐殺された朝鮮人のための追悼は、一九二〇年代全体を通じて、三・一運動記念集会とともに毎年行われた、在日朝鮮人の代表的な運動でもあり、結節点でもあった。二五年からは「分裂」の様子も見せるが、生き残った者も、震災後に来た者も、朝鮮人虐殺を忘れてはいけないということ、同じ朝鮮人として犠牲者を追悼する意味と気持ちにおいては差がなかったであろう。朝鮮においても震災の衝撃は大きかったであろうが、とくに被災地の留学生や労働者など在日朝鮮人は、震災当時も以降もその記憶は消えず、毎年九月には追悼会を行っていった。

崔承萬は自伝『나의〔私の〕回顧録』に関東大震災について約五〇頁にわたって自分の経験と調査資料を書き記した。自分が東京にいたときは毎年九月に留学生とともに追悼会を行ったが、一九三四年に朝鮮に帰ってみると、九月になってもどの新聞や団体も虐殺のことを取り上げないことに驚いたという。八・一五後、韓国政府が一度も日本に対して虐殺に対する賠償請求をしなかったことも悔しいと記したその文章は「おびただしい亡霊たちの、悔しく惨酷に殺された怨恨がいつになったら報われるのか」という表現で括られている（一六三頁）。

震災から九〇年、その「怨恨」と悲しみは癒えたのだろうか。今、私たちにできることは関東大震災時の朝鮮人虐殺のことを終わっていない歴史として記憶にとどめ、記録し、研究し、同じような「自然災害」が起きても同じような「虐殺」は繰り返されないように努力していくことではないかと考える。

注

(1) 留学生の規模の推移については、拙稿「一九二〇年代における在日朝鮮人留学生の統計分析」(『日韓相互認識』第三号、二〇一〇年三月)を参照されたい。

(2) 「学之光」『朝鮮日報』一九二三年三月五日付、「学之光再発行」『東亜日報』一九二五年五月九日付。

(3) 関東大震災に対する朝鮮人の認識・対応については近年研究が蓄積されつつある。丸本健次は「関東大震災に対する植民地朝鮮での反応」(『アジア民衆史研究』第一〇集、二〇〇五年五月)で総督府・在朝日本民衆・朝鮮民衆という三つの主体に分けて朝鮮での反応を論じ、洪善杓は「関東大震災に対する欧米在住韓人の対応」でドイツと北米・ハワイ在住の朝鮮人の動向を、李明花は「関東大震災と韓国独立運動」で震災が朝鮮人の独立運動(主に中国とロシア)にどのような影響を与えたかについて論じた(洪・李論文ともに『コリア研究』第五号、二〇一四年三月)。また総督府の対策・政策については、盧珠璁「関東大震災朝鮮人虐殺と日本の在日朝鮮人政策――日本政府と朝鮮総督府の『震災処理』過程」(『在日朝鮮人史研究』第三七号、二〇〇七年一〇月)が挙げられる。これらの先行研究から学びつつ、本論文は留学生に焦点を当てて論じることを記しておく。

(4) 「臨時在京日本留学生会ノ件」一九二三年九月七日(京鍾警高秘第一〇四二一号、京城鍾路警察署長→京城地方法院検事正『関東震災に対する情報』韓国・国史編纂委員会データーベースより)、「震災事変ト鮮内一般の状況(第二報)」一九二三年九月一〇日(朝憲警秘第五九二号、朝鮮憲兵隊司令部→陸軍次官、海軍次官、憲兵司令官、朝鮮軍司令官、朝鮮両師団長、鎮海要港部司令官、関東軍司令官、関東憲兵隊長、朝鮮各憲兵隊長、同上)。

(5) 「在東京留学生父兄会ノ件」一九二三年九月七日(京鍾警高秘第一〇四五二号、京城鍾路警察署長→京城地方法院検事正、同上)。

(6) 「在東京罹災朝鮮人臨時救済会発起会ノ件」一九二三年九月八日(京鍾警高秘第一〇四七一号、京城鍾路警察署長→京城地方法院検事正、同上)。

(7) 「咸興留学生救済会」『東亜日報』一九二三年九月八日付。

(8) 「日本留学生会」『東亜日報』一九二三年九月八日付、「留学生調査会活動と依頼」『東亜日報』一九二三年九月一二日付。

(9) 「平壌警察警戒」『東亜日報』一九二三年九月六日付。

(10) 「調査員派遣」(錦山)、「親族会組織」(仁川)、「救済金募集決議」(全州)『東亜日報』一九二三年九月一二日付、「在日晋州学生調査派員決議」『東亜日報』一九二三年九月一九日付、「関東地方震災に関する件第二報　罹災留学生の救済策」一九二三年九月七日（開城、開高秘第四一五七号、開城警察署長→京城地方法院検事正、前掲『関東震災に対する情報』［注4］）。

（11）「在東京留学生父兄会ノ件」一九二三年九月一三日（京鍾警高秘第一〇四二五号、京城鍾路警察署長→京城地方法院検事正、同上）。

（12）「同胞相愛の誠を尽せ」『毎日申報』一九二三年九月七日付。

（13）「戒厳司令の警告」『朝鮮日報』一九二三年九月一〇日付、「留学生は極力保護」『毎日申報』一九二三年九月一一日付、「留学生は大部分安全　労働者四千五百も保護」『毎日申報』一九二三年九月一二日付。

（14）丸山鶴吉「関東大震災当時の朝鮮」『五十年ところどころ』講談社、一九三四年（琴秉洞編・解説『朝鮮人虐殺に関する植民地朝鮮の反応』関東大震災朝鮮人虐殺問題関係史料Ⅳ、緑蔭書房、一九九六年所収、九五、九六頁）。

（15）九月一三日から無料乗車・乗船が労働者には適用されなくなった（「無賃乗車労働者には一三日から廃止」、「避難地以外の旅客は無賃乗車を不許」『東亜日報』一九二三年九月一四日付）。兵庫、大阪の警察は、管内朝鮮人労働者の帰国を督励してきたが、その数の激増など諸事情により、一二日から労働者は無料乗車と無料乗船できないという。諸事情とは虐殺の実態が朝鮮に伝わっては困るということを意味するであろう。

（16）「帝都大惨禍の真相」『京城日報』一九二三年九月六日付、「東京から帰つた鮮人学生不穏な事を喋口つて検束さる」『京城日報』一九二三年九月七日付。二人の六日の逮捕と丸山のいう七日は合わないが、単なる丸山の記憶違いか、具体的な方針を立てる七日以前にも同様に取り締まっていたことと考えられる。

（17）이진희《イジンヒ》「관동대지진을　추도함：일본　제국의　〝불령선인〟（不逞鮮人）과　추도의　정치학（関東大地震を追悼する——日本帝国の不逞鮮人と追悼の政治学）」『亜細亜研究』第一三一号、二〇〇八年三月、六三〜六五頁。

（18）在釜山事務官洪承均「斎藤朝鮮総督送付避難民及地方民ノ感想報告」一九二三年一〇月三〇日（松尾章一・大竹米子・平形千恵子監修・編集『関東大震災政府陸海軍関係史料　第一巻　政府・戒厳令関係史料』日本経済評論社、一九九七年所収、二四九頁）。

（19）「留学生の家族慰問」（安州）、「帰国学生を訪問」（錦山）『朝鮮日報』一九二三年九月一七日付。

（20）「災害地学生取扱方針」『朝鮮日報』一九二三年九月一五日付。文部省は「洋亥第二〇七号」（一九二三年九月二七日）をもって「非常ノ場合」と認め、震災によって復学が難しい学校の学生・生徒に対して、条件付の転入学を許容していた。条件とは、転入学の期間は一九二五年三月三一日まで、現在同種の学科目に付き、文部省令第二五号第二条（一八九五年四月五日）によって許可を受けている学校に在学する者に限定、転入学者の氏名・履修概要・許可年月日を具えて毎月末取り纏めて文部省へ報告することであった（文部大臣官房文書課『文部省例規類纂』第三巻、大空社、一九八七年復刻、一一三七頁）。

(21)「東京留学は一時停止せよ　麗澤会の注意警告文発表」『毎日申報』一九二三年九月二〇日付。

(22)「震災地留学生転学に対して」『朝鮮日報』一九二三年九月二一日付。

(23)「震災地学生収容学級人員制限一時撤廃　長野学務局長談」『毎日申報』一九二三年九月二九日付。

(24)「○朝鮮人学生諸子に告ぐ」『読売新聞』一九二三年九月二五日付。

(25)「転学希望者は学務局へ」『東亜日報』一九二三年九月二八日付。

(26)「転学申請累計」『東亜日報』一九二三年一〇月七日付、「留学生転学配分」『東亜日報』一九二三年一〇月一一日付、「二回転学校別」『東亜日報』一九二三年一一月八日付。

(27)「震災地留学生朝鮮内専門校転学志望状況」『朝鮮日報』一九二三年一一月二二日付。

(28)朝鮮総督府警務局「関東地方震災ノ朝鮮ニ及ホシタル状況」一九二三年一二月（前掲、琴秉洞編・解説［注14］三六頁）。

(29)震災後、留学先を中国に変えるケースも多く、中国に留学する朝鮮人学生は、震災時における朝鮮人、中国人民衆虐殺の悲劇を想起しながら、中朝連合の共同闘争を決意し、抗日共同戦線の構築に加わっていったという（前掲、李明花論文［注3］、一一二頁）。

(30)朝鮮に逃げてきたある留学生の言葉（前掲「斎藤朝鮮総督送付避難民及地方民ノ感想報告」［注18］二四九頁）。

(31)収容所に関する詳細は前掲、盧珠璁論文［注3］を参照されたい。

(32)「東京在留同胞の現況」『朝鮮日報』一九二三年九月二〇日付。留学生安否調査のため東京に派遣されていた高橋視学官の報告によると、督学部寄宿舎と長白寮に一四〇名、横浜の「香小丸」に七〇〇名、川崎警察署に三〇〇名の留学生が収容されていたという。

(33)申鴻湜「歴史に汚点残すな！　この惨虐」金秉稷編『関東震災白色テロルの真相』一九四七年（前掲、琴秉洞編・解説［注14］三〇二〜三〇五頁）。

(34)金泰燁『투쟁과 증언（闘争と証言）』풀빛《プルビッ》、一九八一年、一〇一〜一〇九頁。

(35)呉林「日本震災と余の辛苦」『独立新聞』一九二三年一〇月一三日付。

(36)「光済丸回航便で学生二四百名を送るつもり」『東亜日報』一九二三年九月三〇日付。

(37)朝鮮総督府警務局「関東地方震災ノ朝鮮ニ及ホシタル状況」一九二三年一二月（前掲、琴秉洞編・解説［注14］六一頁）。

(38)一九二二年、新潟県中津川に建設中であった水力発電所の工事現場で働いていた朝鮮人労働者約六〇〇名が、厳しい監視と民族差別の下で苛酷な重労働に従事させられ、少なくとも一二名が虐殺された事件である。東京の留学生や朝鮮人労働者関連団体が朝鮮内の有志とともに敏捷に対応し、実地に赴いて真相を調査し、その結果を公表する場をもって抗議した。このような運動のやり方は翌年の震災時に起こった二度目の朝鮮人虐殺の際における朝鮮人の対応に受け継がれた。詳細については拙稿「一九二二年、中津川朝鮮人労働者虐殺事件」（『在日朝鮮人史研究』第四〇号、二〇一〇年一〇月）を参照されたい。

(39) 「朝鮮同志で罹災者慰問」『読売新聞』一九二三年一〇月三日付。

(40) 李鐵「語り尽せぬ当時の惨状」前掲、金秉稷編〔注33〕（前掲、琴秉洞編・解説〔注14〕三〇一頁）。

(41) 「虐殺鮮人の追悼会」『読売新聞』一九二三年一一月二二日付、「惨死同胞の追悼会」『東亜日報』一九二三年一二月二八日付、「暗涙に鳴咽する被殺同胞追悼会」、「罹災朝鮮人慰問班の報告会」『東亜日報』一九二四年一月六日付など。

(42) 「三百以上ある震災記念会……昨年の二の舞を怖れて鮮人留学生帰国す」『読売新聞』一九二四年八月二七日付、「東京留学生震災記念会合」『東亜日報』一九二四年九月二日付、「六十警官包囲中惨死同胞追悼会解散」『東亜日報』一九二四年九月一五日付など。

(43) 「大震災二週記念日に悲痛な惨死者追悼」『朝鮮日報』一九二五年九月六日付、「レイの中止、中止で……」『読売新聞』一九二五年九月二一日付、「惨死同胞追悼会検束者一〇余名」『東亜日報』一九二五年九月二五日付、警保局保安課「大正十五年度中ニ於ケル在留朝鮮人ノ状況」一九二六年一二月（朴慶植編『在日朝鮮人関係資料集成』第一巻、三一書房、一九七五年所収）など。

(44) 朝鮮共産党の党規約にある「闘争スローガン」には「基督教を打倒せよ」という反キリスト教・反宗教闘争が含まれていた。実際一九二六年一〇月、YMCA・学友会主催の秋期陸上大運動会に朝鮮無産青年同盟と一月会のメンバーが「宗教撲滅、青年会撲滅、民衆の阿片基督教退治」と書いたビラを撒いた（全明赫『一九二〇 년대 한국사회주의운동연구——서울파사회주의그룹의 노선과 활동〔一九二〇年代韓国社会主義運動研究——ソウル派社会主義グループの路線と活動〕』선인《ソニン》、二〇〇六年、二一九、二二〇頁、조 형 열《チョヒョンヨル》「〈조선공산당선언〉、일제하 조선공산당의 운동 노선과 민족통일전선〔〈朝鮮共産党宣言〉日帝下朝鮮共産党の運動路線と民族統一戦線〕」〔『내일을 여는 역사〔明日を開く歴史〕』第二七号、二〇〇七年三月、二七〇頁〕、崔承萬『나의〔私の〕回顧録』仁荷大学校出版部、一九八五年、一八八、一八九頁、柳東植『在日本韓国基督教青年会史一九〇六—一九九〇』在日本韓国基督教青年会、一九九〇年、二〇二、二〇三頁）。

(45) 「震災同胞追悼」『東亜日報』一九二七年一〇月二日付。

第14章　共同の夢――アナーキズムと震災

飛矢﨑雅也

はじめに

アナーキズムと地震には深い繋がりがある。日本におけるアナーキズムの始祖である幸徳秋水がアナーキズムに目覚めたのは、地震によってであった。幸徳の思想的転機が一九〇五年の政府の弾圧による入獄経験とそれに続く米国への亡命であったことは知られている。その彼が滞米中に際会したのが、一九〇六年四月のサンフランシスコ大地震だった。マグニチュード七・八の地震とそれに続く火事の結果、サンフランシスコ全市は灰燼に帰し、凡そ三〇〇〇人の人命が失われ、全人口四五万人中、二〇万人が家を失い、その損失額は五億ドルに上ったと推定されている。この大災害を現地で体験した幸徳は、その報告を日本の同志に次のように印象深く綴っている。

予は桑港《サンフランシスコ》今回の大変災に就て有益なる実験を得た、夫れは外でもない、去る十八日以来、桑港全市は全く無政府的共産制（Anarchist Communism）の状態に在る。商業は総て閉止、郵便、鉄道、汽船（附近への）総て無賃、食料は毎日救助委員より頒与する、食料の運搬や、病人負傷者の収容介抱や、焼跡の片付や、避難所の造営や、総て壮丁が義務的に働く、買ふと云つても商品が無いので金銭は全く無用の物となつた、財産私有は全く消滅した、〔中略〕併し此理想の天地も向ふ数週間しか続かないで、又元の資本私有制度に返るのだ、惜しいものだ（「無政府共産制の実現」［桑港四月二十四日］『光』第一巻一三号、一九〇六年）。

巨大な自然災害や社会的激変に襲われた時、他者を思いやり、互いに助け合うコミュニティが突然、出現する。その団結と相互扶助と利他主義は人びとにとって温かく貴重な思い出となり、そのパラダイスに近い体験は社会の新たな可能性を示す。当時幸徳はクロポトキンを中心とする無政府主義への理論的関心を深めつつあったが、サンフランシスコ大地震は新しい日本社会の原理をイメージするための重要なインスピレーションを彼に与えた。そこで彼が発見したのは、資本主義社会秩序の瓦解によって現れた、相互扶助という別種の社会原理の存在だった。

同じように、関東大震災後に筆を執った多くの言論人が強調したのは、被災者たちが見せた人情や相互扶助の美しさだった。安部磯雄は、金持と貧乏人、資本家と労働者、地主と小作人を反目・対立させていた「貧富の懸隔」が震災によって取り除かれ、「温い同情」が生まれ始めたことを指摘している（「学び得たる教訓五つ」『新青年』一一月号、一九二三年）。

しかし一方で、「重荷に小付か、錦上の花か、とにかく後世、大正の大地震には、亀戸九月の生焼祭りと、鮮人塚及び宗一地蔵の縁起が付物であろう」（山崎今朝弥『地震・憲兵・火事・巡査』岩波書店、一九八二年）といわれたように、関東大震災は血腥い事件によっても後世に記憶されることとなった。

この血腥い諸事件の犠牲者の中には、幸徳からアナーキズムのバトンを引き継いだ大杉栄も含まれていた。そして周知のように、彼の死後、日本においてアナーキズムは急速に衰退していく。以上を考える時、日本のアナーキズムは地震によって姿を現し、地震によって姿を隠したといっても過言ではない。地震とアナーキズムの因縁は深いのである。

図らずも地震によって現れた人間社会のこの両面——共感を交わし合う人びとが、同時に流言に惑わされ、朝鮮人や社会主義者、無政府主義者の殺害に走ってしまうこと――はアナーキズムから考えても重要な論点を提供するように思われる。

その際、人間の醜さを観察する論と人情や相互扶助を強調する論、両者が描き出す人間本性のどちらが正鵠を得ているか、という問いは余り意味がないだろう。そういった図式からは、例えば作家の武川重太郎が明かしたような、震災後三日間の「自己を守ることに盲目的に急だつた排他的な感情と、無意識裡にも他人を救はねばならないやうに差し迫られた没我的な感情」(「将来の正道的文学」『文藝春秋』一一月号、一九二三年)との鬩《せめ》ぎ合いは抜け落ちるからである。

大震災下の種々の虐殺事件を「大天災の為めに顛倒した軍憲と狼狽した警察と逆上した自警団」による「三ツ巴の乱舞」と表現したのは内田魯庵だが、これまでの研究は確かに軍隊が直接の下手人となり、警察が流言蜚語の発信源になったことを明らかにしてきた。その御陰でわれわれは今日、辛うじて事件について知ることができる。そこでは主として虐殺が権力犯罪であることが証明され、権力は民衆を具体的命令関係やイデオロギーで操作したものと見なされている。民衆を官製デマに操られる主体性のない愚昧な存在と見なすなら、彼らも「被害者」だったと捉えるのは正しい。しかしそれらの研究の画期的意義は認めるにしても、なお民衆は本当にそのような惨めな存在だったのだろうか、という疑問は残る。種々の事件から報告されるような残虐性に民衆が至るには、それなりの飛躍が必要だと考えられるからである。そこには内側から沸き上がってくる強烈なエネルギーと論理がなければ飛び越えられない一線があるのではないだろうか。

本章は先行研究の功績を認めつつも、それらに共通する「権力が民衆を操作し狂わせていた」という前提を一度括弧で括り、朝鮮人虐殺事件を大杉の思想を手がかりに評価することによって、問題の新たな側面を浮かび上がらせたい。それはこれまでの研究が残してきた政治権力と民衆との複雑な関係について考えてみることであり、アナーキズムの射程を測ることでもある。議論の対象としては、事件の全体を視野に入れつつも、特に埼玉県児玉郡本庄町の事件に論及する。それはアナーキズムの見地から興味深い論点をこの事件が提示すると考えるからである。

1 流言の発生・流布と本庄の朝鮮人虐殺事件

一九二三年九月一日一一時五八分四四秒、東京南方約一〇〇キロメートルの相模湾を震源地とする大地震が関東一円を襲った。マグニチュード七・九。罹災者は東京、神奈川、千葉、埼玉、静岡、山梨、茨城の一府六県、三四〇万四八九六人に及び、被害は過去の同震度の地震を遙かに上回る空前の規模だった。それは東京市、横浜市という大都市に甚大な被害を与えたために他ならないが、地震直後やその後の復興過程でも混乱が起こり、傷口を一層広げた。

その一つに流言があったが、最も大規模かつ数多の惨劇を引き起こしたのは、朝鮮人襲撃の流言である。警視庁管内各所の報告によると、王子警察署の記録「九月一日午後四時、突如として、鮮人放火の流言管内に起り」を初めに、東京神田、王子、巣鴨署その他、神奈川県下各警察署では、横浜、平塚署管内で散発的に見られる。だが流言内容が「朝鮮人暴行」（東京）、「集団の来襲」（横浜）と抽象的な点、何れも火災被害の少ない地域で見られている点を考慮すれば、流言は生命・財産を守りえたもののなお続く火災の恐怖に脅える人びとから自然発生的に出たものといえよう。

しかし、朝鮮人の暴行・来襲の流言が急速に広く伝播した一番の原因には、軍隊と警察の介入が挙げられる。軍・警察は流言を適切に処理せず、逆に拡大した。さらに全国で二万三七一五名に及ぶ朝鮮人を無差別に保護・検束し、警察署や捕虜収容所に送り込んだ。このことが人びとに朝鮮人の暴行を信じ込ませる決定的要因となった。この時連行された朝鮮人は酷い暴行を受け、多数が虐殺されている。後で見る本庄の事件もこの中で起こっている。

軍・警察がかかる行為に出た背景には、当時の日本政府の朝鮮政策がある。四年前の三・一独立運動が起こって以来、当局は「内鮮係」等を設けて在日朝鮮人に対する警戒を一層強めていた。時の内務大臣水野錬太郎と警視総監赤池濃は共に三・一運動の弾圧者で、朝鮮へ赴いた際には爆弾の洗礼を受けていた。彼らは朝鮮人の動向に過敏で、震災直後の二日には戒厳令まで布くが、こうした朝鮮人に対する高圧の姿勢と恐怖が軍・警察全体に漲っていたのである。

だが、こうして助長された流言が民衆による虐殺を誘発したということは、それを真に受ける心理的な土壌が日本人の中にあったということも意味している。何かあった際には朝鮮人に襲われるのではないか、という恐れを日常的に抱いていたのである。例えば当時の本庄町民・塩原宇吉はこの恐怖について次のように回想している。

当時〝内鮮一体〟などと言われていた時代で、立前としては日本人と朝鮮人は同胞でしたが、実際には決して和解し合えない怨敵どうし、今は自分達が押さえつけてはいるが、一度立場が逆転したら必ず仕返しされる間柄という考え方が、誰しも心の中に潜んでいました（北沢文武『大正の朝鮮人虐殺事件』鳩の森書房、一九八〇年）。

官憲も民衆も、日本人は襲われるかもしれないと思う程、朝鮮人から恨まれていると確信していた。そしてこの恐怖を官憲側は一般民衆より強く感じていただろう。船橋海軍無線電信送信所から発信された内務省警保局長の各地方長官宛電報などその証例である。そして各町村はこの「権威ある通達」内容を管下の住民に徹底していった。次の埼玉県通達文はその一例である。

東京に於ける震災に乗じ暴行を為したる不逞鮮人多数が川口方面より或は本県に入り来るやも知れず、（中略）此際警察力微弱であるから町村当局者は在郷軍人分会、消防手、青年団員等と一致協力して其警戒に任じ一朝有事の場合には速かに適当の方策を講ずるやう至急相当手配相成度き旨其筋の来牒により此段移牒に及び候也（姜徳相・琴秉洞編『現代史資料(6)関東大震災と朝鮮人』みすず書房、一九六三年）。

この通達文が与って数多の虐殺が生じ、本庄の事件もその一つだった。

本庄町では地震直後から本庄駅にやってくる避難民に救援活動を行っていた。町内の工場では職工たちが仕事を止めて握り飯を作り、青年団員も寄付集めや梨の買い付けに走って避難民に配って歩き、全町挙げて救援体制に入っていた。

ところが避難民がもたらす流言や、「不逞鮮人」の放火を伝える埼玉県内務部長の通牒などが徐々に広まり、自警団が結成され、埼玉県内でも暴行事件や朝鮮人の収容が相次ぐようになる。この事態を受け、埼玉県警察部は収容した朝鮮人を県外に移送することにした。四日、本庄警察署からも朝鮮人を乗せたトラックが出発したが、群馬側から受け入れを拒まれ、引き返す途中、神保原で村の自警団に襲われ、四二人の朝鮮人が死亡。漸く難を逃れたトラック一台と、神保原村での出来事を知り引き返したらしい何台かのトラックが本庄署に辿り着いた時、事件は起こった。朝鮮人が戻ってきたと知った群集が本庄署に集まり、トラック上の朝鮮人めがけ日本刀、鳶口、棍棒等で襲いかかったのである。激昂した群集は演武場に収容されていた朝鮮人をも襲い、さらに朝鮮人労働者が働く富士紡績などを襲撃した。当時の新聞報道や証言によると、殺された朝鮮人は警察署内だけで八六名に上る。現場にいた元本庄署巡査新井賢次郎の証言によれば、子供たちを並べ親の見る前で首をはね、その後で親を磔にする、生きた朝鮮人の腕を鋸挽きするなどの残虐な殺し方だったという。

事件はこれで終らず、群集は翌々日「署長を殴り殺せ」と大呼して本庄署に乱入し、署内を破壊して焼き払わんとした。すでに休職の命が下りていた村磯署長は逃亡、たまたま本庄駅に停車中の列車に乗っていた金沢連隊の一部隊が現地に急行し、事態は漸く沈静化した。

2　国家の容量の拡大

これまでのところ、事件は官製デマによって混乱に陥った民衆が暴徒と化し、その巨大なエネルギーが統制不可能となり、やがて鉾先が日頃から怨んでいた警察に向かったという見方が主流である（吉村昭『関東大震災』文藝春秋、一九七三年）。ここで事件にかかわる当時の権力と民衆の関係について考えてみる必要があるだろう。

まず注意したいのは、虐殺の当事者となった自警団が内務部長の通牒によって結成されていることである。その核となったのは、「在郷軍人分会、消防手、青年団」といった既成の組織だった。

青年団は江戸時代の村に成立した若者仲間を前史とする。それが明治に入って青年会へと変わっていく。まずキリスト教布教活動として各地に青年会が生まれてこの呼称が定着し、次に自由民権運動の高揚に応じて民権結社として若者仲間にも強い影響力をもったためである。ただしこの時期の青年会は主に自主的な組織だった。それが性格を変えていったのが、日露戦争後のいわゆる戦後経営においてである。内務省は一九〇五年、『田舎青年』を書き、若者仲間の改善を主張していた山本滝之助に青年団体に関する調査を依頼し、文部省と共に青年団体の指導育成に乗り出した。山本は同年一一月の日記の冒頭に、「要するに地方青年団体の指導は、所謂戦後経営の一条件なり」と大書している。そして一九一五年に至って内務・文部両大臣から青年団に対する訓令が出され、青年団の名称が一般化した。この訓令は青年団を在郷軍人会の下部機構としようとする田中義一の少年義勇軍論の影響を受けていたことで知られるが、同時に、組織、設置区域、指導者・援助者、維持についての基準を定めた。年齢は二〇歳まで、設置区域は原則として市町村、指導者・援助者は小学校長または市町村長その他名望家とし、官吏、学校教員、警察官、在郷軍人、神職・僧侶の中適当と認められる者、維持は団体員の勤労による収入による等を示した（多仁照廣『若者仲間の歴史』日本青年館、一九八四年）。日露戦争後の地方改良政策の中で、町村行政に組み込まれて誕生したのが青年団だったのである。そしてその町村行政は、一九一一年の町村制改正によって町村長の権限が拡大され、国家の出先機関としての性格を強めていた。

また警察においては、一九一八年のシベリア出兵をきっかけに富山で起こった米騒動が、一道三府三六県にも及ぶ民衆暴動となった反省から、「警察の民衆化」と「民衆の警察化」という標語で表された政策が唱えられるようになる。「警察の民衆化」とは、警察と民衆の対抗関係の修復を図り実施された一連の政策を表現する言葉である。その一つが「親切丁寧」主義の実践で、民衆に反感をもたれるような尊大な態度や言葉遣いを改める、警察署の受付に署長自らが立つ等の努力が払われた。もう一つが社会政策で、民衆の悩みや不満に無料で応じる人事相談事業、工場や細民の生活調査、外部団体を設立しての労働者救済事業にも着手した。この「警察の民衆化」は必ずしも充分な成果を上げられなかった。それについては本庄署が襲撃された例にも見る通りである。治安が揺らいだ際の警察権の執行と「社会政策的かつ善導主義的な取締」という二つの必要は警官にとってジレンマであり続け、「威嚇」と「保護」の間の矛盾は解消されなかったのである（宮地忠彦「自治訓練としての『自衛団』組織化」『法学政治学論究』第六四号、二〇〇五年）。

もう一方の「民衆の警察化」とは、地方改良政策の中で整備されていった青年団、在郷軍人会、消防組などを基盤に、「自衛団」や「自警団」、「保安組合」などを組織し、民衆の自発的な「自衛自警」網を構築する動きを指す。すでに一九一八年一〇月に警視庁は「警察と国民とが照応協力して警察の任に当たらせる方針」（『東京日日新聞』一九二三年一一月一日）を表明し、暴動の際には町内の者、青年団員を警察と共に警戒させるといった体制作りに取り掛かっている。これは大震災時に現れた自警団の一つの起原となった。

「戦後経営」以来のこうした一連の町村管理の体制作りがあった故に、大震災の際、自警団はすぐに組織されたといえよう。なお注目すべきは、これらの地方改良政策が進められていく過程が、資本主義化の進行に合わせて社会問題が発生した時期に当たることである。すなわちこの時期は、日露戦争と第一次世界大戦を通じて、日本の経済成長に合わせ都市へと人口が大移動した社会変動期だった。政策はこの変動に対応したものであり、それによる動揺があったからこそ、青年団や在郷軍人会を統制の要としたのである。その意味でそれらは、帝国日本の矛盾を背負っていたともいえるだろう。

ここで事件にかかわってもう一つ注意したいのが、植民地だった朝鮮に対する民衆の意識である。一九一〇年に朝鮮を植民地にした日本政府が最初に手がけたのは、朝鮮農民から土地を取り上げるための土地調査だった。その結果、農地を奪われた朝鮮人は、生活のための職を求め、北部の者は主に満州へ、南部の者は日本へ流転せざるをえなくなった。その数は併合後二〇年間に四〇万人を超えたという（前掲『大正の朝鮮人虐殺事件』）。そして流民となり満州と日本へ移った朝鮮人は、名目は同胞とされながら実際には低賃金労働の上に人種差別の酷薄な境遇に置かれた。

そこに一九一九年三月に起こって朝鮮全土に燃え上がったのが、三・一運動だった。この運動は示威行進であり、暴力を行使しなかったのに対し、日本側は「暴徒」「暴民」と規定して、軍隊を使い弾圧した。他方、当時朝鮮に居住していた日本人の多くが軍や警察と意識や行動を共にしたことも見逃せない。在郷軍人や消防組員を中心にして「自警団」が組織され、彼らは鳶口や棍棒・つるはしなどで、無抵抗の独立示威大衆に襲いかかった。

ただし、こうして自警団を組織したのは日本人が集団的に居住した地域で、「地方に散在していた日本人のなかには逆に非常な恐怖心にかられて避難したり、あるいはさっさと日本に引き揚げたりした者も少なくなかった」（富田晶子「三・一運動と日本帝国主義」鹿野政直・由井正臣編著『近代日本の統合と抵抗三』日本評論社、一九八二年）。

これら二つの対応は一見反対のように見えるが、共に朝鮮人に対する恐怖から生み出されたものである。そしてこの恐怖心は、朝鮮人に対して日本人の抱く優越感と差別意識の裏返しだった。この感情が自警団を生み出した。同じことが関東大震災で繰り返された。大震災の際の朝鮮人虐殺は予想される範囲にあったのである。

日本人は朝鮮人を追いつめていた。それによって自らも追いつめられていた。列国への劣等意識は朝鮮人への差別意識を高めた。征服されるか、征服するか。日本人を追いつめていたのは、この恐怖心だった。そして重要なことは、この心理が日常生活の中で密やかに醸成されていったことである。
一九一三年に、大杉はこんな詩を詠んでいる。

お互に
君と僕と怖れている。

お互に君は僕に対して、僕は君に対して、
自分を保護するために、
此処に社会と云ふ組織を作った。

君は僕の敵だ。
僕は君の敵だ。

君は僕がやるに違いないと思ひ、
僕は君がやるに違いないと思ふ、
有らゆる悪意と暴行とに対して、
民法や刑法の幾千個條を定めた。

是れが
君と僕との社会だ。

君と僕との監獄だ。

（「社会か監獄か」『近代思想』第一巻第七号、一九一三年）

ここで大杉がいう「社会」とは国家のことである。「やるか、やられるか」。その意識の背後には国際的な帝国主義と、その国内的反映としての滔々たる資本主義的生活様式の潮流の中で生じた疎外現象があった。先に見た「民衆の警察化」と呼ばれた民衆の自発的な「自衛自警」網を構築する動きも、この「社会」作りの一環だったのである。

3　〈生の拡充〉と〈征服の事実〉

さて、ここで再度本庄の事件を振り返ってみたい。現場にいた元本庄署巡査新井賢次郎によれば、虐殺の翌日、ある人物が彼に次のように言ったという。「不断剣をつって子供なんかばかりおどかしやがって、このような国家緊急の時には人一人殺せないじゃないか、俺達は平素ためかつぎをやっていても、夕べは十六人も殺したぞ」（「元本庄署巡査の語る事件の全ぼう」関東大震災六十周年朝鮮人犠牲者調査追悼事業実行委員会編著『かくされていた歴史　増補保存版』一九八七年）。この言葉を捉えて山田昭次は、「これは『一旦緩急あれば義勇公に奉じ以て天壌無窮の皇運を扶翼すべし』という教育勅語の精神そのものの言葉である」（『関東大震災時の朝鮮人虐殺』創史社、二〇〇三年）と評している。しかしこれは、「教育勅語の精神」とは別のものから発せられた言葉だったのではないだろうか。ここで大杉の〈生の拡充〉の議論から問題を考えてみることは意味があるように思われる。

大杉によれば、「生」とは「自己の優越を証拠立てたい」と欲する「本能の、本能との関係」である。「本能の、本能との関係」は根本的に言って、「自尊の本能」を拡充させようと欲している（「賭博本能論」『近代思想』第二巻第一〇号、一九一四年）。したがって「自尊の本能」とは大杉によれば、「自己の優越を証拠立てたい」ということである。しかし「自己の優越を証拠立てたい」といっても、権威を欲するという意味ではない。既成の秩序《ヒエラルキー》＝価値に応じて

「自己の優越を証拠立て」ることではない。「自己の優越」がそう誤解されがちなのは、「感情や気質の差別を生ぜしめる吾々の生理状態其者までが、此の征服の事実によつて等しく甚だ影響されてゐる」からである（「自我の棄脱」『新潮』一九一五年五月号）。それとは異なって、「自己の優越を証拠立てたい」ということは、「自らの偉大を感じなければならぬ、従つて自らの意志の崇高を自覚しなければならぬ、と云ふ本来の慾望」である（「賭博本能論」）。それ故、「自己の優越を証拠立てたい」ということは、何かを欲しがったり、手に入れることではなく、むしろ創造しよう、与えようとすることである。この「自己の優越を証拠立てたい」と欲する「本能の、本能との関係」から、互いに関わり合っている本能の量の差異が派生し、かつまたこの関係において各々の本能に帰す質も生み出される。

この関係の中で、もし「自尊の本能」の「自己の優越を証拠立てたい」という本質を誤認して、既成の価値を欲しがったり、手に入れることによって「自己の優越を証拠立て」ようとしたり、あるいは能動的に推されたことに対抗して制御することで、自己を守るのだ、本来の自己同一性を保つのだと信じるならば、自己がそうでないものに対立し、敵対して、そうした他なるものを否定する方向へ動く。そうすることで、生が拡充すると錯覚するのである。それが反動性であり、本能が自己保存的なものへと差異化することである。こういう方向性も〈生の拡充〉の一つの局面、一つの質であり、この場合は「自己保存本能」が優位に立つ。この状態を大杉は〈征服の事実〉と呼ぶ。

〈生の拡充〉の一つの質として自己保存的なものが優る時、人は自己保存のために「ランク、つまり地位と呼ばれるところの差別的評価にもとづく、比較的安定した相互作用のパターンをもつシステム」＝ヒエラルキーを作り、秩序の固定化に努めようとする（ヨハン・ガルトゥング『構造的暴力と平和』高柳先男ほか訳、中央大学出版部、一九九一年）。すなわち、同質的な「同一者」を構成員とする垂直的な秩序――同一者どうしの境界の固定化を引き起こすような秩序――を築こうとする。

一方、もし「自尊の本能」の本質に忠実に「自己の優越を証拠立てたい」とするならば、自らの価値を創造したり、与えること（＝相互扶助）によって「自己の優越を証拠立て」ようとしたり、あるいは自らのそうした差異化の動きを肯定する方向へ動く。言い換えれば、多数多様化を肯定しようとする。それが能動性であり、本能が自己超越的なものへと差異化することである。こうして「自尊の本能」への本能と本能との関係の一つの質として、すなわち〈生の拡充〉の一つの質として、この場合は「自己超越本能」が優位に立つ。これが〈生の拡充〉である。

大地震と官憲の通達も与る流言の拡大によって、人心の不安は高まっていた。それでも、その際に示した民衆の凶暴性を権力に操られたものと見なすことについては疑問が残る。民衆は警察の制止を振り切って朝鮮人を殺し始め、同時に警察権力を粉砕しようとしたのである。そして一時的にではあれ無警察状態を実現した。自警団民衆による権力への反逆がそこには含まれている。

「戦争に強い奴は野蛮人だ。戦争嫌ひの僕等はよく斯う云つて日本人を嘲る。けれども僕は、此の戦争に強い日本人の大部分が労働者である事を思ふ時、一方に此の野蛮人を悲むと共に、他方に又、此の野蛮人に多大の望みを嘱せざるを得ない。国家の為めと云ふ事が、よしそれ自体に於て虚偽であるにせよ又真実であるにせよ、兎も角も此の思想と感情とによつて行動する以上は、しかも国家の危急存亡に際しては、真に野蛮人の勇気を以て其の敵に突進せねばならぬ。僕等は決して此の勇気其者を嘲る事は出来ない（「野蛮人」月刊『平民新聞』第三号、一九一四年）。

このように大杉が言うのは、この「勇気其者」が「自尊の本能」であることを知っているからである。そして彼の見立ては四年後に現実となる。

彼等は彼等ぢやなかつた。彼等は更に他の彼等に巧みに掩ひかぶせられた幾重もの殻に包まれてゐた。そして彼等は其の中身の彼等自身を或は他人だと考へさせられ、或は又其の存在をすらも忘れさせられて、ただ其の上つ面の殼だけを彼等自身だと思ひこまされてゐた。〔中略〕今彼等は彼等だ。中身だけの彼等だ。彼等にはもう教へられた何物もない。強ひられた何物もない。瞞しこまされた何物もない。すべてを彼等自身の眼で見る。彼等自身の心と頭とで審く。彼等自身の腕で行ふ。彼等自身の魂を爆発させる。〔中略〕彼等は又もとの彼等に帰るだらう。彼等自身ぢやない彼等に帰るだらう。そして再び又彼等自身を忘れて了ふだらう。短い酔だ。しかし彼等が彼等自身に酔つた此の酔心地だけは……

（「此の酔心地だけは」『民衆の芸術』第一巻第三号、一九一八年）

これは、大杉が大阪で目撃した米騒動を詠出した小品である。ここには、米騒動に参加した民衆の中に見た自由の原像が、「此の酔心地」という「自己超越」の状態として描かれている。「中身の彼等自身」とは〈拡充〉された自我であり、「上つ面の殼」とは〈征服〉された自我である。魚津の女性たちが上げた鬨《とき》の声によって行動の機会を得るのを感じた時、直ちに長年の間密かに蓄積されてきた苦しみや屈辱や恨みや苦々しい思いが、重圧を打ち破るに充分な力を形作ったのだった。コメという具体的要求も重要ではある。だが、本質的な問題は、常に身を屈し、全てに服従し、幾月も幾年も黙って我慢を強いられてきた挙げ句、やっと身を起こそうとしていることなのである。昂然と頭を上げること。今度は自分が発言すること。数日間、自分を人間と感じること。要求から離れても、この〝一揆〟はそれ自身一つの歓び。混じり気のない歓びなのである。自己超越としての自由が革命的瞬間によって実現したことを見た驚きと喜びが、この一篇の詩には込められている。

自警団に参加し、朝鮮人を虐殺した人びとの階層は「車夫、職工、日雇い夫、小商人、農夫、大工など」（『東京日日新聞』一九二三年一〇月二四日）、都市で日銭を稼ぎ、長屋に住み、何らの保障もないまま、自分の腕一本で貧窮した生活を送る都市の雑業層だった。その層は米騒動を担った層と重なっている。彼らは社会の歪みを直接受けるが故に生活苦の不満を暴動の形態で訴え、それを生存権として自覚し始めていた。その彼らが「自己保存本能」を優位化して、今度は「彼等自身」にではなく、征服者としての特権に酔ってしまったのである。それは彼らが帝国主義の

〈征服の事実〉を内面化して、征服者の一員となりつつあったことを示している。自分自身も差別され、収奪され、圧迫されて「自尊の本能」が下降した人びとが、官憲公認の「自警団」という行動様式を取ることで「自尊の本能」の上昇を錯覚し、征服階級の一員としての優劣を権威機関と競ったのである。「事件後人々は、この事件でのおとがめはあるまい、もし何らかのさたがあるとすれば論功行賞だと考えていた」（「元本庄署巡査の語る事件の全ぼう」前掲『かくされていた歴史』）。

しかしそれでも、「朝鮮人を虐殺した自警団員は、官憲のデマないしは官憲によって権威づけられたデマに操られたという意味では被害者であり、犠牲者である。しかし朝鮮人を虐殺した加害者でもある。最底辺の犠牲者は朝鮮人であることはいうまでもない」（前掲『関東大震災時の朝鮮人虐殺』）という評価には留保が必要である。なぜならば、たとえそれが誤認されたものであったとしても、虐殺は彼らの「自尊の本能」から発せられた自発的な行為だったからである。そして本庄署への襲撃例のように、「自尊の本能」に基づく行動は権力への挑戦となりうる。さらに、朝鮮人を「最底辺の犠牲者」とするだけでは、彼らの「自尊の本能」も見逃してしまう。虐殺が生じた背景には、朝鮮人が民族独立のために闘っており、その闘争が征服者の心胆を寒からしめていたという事実があった。そこには、独立を求めて闘う朝鮮人の「自己超越本能」の優位があった。これを欠いては、事件は憫然たる朝鮮人の悲劇として、単なる悲話に終ってしまうだろう。

事件は「自尊の本能」の持つ巨大な熱量の仕業である。だからそれは人情や相互扶助とも完全に無関係なものではない。しかし「自尊の本能」を誤認した仕業である。そしてその誤認は、〈征服の事実〉を内面化した民衆の朝鮮人に対する恐怖と裏表だった。

おわりに

「鮮人暴行の流言が傳つて、國民が直にこれを信じたに就いては、朝鮮統治の失敗、之に伴ふ鮮人の不満と云ふやうなことが一種の潜在的確信となつて、國民心理の何所かに地歩を占めて居ったのではなからうか」（「朝鮮人虐殺事件に就いて」『中央公論』一九二三年一一月号）。朝鮮人虐殺を引き起こした民衆心理について、政治学者の吉野作造はこのように書いたが、事件は当時の日本の〈征服の事実〉の問題を避けて通れないと同時に、朝鮮人の独立闘争との関連なしには評価できないであろう。それは、植民地支配による〈征服の事実〉と、それを補完してその中で征服者の心理を内面化していった日本人民衆が、征服者としての意識とそれと裏表の恐怖心から、軍・警察との共犯関係のもと、「仮想敵」朝鮮人に対して行った殲滅戦だった。そしてその伏線として、自警団の組織化を始めとする、帝国日本の国家容量の拡大があった。

大杉はこんな詩を詠んでいる。

闘へ。
闘ひは生の花である。
みのり多き生の花である。
自然力に屈服した生のあきらめ、
社会力に屈服した生のあきらめ、

かくして生の闘ひを回避した
みのりなき生の花は咲いた。
宗教がそれだ。
芸術がそれだ。
むだ花の蜜をのみあさる虫けらの徒よ。

（「むだ花」『近代思想』第一巻第一一号、一九一三年）

ここで彼は「自然力に屈服した生のあきらめ」を断罪すると同時に、同時代の「社会力に屈服した生のあきらめ」をも糾弾している。それは、彼がこの「あきらめ」を〈征服の事実〉として捉え、それを〈生の拡充〉の方向へ変えていきたい、と考えたからである。

大震災時、虐殺の惨劇がくり広げられる中でも、それを拒んだ人びとはいた。千葉県丸山の人びとである。千葉県では当時、北総鉄道の敷設工事が進められており、多くの朝鮮人が労働者として在住し、丸山にも二人の朝鮮人がいた。伝わるところによると、朝鮮人を捕りにきた他の村の自警団に対し、「悪いことはしていないし、村の人々と愛情を共にしてきた人間だから、朝鮮人でも渡せない」と言って、徳田安蔵という人物を中心に二人を守り抜いたという（千葉県における関東大震災と朝鮮人犠牲者追悼・調査実行委員会編著『いわれなく殺された人びと』青木書店、一九八三年）。その経験の教えるところでは、虐殺を防いだものは、朝鮮人と村人の間に存在していた信頼関係と、「何も悪いことをしていないのに渡せるか」という徳田さんを始め村の人びとの高い「自尊の本能」だった。

〈征服の事実〉は欠乏と互いに対する恐怖の上に成り立っている。しかし〈生の拡充〉が互いに対する信頼と自尊心の上に成り立っていることも事実である。社会的激変や災害時には、それまでの思い込みや役割といった羈絆《きはん》が抜け落ち、可能性が現れる。震災は公的機関や社会構造を崩壊させ、個人の生活を一時停止させ、その向こうに広がる眺めを見えるに任せることがある。その眺めは可能性であり、限界である。本章の議論を追ってきた今、われわれがすべきことは、「自尊の本能」の可能性を認知し、それらを日々の領域に引き込むよう努力することである。当時広く人びとの本能に浸潤し、今日に至っても支配的な「自己保存」の優位をいかに「自己超越」の優位に向き変え、いかに生の拡充を成し遂げられるか。ここに朝鮮人虐殺問題を考える現代的意義がある。

※「朝鮮人虐殺における自警団の心理」という問題を設定するに当たり、本稿は、尾原宏之『大正大震災――忘却された断層』（白水社、二〇一二年）、とくに第三章「叛乱する民兵――『自警団』異説」における問題提起から有益な示唆を受けている。そのことを特に断り、記して深謝したい。

第15章　関東大震災下の亀戸事件と小林多喜二

藤田廣登

はじめに

小樽高商在学時代の小林多喜二（以下、多喜二）が、関東大震災被災者義損《ぎえん》金募金の演劇に出演したこと、大震災の混乱に乗じて支配権力が企てた階級的労働組合員、共産党員・共産青年同盟員ら活動家集団の虐殺事件（亀戸事件）に関心を寄せていたこと、拓銀小樽支店時代に労働農民運動と接触し、社会科学の学習を通じてマルクス主義に接近し「一九二八年三月十五日」「蟹工船」などの作品を階級的視点から描きあげたことはよく知られている。

本稿は、一九三〇年三月末上京後の多喜二が、直後の五月三日に東京府下の墨田、江東・亀戸地域を訪ね、南葛労働運動の先進的役割から学び反戦運動や労働運動の階級的強化などについての認識を高め、その後の作品描写へ反映させたとする試論的考察である。

1　関東大震災と亀戸事件

(1)　関東大震災の発生と戒厳令、自警団・軍隊の暴発

一九二三（大正一二）年九月一日、正午直前、関東地方でM七・九の直下型大地震が発生した。相模湾を震源地としたもので東京、神奈川、千葉、埼玉、（静岡・山梨の一部を含む）など関東一円が大被害をうけたことから「関東大震災」と呼ばれ、三五〇万人が罹災、家屋の倒壊・地震と共に発生した大火災により一〇万五〇〇〇人余が犠牲になり、多数の負傷者を出した。さらには警視庁全焼、東京府内の警察署六三署のうち全焼・倒壊二五署という危機的状況下にあった。

九月二日、「朝鮮人が火をつけている、井戸に毒を投げ込んでいる」などの流言蜚語が意図的に拡大され、不逞鮮人来襲の噂が広がり、警視庁警保局長名で各自治体に不逞鮮人から身を守るための自衛の道を講ずるよう打電、こうして自警団が組織されていった。ついで政府・内務省は東京市全域に戒厳令を発令、三日には神奈川、千葉、埼玉へと拡大、こうして首都圏全域が衛戍《えいじゅ》出動の軍隊の管理下に置かれ、旭川から久留米までの軍隊五万人余が関東に集結した。そのもとに警察・自警団が組み込まれて救援活動より治安維持的活動が前面に出るようになった。中島健蔵は、九月二日、小石川方面の親戚見舞いに出かけた折の見聞を『昭和時代』（岩波新書、一九五七年）で次のように記している。

「神楽坂警察署の前あたりは、ただごととは思えない人だかりであった。……警察の黒い板塀に、大きなはり紙がしてあった。それには警察署の名で、れいれいと、目下東京市内の混乱につけこんで『不逞鮮人』の一派が

いたるところで暴動を起こそうとしている模様だから、市民は厳重に警戒せよ、と書いてあった。トビ口をまともに頭にうけて、殺されたか、重傷を負ったかしたにちがいない。あの男は、朝鮮人だったのだな、とはじめてわかった。……警察署の名において——場所もはっきりしている。神楽坂署の板塀であった。時間は震災の翌日の九月二日の昼下がり、明らかに警察の名によって紙が張られていた以上、ただの流言とはいえない」。

軍隊・警察・自警団らの手によって多数の朝鮮人、中国人が犠牲になった。当時の『読売新聞』は「文明史に残る一大汚点」と題して、「未曾有の大震大火災が生んだ結果とは云え人心を戦慄する虐殺事件が至る所で殆ど公然と行はれた事は此の記念すべき震災と共に千載に遺る文明史の一大汚点である」（大正一二年一〇月一一日付）と書いている。

(2) 亀戸事件の発生

こうした混乱の中で亀戸署・蜂須賀特高課長の指揮で活動家の狙い打ち検束が九月三日深夜から四日未明にかけて行われた。習志野第一三騎兵連隊が亀戸駅周辺で殺戮を開始しつつ亀戸署へ到着、朝鮮人、中国人の虐殺に交じって亀戸地域の活動家グループもその対象にされた。当時、川合義虎共産主義青年同盟委員長はじめ共青同盟員、南葛労働会組合役員らは加盟組合員や地域の救援、夜警活動などに全力をあげていた。この地域を中心に活動していた純労働者組合の平澤計七らも含まれていた。不当検束当夜（三日）の模様を丹野セツ（南葛労働会・渡辺政之輔の妻）は次のように述べている。

「その晩は事務所へ帰って泊ることになりました。自警団を組織してくれというので、男の人を二組に分け、十二時交代ということで、川合、北島、加藤高寿さんたちが先に出ました。……十二時になったので次の番の人たちを起こそうとしたとき、いきなりどやどやと憲兵が三人二階へあがってきました。……そのあとへ私服の特高が来ました。男の人たちは全部連れていかれました。河合《ママ》義虎、北島吉蔵、近藤弘造、山岸実司、加藤高寿、鈴木直一の六人がつれていかれました。……平澤計七さんは大島から、吉村光治、佐藤欣治さんは南葛の組合の吾嬬支部から検束されて殺されたのです」……「あけの日、亀戸署へいったら『ゆうべ出した』と云うのです。心配するばかりで連絡がぜんぜんとれません」（丹野セツ『革命運動に生きる』勁草書房、一九六九年）。

また、記事解禁後の『東京朝日新聞』（大正一二年一〇月一二日付）では、「復も社会主義者九名／軍隊の手に刺殺さる——亀戸署管内に於ける怪事件／死體は石油を注いで直ちに焼却す／警官が抜刀で乗込で来た／文句なしに検束」などの見出しで亀戸事件の記事が登場する。そのなかで「当日検束された目撃者の恐ろしい話」として「私が無理やり検束されて行った時、亀戸署内はもう検束者で一ぱいになっていた。その中に突き飛ばされて暫く経つと演武場右側の広場で恐ろしい悲鳴が聞えたので、ハッと驚いてみると、二十歳前後の男が斃れている。その北端には乱闘の人影が見える。小使室付近の空地にも騒ぎが起こった。皆声をひそめて了ったが、なお物凄い悲鳴が闇の中に暫く聞こえていた」とある。

さらに「前記亀戸に於ける社会主義者並に自警団ら十四名を田村憲兵少尉らが刺殺した事件に就き、憲兵司令官は面会を避け、この問題に対する当局の処置に就いては同副官も口をとざして語らないが、深聞する所に依れば陸軍では田村小尉等の取った態度は戒厳令下に於ける軍隊の当然執るべき処置に出たものと認め、田村小尉等は既に騎兵十三連隊に帰隊している。……古森亀戸署長は、『やむを得ぬ処置』として、『死体は高木警部に命じて人夫を雇い、大島町四ッ木橋、荒川放水路付近で其他の死体と共に私が独断で焼却しました』と語っている」とある。

(3)　なぜ「亀戸」なのか

関東大震災とそのどさくさにまぎれて引き起こされた「亀戸虐殺事件」の一端にふれてきた。では、いったいなぜ亀戸地域で、このような残虐な事件が引き起こされたのか。その疑問を解くカギは、この地域の労働運動の理論水準の高さと先進性、戦闘性にあったといえよう。その中心的活動家が標的となった。この地域の際立った運動をもたらした背景には、一九一七年一一月のロシア革命の成功が日本の人民運動の高揚をもたらし、一八年にはコメ騒動の全国的な波及、一九年から二一年にかけて労働者の大ストライキがたたかわれ日本労働総同盟が結成され、小作争議の頻発のなかで小作人組合が、ついで日本農民組合が結成される。未解放部落の水平社運動が結成され、普選獲得運動とともにさまざまの社会主義グループとその運動の発展がある。

こうした大衆運動の高揚の中で一九二二年七月、日本共産党が結成された。創立直後の党員に労働者出身の渡辺政之輔、川合義虎がいる。この二人が、南葛地域（隅田川以東から旧中川の府下南葛飾郡地域を指す総称）の労働運動をリードしていたのである。では、この地域の労働運動の先進性、戦闘性はどのように醸成されたのか。

一九二二年七月、日本共産党創立直後に労働者出身の渡辺政之輔が入党。九月には渡辺を中心に川合、南巌、丹野セツ、北島吉蔵らが「八月会」（唯物史観研究会）に結集、理論学習中心の組織が生まれた。少数の組織から次第に大衆的な啓蒙活動と組合組織の方向づけが行われ、一二月二五日、渡辺政之輔、川合義虎らの指導する南葛労働協会（労働組合）が設立された。会員の増大にともない規約を整備し、二三年一月二九日、大衆的な労働組合として会の名称を「南葛労働会」と改め、「会」の事務所を亀戸町三五一九番地（香取神社参道入口付近）におき、川合義虎、母タマ、妹サダが事務所に移り住んだ。四月、東京ゴム工組合が加入、八月には亀戸、吾嬬、大島、小松川地域に支部を拡大し、周辺工場群に大きな影響力を持つようになった。次に、その南葛労働会の先進性や戦闘性、理論性の高さの一端をみよう。

野田醤油労働者のストライキに関する記事として「赤旗を翻して応援団繰込む――南葛の組合本部から」(『東京朝日新聞』大正一二年三月二一日)がある。日本労働組合評議会の初代委員長野田律太は、この南葛労働会の活動を「南葛魂」発祥の地として、「我国に於ける左翼労働者運動のいち早き発祥地であり、それはやがて左翼労働運動の本流をなし無産階級労働運動全体の上に絶大なる影響をもたらした根拠地は、東京のイーストサイドたる『南葛』であるといって過言でない」と評価している。政治的には、普通選挙法否定論をのりこえ、普選に備えて合法無産政党結成の主張を掲げた。朝鮮植民地問題への態度としては、朝鮮独立運動を支持し「朝鮮に対して一切の隷属的あるいは圧迫的企図を廃絶すること。朝鮮の全土から軍隊、憲兵、警察を撤去すること」(渡辺政之輔)を明確に掲げた。さらに、三悪法反対闘争をおこない、「過激社会運動取締法案」(治安維持法の先触れ)反対で労働組合間共闘を推進し、労働組合法案、小作争議調停法案に反対する運動の先頭に立っていた。

この地域には、平澤計七が提唱する無産者託児所、診療所、労働者劇団等の活動の発展が見られ、彼の指導する純労働者組合との共闘も進んでいた。亀戸地域の労働者に南葛労働会の影響力が拡大され、また、周辺の東京モスリンをはじめ紡績工場、汽車会社、精工舎などの大企業のストライキが頻発し、労働組合運動が発展してきていた。その影響力の拡大を恐れていた支配権力が大震災の混乱に乗じて、この運動の指導部分に壊滅的打撃を加えたのである。連行されたメンバーの家族は翌日から亀戸警察署にその所在を確かめに押しかけたのに、署側は「もう帰した」などと嘯ぶいて事実を隠し続けた。やがて「殺されたらしい」との噂が広がる。ついで記事解禁、虐殺を隠蔽した政府・警察・軍隊への批判と真相糾明の世論が沸騰した。しかし、虐殺日時の詳細、遺体の所在は明らかにされなかった。そのために墓所も作られず、川合義虎は戸籍の抹消も行われず、戸籍上は今日も生きている(その後、新潟・小千谷に平澤計七、栃木・矢板に加藤高寿の墓――骨はない――が建立されている)。翌二四年二月、亀戸事件全犠牲者の葬儀が青山斎場で日本初の労働組合葬として行われた。

戦後になり、亀戸事件犠牲者追悼運動が高まり一九七〇年九月四日、「亀戸虐殺事件建碑実行委員会」によって江

表 15-1　亀戸事件犠牲者

氏　　名	年齢	出身地	共産党員	共青同盟	南葛労働会	純労	拘引場所
川合義虎	22	長野上田	○	○委員長	○創立参加		南葛労働会事務所
加藤高寿	27	栃木矢板			○創立参加		〃
北島吉蔵	20	秋田男鹿	○	○	○創立参加		〃
近藤広造	20	群馬総社			○小松川支部		〃
佐藤欣司	22	岩手江刺			○吾嬬支部		吾妻支部事務所
鈴木直一	24	不明					南葛労働会事務所
平澤計七	34	新潟小千谷				○	自宅から
山岸実司	20	長野上田		○	○亀戸支部長		南葛労働会事務所
吉村光治	24	石川金沢		○	○吾嬬支部長		吾妻支部事務所
中筋宇八	24	不明				○	平澤宅から

出典：亀戸事件追悼実行委員会発行のリーフなどを参考に藤田作成。

東区亀戸・赤門浄心寺に「亀戸事件犠牲者の碑」が建立された。その後、九三年九月、「碑」の境内移転が行われ、毎年九月に追悼会行事が行われ今日に至っている。その碑文には図15-1のように刻まれている（碑文で犠牲者数九名とあるのは、この時点では中筋宇八の存在が不明だったからである）。

その合葬犠牲者リストは表15-1の通りである。

一九二三年（大正十二年）九月一日関東一帯を襲った大震災の混乱に乗じて
天皇制警察国家権力は特高警察の手によって
被災者救護に献身していた南葛飾の革命的労働者九名を逮捕
亀戸警察署に監禁して戒厳司令部直轄軍隊に命じて虐殺した
惨殺の日時場所ならびに遺骸の所在は今なお不明である
労働者の勝利を確信しつつ
白色テロルに斃れた表記革命戦士が心血をそそいで解放の旗をひるがえした
この地に建碑して犠牲者の南葛魂を永遠に記念する
一九七〇年九月四日
亀戸虐殺事件建碑実行委員会

図 15-1　「亀戸事件犠牲者の碑」文

2　亀戸事件と多喜二——その間接的接点

(1)「関東大震災義損・小樽高商外国語劇大会」への参加

小樽高商では、一九一三年以来、毎年恒例の外国語劇大会が開かれてきた。二三年一一月一七～一八日開催の外国語劇大会は、「関東大震災義損」と銘打ち、図書館から雨天体操場に会場を移し、入場料を高くして開催。小林多喜二はフランス語劇・メーテルリンク「青い鳥」に山羊役で出演、下級生の伊藤整も出演し、一番の人気をさらった。その時の模様を伊藤整は、「小林多喜二は、顔に白粉を塗り、褐色の服を着て、落ち着かぬさまで歩きまわっていたが、いよいよ舞台稽古が始まって見ると、山羊の大きな頭を帽子のようにかぶって、舞台上手に大王のそばにしゃがんでいる侍童の私のそばにいて、下手でチルチルとミチルを守って奮闘する犬におびえたり、また角で犬を突こうとしたりして、仲仲活躍した」と書いている。

(2)亀戸事件犠牲者への弔意——「平沢計七追悼会」へのメッセージ

この年の一二月一五日、平澤計七の追悼会が東京・芝の弁護士・山崎今朝弥宅で開かれた。発起人は、鈴木文治、賀川豊彦、菊池寛、加藤勘十、山崎今朝弥らで、多喜二はその追悼会に次の弔文を送った。

「平沢計七氏の霊に対して、遙るか、小樽の地から弔します。そして、皆様方のこういう会をお開きになったことに対して、感謝のしようもありません。同氏の霊も定めし満足のことと思います。(今日の読売新聞で、この事を知り、さっそくこの手紙をさしあげます。平沢計七氏については、『新興文学』で、作を読みました。あの『大衆の力』という作品のまだ新たなとき、同氏の悲壮な死の報をきいて、驚かされてしまいました。）私も二回ほど『新興文学』に自分の作が出たことがあり、ことに『大衆の力』の出た同じ号に私のも出たので、殊に感慨の深いものがあります。乱筆御免下さい」。

多喜二はすでに『新興文学』（山田清三郎主宰）の二三年一月号に「健」が入選しており、七月号の「藪入」は二回目である。この時、多喜二は文学同人の平澤計七の非業の死については言及したが、亀戸事件の階級的性格について十分な認識にまで達していなかったと思われる。しかし多喜二は、つづく拓銀小樽支店時代にエリート銀行員の立場と相反する「一九二八年三月十五日」「蟹工船」のような階級的視点を貫いた思想的立場を確立する、すぐ近くに達していた。

(3)　プロレタリア作家への道

多喜二は、四歳のとき一家をあげて秋田県大舘から小樽へ移住。貧しさを嘲笑される潮見台小学校へ、ついで、伯父のパン工場で働きながら庁立小樽商業へ、絵画を禁止され小説の習作に力を注ぐようになる。小樽高商（現・小樽商科大学）への進学は、学校全体が高い理想と自負心、リベラルな雰囲気を持ち、級友にも恵まれ多喜二の人間的、思想的成長を促した。

拓銀小樽支店時代の多喜二は、「北のウォール街」小樽、資本と産業の集積と階級的労働運動の高揚の影響をうけて思想的成長を遂げ、マルクス主義と正面から向き合った。二七年秋、小樽社会科学研究会（「火曜会」）参加がその画期となった。こうして多喜二は、二八年一月一日の「日記」（析々帳）で「新しい年が来た……断然マルクス主義に進展していった」と書き記した。こうして銀行員多喜二は、第一回男子普通選挙運動に参加（二八年二月二〇日投票）、ついで、三月一五日の治安維持法大弾圧に遭遇、北の大地から「一九二八年三月十五日」「蟹工船」をひっさげて登場した。そして、銀行員としてエリートの道を行くか、プロレタリア作家として進むかの選択で敢然と後者の道を選んだ。多喜二は二九年一一月、小樽商業会議所会頭の磯野進の寄生地主と闘う農民の姿を『中央公論』一一月号に実名で「不在地主」を執筆したため拓銀小樽支店を解雇された。彼は「晴れて」執筆活動に専念できる条件とかねて上京して自分の実力を試してみたいという願望により、三〇年三月末上京した。

3　南葛労働運動と向き合う多喜二

(1)　一葉の写真――亀戸天神・太鼓橋上の多喜二

小林多喜二は、一九三〇年四月二日に本郷・東京帝国大学仏教青年会館での作家同盟第二回大会に出席、挨拶、ついで四日には、因縁の地・築地でのプロレタリア演劇同盟大会（築地小劇場）に参加、挨拶、東京での活動の第一歩を踏み出した。筆者は、多喜二が亀戸事件の地域を訪ねていたのではないか、手塚英孝編纂による多喜二の写真集にある「亀戸天神・太鼓橋上」での三一年五月撮影とされる写真がその手がかりをあたえているのではないかとかねて考えてきた。彼の左横に立っているのは元日本労働組合評議会・初代委員長の野田律太である。多喜二が「南葛労働運動・亀戸事件の地域」を訪ねていることを証明する手掛かりとなる唯一の写真である。

そう考えるのは、多喜二が一九三一年以降の作品のなかに「東京のイーストサイド」、「南葛魂」、「渡辺政之輔と母てうさん」などを登場させているからである。例えば、「壁に貼られた写真」（日本無産者芸術団体協議会機関誌『ナップ』三一年五月号）では、バス会社の食堂に一枚の顔写真が貼られており、「これは誰ダ?」と書き込みがあり、その写真の主が労働運動の指導者「渡正」（ワタマサ＝渡辺政之輔）であることが明らかにされ、やがて首切り反対闘争が起き、右翼的な組合支部長を胴上げにして床に落とし、「ワタマサ」の写真を取り戻し、ふたたび壁に貼りつけた。

亀戸天神・太鼓橋上で（右・多喜二、左・野田律太、1930 年 5 月 3 日撮影）

このように多喜二は、すでに三一年五月前に南葛労働運動の指導者・渡辺政之輔について認識している。そうすると多喜二は、どこでこのような認識を得ていたのか。三一年五月前の多喜二は、その大半を警察署と豊多摩刑務所生活を余儀なくされていたのである。この疑問は、多喜二らの南葛労働運動・亀戸事件地域への訪問の時期がかっきり一年前の一九三〇年五月三日であることが最近になって判明したことによって解決した。

貴司山治「東京のイーストサイド」（『改造』三〇年六月号、三〇年五月四日執筆）で、貴司は多喜二らと連れだってこの年の五月三日に墨田、江東・亀戸地域を訪ねていることがわかる。

「日本のプロレタリアートが、重要な記録を残した一九三〇年のメーデーから二、三日目、私は一行四人でわが東京のイーストサイドにこういう空気を嗅いで廻るべく『視察』に出かけた……一行の内の一人もう二た月近く東京のゴミを吸いに来ている小林多喜二だ。かれはすり切れたうす汚い洋服を着て……もう一人は元の評議会の執行委員長のN君だ」と記している。N君が野田律太であることは明らかである。そして、「名に知らるる亀戸事件以前、既に南葛労働者には、一種のいうべからざる優れた気質があった。かれらが一旦組織の時代に入るや、南葛労働組合には、南葛魂ともいうべきものが生まれた。……（それを）育て上げたのは渡辺政之輔だ」と記している。多喜二との共通の認識がこうして醸成されていったことを示している。さらに貴司は、「亀戸天神の境内には藤が咲いていた。『ここか……ここか……』と何がここなのか、小林多喜二はひょこひょこと、東京の子供と一緒になって太鼓橋の上にあがった。それを又二人も三人も中学生が安物のパーレットで写真をとっている」と記しているのである。

こうしてこの貴司の一葉の貴重な写真の撮影日が特定されたことにより、多喜二の認識の中に先進的な南葛労働運動が合流しはじめ、そこから学んだ成果をその後の彼の作品群、とくに「転形期の人々」、「党生活者」、「地区の人々」などに結実させていく原点が、この三〇年五月の亀戸訪問にあったことが鮮明に浮かび上がってきたといえるのではないか。

(2) 多喜二の作品描写から

では多喜二の作品描写から南葛労働運動・亀戸事件地域への訪問を考えてみよう。

①「壁に張られた写真」（『ナップ』三一年五月号）

「渡辺政之輔の写真がバス会社の休憩室に貼り出されたたかいを励ます……」（前出）。

②「転形期の人々」（『ナップ』三一年一〇月号～、後継誌『プロレタリア文学』三二年四月号までに六回に亘って分載、未完）

「東京では『南葛労働者』か『南葛魂』と云えば、それは最も戦闘的な労働者の代名詞となっているし、その輝かしい伝統が、優れた後継労働者を生むしるしにもなっているんだ。今俺だちがたった一歩左へ寄るか、右に脱け落ちるかでこれから五年も十年もの間、小樽の労働運動に汚い伝統を与えるか、『南葛魂』に負けない輝かしい伝統を与えるか、そのどっちでも与えることの出来るケジメに立っているんだ」。

多喜二の作品の最初に「南葛魂」という言葉が登場するのは、亀戸天神を訪れてから一年以上経った翌年九月起稿の「転形期の人々」である。「転形期の人々」の舞台は小樽。多喜二が拓銀に入社して二年目の一九二五年五月、治安維持法が制定される動きの中で、労働総同盟の鈴木文治、松岡駒吉らの右派幹部は、渡辺政之輔らの影響下の階級的左派グループを締め出し除名にした。除名された組合は同年五月二四日、日本労働組合評議会（評議会）を結成した。評議会には三割強の一万二五〇〇人が結集し、一年後には三倍に前進する。このとき小樽総労働組合は、総同盟に加盟するか、評議会に加盟するか選択を迫られていた。総同盟は松岡（作品では松田馬吉）を、評議会側は当初、渡辺政之輔を予定したが、代わりに山本懸蔵が小樽にやってきた。「われらがやまけん」の演説は組合員の心をとらえ圧倒的多数で評議会加盟が決定した。それが牽引車となって函館、室蘭などの主要な組合の評議会入りが決定した。

この作品に登場する「旗塚」は北海道労働運動の指導者の武内清である。武内は、渡辺政之輔が亀戸事件で中心的活動家を奪われた南葛労働会を翌二四年二月に再編し、東京東部合同労組として活動を再開した五月に、この組合に参加して渡辺の指導を受けて翌年、北海道に帰り北海道地方評議会の結成に参加した。

③「地区の人々」（『改造』三三年三月号）

「その後、『三・一五』の時にも、『四・一六』の時にも、沢山の労働者が、この『地区』から警察に引かれて行った。殊に、Yから一〇里ほど離れているS市と比べてみても、共産党員だと云われたものは、市の学生よりも此処の『地区』労働者の方が多かった。こういう事があってから、Y市の労働者の間に『地区魂』ということが云われるようになった。丁度東京に『南葛魂』というのがあるのと、それは似ていた。――地方は中央とちがって、弾圧があると半年も一年も組織が壊されたままになっていることがある。然しYの『地区』ではその『地区魂』というのが恰も眼に見えない一つの伝統ででもあるかのように、しばらくもしないうちに、キット誰か（全く誰か）直ぐ仕事を引き受けて、続けていった。それは『地区魂』という言葉が、逆に『地区』の労働者の尻をたたいているようにさえ見えた」。

「地区の人々」は多喜二が虐殺される一か月前の作品である。この「地区」は小樽で革新的な労働運動が発展していた地域である。一九二八年二月の第一回普通選挙で労農党から立候補した山本懸蔵候補が一三％（当選ラインの四位）の得票を獲得した手宮地域である。それだけに、その直後の三・一五弾圧はすさまじく、翌年の四・一六弾圧へと続き「地区」は沈んでいくのである。多喜二の上京後、活動家たちは粘り強く再建の努力をすすめていく。上京してきた盟友風間六三からの情報にも接し、多喜二は南葛の労働運動の不死鳥のように運動を再建、継続させていく姿とダブらせて、この地区の仲間たちの苦闘を描いていくのである。

④「党生活者」（執筆は一九三二年九月、発表は死後の三三年『中央公論』四、五月号＝発表時題名「転換時代」）

「私はフト『渡政』のことを思い出した。渡政が『潜ぐ』ったとき、かれのお母さんは（お母さんはいま渡政ばかりでなく、全プロレタリアートのお母さんであるが）『政とはモウ会えないのだろうか』同志にきいた。同志の人たちは『会えないのだ』ということをお母さんに云ったそうである」。

小林多喜二は、一九三二年の春、プロレタリア文化運動への大弾圧のなかで宮本顕治らとともに非合法活動に入ることを余儀なくされた。特高警察の追及をかわし反戦活動に献身する傍ら東京五反田の軍需工場・藤倉工業（小説では倉田工業）を舞台にした活動家群の活動とそれに励まされて首切り反対に立ちあがる臨時工の闘いを描いた。ここに出で来る「渡辺のお母さん（おっかさん）」は、渡政の母てう（ちょう）さんのことである。渡辺政之輔は、一九二八年一〇月六日コミンテルンの任務を終えての帰路、台湾・基隆《キールン》で官憲の追跡をうけ自死したのち、母親のてうさんは市ヶ谷刑務所近くの日本赤色救援会事務所に住み込み治安維持法弾圧犠牲者への差入れの世話や救援活動に献身した。小説の主人公は、地下に潜って活動していて、同志たちの計らいで料理屋で母と会い、わずかな一刻を過ごす。

実際に同じ境遇に置かれた多喜二自身も、三二年九月頃、活動居所近くの麻布十番（東京・港区）「山中屋フルーツパーラー」で母セキさんと姉弟たちと会い、「非合法」の活動に入っていること、これからはみんなと会うことはできない、と打ち明けた。母セキさんは死んでも「あんちゃん」には知らせない、と。「党生活者」はその場面をありありと再現している。

おわりに――多喜二のペンを奪え、その口をふさげ！

多喜二はこの時期、プロレタリア文化団体から派遣された日本反帝同盟執行委員として反戦活動に全力を傾注していた。警視庁特高係長の中川成夫《しげお》（戦後、東京北区教育委員長）は、多喜二が追及をかわし、地下から『改造』三月号に「地区の人々」を実名で発表したことに激怒、多喜二捕捉に敵愾心を燃やしスパイを使って一九三三年二月二〇日正午過ぎ、赤坂・溜池電停（当時・東京市電）付近で多喜二と今村恒夫を逮捕した。その直後、築地署に連行され、特高警察による三時間半にわたる残忍な拷問により絶命、二九年の不屈の生涯を閉じた。

※本稿執筆にあたり、亀戸事件建碑記念会編『亀戸事件の記録』（一九七三年）、藤田廣登『亀戸事件と多喜二――現代を撃ちつづける小林多喜二』（治安維持法国賠同盟東京都本部、二〇〇八年）、加藤文三『渡辺政之輔とその時代』（学習の友社、二〇一〇年）などを参考にした。

ブックガイド4

上原正三・脚本『帰ってきたウルトラマン』第三三話「怪獣使いと少年」（一九七一年一一月一九日放送）

本作品は人気特撮テレビ番組『帰ってきたウルトラマン』（一九七一〜七二年）の一話である。円谷プロダクションのウルトラシリーズは、正義のウルトラマンが悪の怪獣を倒す勧善懲悪の物語と思われがちだが、本作品は一人の少年と友好的な異星人が警察や町の人に虐殺されるショッキングな内容である。脚本は沖縄出身の上原正三である。聞き取りをした切通理作の『怪獣使いと少年　ウルトラマンの作家たち』（宝島社、二〇〇〇年）によれば、上原は「関東大震災で朝鮮人がデマのなかで虐殺されたという事実はいつも頭の中にあって」、「一つの噂が他の噂を呼んで、最後にはどうにもならなくなるという話が組み立てられないか」とこの話をえがいたとされる。

山本おさむ『わが指のオーケストラ』（全四巻、秋田書店、一九九一〜九三年）

本書は大阪市立聾唖学校の校長を務めた高橋潔の物語で、実在の人物をもとに作者の創作を織りまぜてえがかれた漫画である。本書は一九二三年に公布された、道府県に盲学校、聾学校の設立義務化を定めた盲学校及聾唖学校令以後、ろう教育の方法をめぐる対立から、手話法がじょじょに排除されていく歴史とそれに抵抗する高橋の教育実践がえがかれる。そのなかで関東大震災下に、ろう者が朝鮮人と間違えられて虐殺された話が登場する。参考資料は一九七三年九月一日『日本聴力障害新聞』の記事である。関東大震災の虐殺は日本／朝鮮という植民地支配の文脈で論じられることが多いが、民族という枠組みではない差別の構造を考える上で本書は大いに参考になる。

辻野弥生『福田村事件　関東大震災　知られざる悲劇』（崙書房出版、二〇一三年）

本書は福田村事件の他、流山、我孫子、馬橋の事件が論じられる。このなかで福田村以外は朝鮮人虐殺だが、福田村事件は朝鮮人に間違えられて、香川県から来た一〇名（一名は胎児）の行商人が福田村・田中村の村民に殺された事件である。この事件は当時の新聞に報道されたが事件の内実に迫ったものに、本書に登場する一九八六年の石井雍大による聞き取り調査がある。助かった人によれば、殺害された人は「朝鮮人と思われやすい状態」だった。だから「「あきらめなさい」と言われ」、事件後、公に語ることができなかったという。二〇〇三年に事件現場近くの圓福寺に犠牲者一〇名の慰霊碑が建立されたが、語ることが困難な歴史を考える上で本書は重要である。

東浩紀編『チェルノブイリ・ダークツーリズム・ガイド　思想地図β　vol. 4-1』（ゲンロン、二〇一三年）

本書は、一九八六年のチェルノブイリの原発事故から現在、事故の跡地がどうなっているか、記憶の継承がどのようになされているかについて現地取材から紹介される。題名の「ダークツーリズム」とは、「戦争や災害といった人類の負の足跡をたどりつつ、死者に悼みを捧げるとともに、地域の悲しみを共有しようとする観光の新しい考え方」である。関東大震災のブックガイドに本書を紹介することは奇異に思えるかもしれないが、震災の記憶の継承に、地域研究者の案内による現地見学の役割が重要であることは言うまでもない。そのガイドの在り方を考える上で本書は参考になる。本書の問い――「忘れてはならない」とお題目を唱える以外になにができるか――は重要だ。

（小薗崇明）

資料編　関東大震災九〇周年記念集会の記録

九〇周年記念集会の意義と今後に向けて

二〇一三年八月三一日（土）、関東大震災九〇周年記念集会が明治大学・リバティーホールにて開催された。本集会は震災から九〇周年という時の流れに伴う事件の「風化」と昨今の教育の右傾化、ヘイトクライムなど朝鮮人や中国人へ向けられた排外主義的言動、レイシズムが蔓延る現状を踏まえ、次世代への「記憶の継承」に力点を置くことを確認し、テーマを「関東大震災で日本人が虐殺した犠牲者を追悼し、史実の歪曲を許さず歴史の真実を学びあい、「今」を考える」と設定した。

当日は約三〇〇人が集い、フロアからの質問と合わせて活発な議論が展開された。金順子氏・金順子韓舞楽学術団による「鎮魂の舞――白衣の魂」と、馬高彦氏による二胡演奏も共に実力者による迫力あるものだった。また、会場内のパネル展示「関東大震災時の中国人虐殺」も多くの参加者が熱心に見入っていた。

坂本昇氏は基調報告「震災九〇周年――歴史研究と歴史教育の課題を中心に」で、七〇周年・八〇周年の際の事務局長という氏自身の経験を踏まえ、当時の研究と運動の成果を端的にまとめた上で、現在の東京都や横浜市の副教材改悪問題をはじめとする歴史教育への政治の不当介入など歴史の歪曲について紹介した。その上でこれらの動きに抗するためには、単に「虐殺」などの表記にとらわれるのではなく、「震災前後の社会の構造・事件の実態や、時代の転換（ファシズムの萌芽期）がわかるような豊かな歴史認識の共有のための研究や教育の進展」が課題であると述べた。

次に米倉勉氏は、「日弁連勧告の意義と現状――排外主義傾向の中で」と題し、現在の排外主義的傾向が強まる中での同勧告の意義について、朝鮮人虐殺事件当時の状況を踏まえつつ、調査の経緯と内容とを具体的に示しながら報告した。氏は、国が虐殺事件の責任を放置したことの結果として、他民族への差別と迫害を容認・助長する社会意識が継続していったことを、新大久保のヘイトクライムや尖閣や竹島問題をめぐる世論誘導と、それに伴う排外的・攻撃的論調の高まりとを具体例に示された。関東大震災時から続く無責任体質が、現在までも継続する問題の根底にあるとの問いかけに、強い感銘を受けた。

続いて行われた北原糸子氏の報告「関東大震災における災害史研究の課題――下賜金の配分について」は、関東大震災を「自然災害」の側面から捉えつつ、震災の資料的特徴と資料公開上の問題点を指摘した上で、災害史研究の課題を述べたものであった。「人災」に主眼を置いたこれまでの記念集会とは趣を異にした、新鮮な報告であった。三・一一を契機に、災害史研究との架橋を試みた新たな一歩といえるのではなかろうか。

さらに鄭栄桓氏による報告「解放直後の在日朝鮮人運動と「関東大虐殺」問題」では、これまで「空白期」であった解放直後の在日朝鮮人による虐殺事件の真相究明と国家責任追及の活動の実態が明らかにされた。これまで日本史の枠内に限定されていた事件を在日朝鮮人史の文脈に位置づけた画期的な報告だったといえよう。氏が提起したとおり、東京裁判開廷当時活発に展開された戦争責任論議を再検討する上でも同時代の関東大震災をめぐる議論は極めて重要である。

また西崎雅夫氏は、「八広に追悼碑ができるまで――東京の朝鮮人虐殺の実態」と題し、墨田区八広にある朝鮮人追悼碑が建立されるまでの市民活動の経緯について、彼らが地道に行った多くの聞き取り調査とともに紹介した。筆者は昨年、東京歴史科学研究会の巡検で虐殺現場や追悼碑を訪れたことがあることから、大変興味深く伺った。

最後の登壇者・飛矢崎雅也氏の報告「共同の夢――アナーキズムと震災」は、大杉栄の思想を手掛かりに、政治権力と民衆との複雑な関係性を解き明かそうとした意欲的なものであった。虐殺の責任を追及するにあたり、「国家権力」の強調はややもすれば民衆の能動性を相対的に薄めることにもなりかねないが、自警団の心性に注目した氏の報告は、虐殺事件をめぐる研究の更なる深まりを提示し、坂本氏が提起された課題にも結び付くものではないだろうか。

集会終了後の懇親会では、日中友好協会と日朝協会など、戦後直後から追悼碑建立運動などにかかわってこられた会のメンバーの方々との懇談を通して、彼らがこの活動を一貫して支えておられることを実感した。さらに、西崎雅夫氏が運動にかかわるきっかけは、大学時代に受けた姜徳相氏の講義だということも知ることができた。筆者は運動の担い手ひとりひとりの、その誠実な歩みに深い敬意を禁じ得ないが、彼らの内に秘められた熱情の一端に触れられたことが大変な収穫であった。この場では、次の「一〇〇周年」に向けての意欲が語られもしたが、西崎氏のような戦後世代による地道な地域での「掘り起し」活動の集積が、今後の「記憶の継承」活動にとってもやはり重要な位置を占めるのではなかろうか。なお、本集会の事前準備には、実行委員会メンバーをはじめ、実行委員会事務局長・田中正敬氏のゼミ生を中心に専修大学の若手が活躍されていた。「一〇〇周年」に向けての新たな研究の地平へとバトンが受け継がれることと、地域での実直な調査活動のひとつひとつが歴史教育に結実することを願いつつ、更には筆者自身がなすべきことを模索しながら、日々の課題に悪戦苦闘する次第である。

（本庄十喜）

九〇周年記念集会・ディスカッションの記録

記念集会では各報告者からの報告後、集会参加者や司会からの質問をもとに、ディスカッションが行われた。前半は参加者から各報告者への質問、後半は総合討論という形で進められた。以下、質問順にどのような回答がされたのか記しておく。

前半は各報告者への質問として、報告への専門的な質問と総合討論につながる質問がなされた。最初の質問として、今、なぜ関東大震災が修正主義者から問題とされているのか昨今の風潮を問う質問が米倉勉氏、坂本昇氏になされた。

米倉氏は近年の社会では、新自由主義政策の進展により、社会が持っている「排他性」と「攻撃性」が高まってきており、弱者が弱者を鞭打つ構造が出てきている。また、刑罰の厳罰化などもあいまって、関東大震災での虐殺への攻撃や新大久保でのヘイト・スピーチへとつながっている印象を持っていると答えた。

坂本氏は、歴史修正主義者が最初に指摘したのは南京事件での「三〇万人虐殺説」について、次に着手したのは中学校歴史教科書の従軍慰安婦問題で、次は沖縄戦、そして関東大震災と段階的にさまざまな形で攻撃をしてきており、修正主義にも「歴史」があると説明している。

また、坂本氏には朝鮮人虐殺の人数はどのくらいであったのか、朝鮮人虐殺の歴史的背景に関する教育がうまく機能していないのではないのかという朝鮮人虐殺と歴史教育との関係についても質問が出された。

二つの質問に対し、坂本氏は吉野作造らによる調査で犠牲者は四〇〇〇～六〇〇〇名とあるが、一九二三年一二月に帝国議会でこの問題が取り上げられた時、政府は目下調査中であると答弁し、その調査の結果は九〇年経った今になってもいまだ発表されていない。朝鮮人虐殺の歴史的背景については、一九二三年九月一日だけを見ていてはわからなく、幕末・明治維新からずっと近代日本が帝国主義の道を歩んでいったその流れの中に、一九二三年がある。大きな近代史の流れとして事件全体を位置づけていく努力を地道にやっていかざるをえない、としている。

被災者に配られた下賜金について報告した北原糸子氏には、下賜金の配分の実態と今後の災害史研究と人災史研究との兼ね合いについて回答が求められた。北原氏は、下賜金は東京市一五の区の代表に伝達され、各区の被災者の数に基づいて、天皇から渡された特殊なものとして、伝達式を経て被災者に渡された。朝鮮籍の人を含め、震災で被災した外国人にも渡されている。関東大震災は朝鮮人虐殺というイメージで記憶されているが、歴史学者はその問題に限定して研究することなく、震災の全体像を捉え、朝鮮人問題を位置づける必要があると答えている。

一九四五年の解放直後の在日朝鮮人運動について報告した鄭栄桓氏には、中国人と朝鮮人が一緒に活動した運動はあったのか。国家責任を視野におく場合、民衆責任はどうなるのか、という質問が出された。

鄭栄桓氏は中国人と朝鮮人の連帯について、在日本朝鮮人聯盟はしばしば中国人と共に行動し、一九四七年には在日汎アジア民族会議を結成しており、今と比べてみても交流は密であったとする。

民衆責任については、解放直後、軍閥の責任だけに留まらずに、民衆は「だまされた」と規定され、その点で自警団の位置づけが非常にあいまいになっていった。これは震災のことだけに限らなかった。朝連には民罪責任という視点からの批判はあまりなく、むしろ他の団体の方が「日本人」全体への批判的言及が目立つとしている。

荒川河川敷での虐殺事件について報告した西崎雅夫氏には、墨田・荒川での事件を関東大震災下の朝鮮人虐殺事件全体の流れの中でどう位置づけられるのか、昨今の虐殺を否定する議論にどう対抗していくべきなのか、という質問が投げかけられた。

全体像の中での位置づけについては、証言を集めて調査しているが、人数も確定できていなく、全体像が明らかになっているとは思っていない。地域で話を聞いて、その地域で自警団や軍隊によって虐殺があったことは証言で確認できたが、逆に言うと、その地点で起こった事件を明らかにしたに過ぎない。

二点目の虐殺を否定する議論への対抗については、私たちの力ではなにもできなく、「意地」で追悼碑を作った。ただその意地があって、追悼碑があることで事実は消えずに伝えていくことができる。自分は当時を知る人の証言を聞くことができた最後の世代であり、その最後の世代が次に伝えていくしかないと西崎氏は回答している。

大杉栄のアナーキズムについて報告をした飛矢崎雅也氏には、関東大震災とアナーキズムとの関係性について質問がなされた。飛矢崎氏は地震により時の国家権力が一時的に機能不全に陥り、「権威」がない中で人間がどのような可能性を見せるのかが浮き彫りになった。その衝撃が特定の人々には、アナーキズムにはリアリティがあるのだとインパクトを与えたと答えている。また、大杉栄の思想にはニーチェの影響があったのではという質問に対して、大杉はニーチェを愛読しており、影響があったと回答している。

次に総合討論では二つの論点が提示された。一点目は、一九三七年の南京大虐殺と関東大震災での虐殺の歴史性についてどのように考え、教えるべきなのか、報告で南京大虐殺に言及した米倉氏と、震災下での虐殺を「関東大虐殺」と捉えている鄭栄桓氏、歴史教育に携わる坂本氏に回答が求められた。

米倉氏は両事件ともに、差別的価値観を持ち、他民族への抑圧・侵略を受け入れてしまう国民の姿がそこにはあった。私たちの社会が誤った行動をした段階で実態を明らかにして責任の所在を総括しておけばブレーキがかかったのに、どんどん暴走していった。それが震災から一四年後に起きた南京大虐殺であったと述べている。

一方、鄭栄桓氏は南京大虐殺と関東大震災との連続性は大きな問題であって、容易には言えない。戦後、国家責任の追及が深まりを見せていく可能性があったが、一九五〇年代に運動は頓挫してしまった。その背景には南北分断と冷戦体制があり、なぜ韓国で関東大震災時の虐殺について研究されていないのか、分断と冷戦の中で封じ込められていた虐殺の問題を考えていく視点が大切であるとする。

坂本氏は歴史教育における教材論という観点より、虐殺史の分析方法として比較する意味は否定しないが、虐殺史という枠組みで捉える方法にはあまり賛同できない。教材論としては何がどうして起こったのかを順番どおりに考えさせる史料を並べることが必要と答えた。

二点目の議題として、民衆は「だまされた」という言説について、責任の追及という側面から、どのように自警団を考えることができるのかという論点が出された。その議題に米倉氏、鄭栄桓氏、飛矢﨑氏が回答している。

米倉氏はいくら公権力が積極的であったとはいえ、それをやすやすと受け入れてしまう要素が民衆にはあった。ただし、民衆に責任があることは、決して国家責任を弱めることにはならない。鄭栄桓氏は、民衆は「だまされた」という言説は果たして有効なのかとした上で、戒厳令下で民衆や具体的な人々が軍隊から強制されていないのに殺した事例は実際には存在したのであって、国家責任の一部に民衆責任が組み込まれているということも言えるのかもしれない。飛矢﨑氏は埼玉・群馬の事件を見ていくと、多くの下層細民が事件に関わり、弱いものを下に見ることにより、自己肯定感の回復をはかる場所となっていた、とそれぞれ答えている。

最後に司会者（高野宏康、齊藤涼子、本庄十喜）より、昨今、歴史が歪曲される中で、歴史を学ぶ意義とは何か、今後の展望について、各報告者に発言が求められた。

各報告者からは歴史は反省の学問、自己認識の学問であること（飛矢﨑氏）を念頭におきながら、「意地」になりながらでも（北原氏）、丁寧に史実に基づいて歴史を明らかにし（米倉氏・坂本氏）、虐殺を否定する議論を批判していかなければならない（鄭栄桓氏）。史実に基づいた歴史を次の世代へと伝える「語り部」として歴史を伝えていきたい（西崎氏）とそれぞれ今後の展望を述べ、記念集会は閉会となった。

（小笠原強）

企画展示「関東大震災時の中国人虐殺」について

九〇周年記念集会では、企画展示「関東大震災時の中国人虐殺」として、関東大震災下で発生した中国人虐殺についてのパネルが会場内に展示された。

展示は九枚のパネルからなり、中国人虐殺の概要、震災当時の中国人の状況、震災への中国からの支援、虐殺事件として大島町事件・神奈川県下での虐殺、王希天の殺害、虐殺の発覚・隠蔽、今後への展望について、それぞれ史料や写真などを用いながら説明している。集会当日は、多くの方が足を止めて、説明を読まれていた。以下、パネル内容に沿って、中国人虐殺について記しておきたい。

関東大震災時の中国人虐殺は東京、神奈川で発生し、事件の実態や犠牲者数はいまだ明らかとなっていない。犠牲となったのは主に出稼ぎ労働者であった。

一九二三年の震災当時、日本には約七三〇〇人の中国人労働者がおり、そのうち約三五〇〇人が東京、神奈川に在留していた（仁木ふみ子『震災下の中国人虐殺 中国人労働者と王希天はなぜ殺されたのか』青木書店、一九九三年、一三九頁）。東京では大島町（現・江東区）や三河島、南千住などに多く居住しており、大島町には中国人労働者の相互扶助組織である「中華民国僑日共済会」（一九二二年設立。以下、僑日共済会）の事務所が置かれ、中国人労働者を支えていた。折しも日本は不景気で失業者が多く、厳しい労働条件のもと、日本語も話せず、日本の習慣にもなじめない中国人労働者への風当たりは強くなっていた。そのような社会背景のもとで、一九二三年九月一日に関東大震災は発生する。

震災の発生はすぐに中国で報道され、九月三日に北京政府（当時の中国政府）は被災者への見舞い電報を送り、震災状況の調査、義援金の送金、救援物資の輸送、中国赤十字医療チームの派遣などを命じ、日本への支援を表明した。

北京政府が日本への支援を表明した九月三日、東京・大島町で多くの中国人労働者が軍隊や自警団、警察によって虐殺される事件、大島町事件（図1）が発生している。この頃すでに、大島町付近では朝鮮人に関する流言が飛び交い、朝鮮人が虐殺される事件が発生していた。

三日朝、大島八丁目附近で二名の中国人が軍隊に銃殺されたことから始まった虐殺は、昼頃になると軍隊や自警団などが多くの中国人を戸外に連れ出し殺害し、午後三時には習志野騎兵第一四連隊が約二〇〇人を虐殺した。このほか、大島六丁目、進開橋付近など、大島町から砂町までの広い範囲で虐殺が発生しており、事件の背景には、日本人の労働人夫頭や労働者との仕事、賃金をめぐる対立があったとされている。

また同じ頃、神奈川でも虐殺が発生している。横浜の関内地区には中華街があり、多くの中国人が居住していた。震災

図1　大島町事件・王希天事件虐殺現場

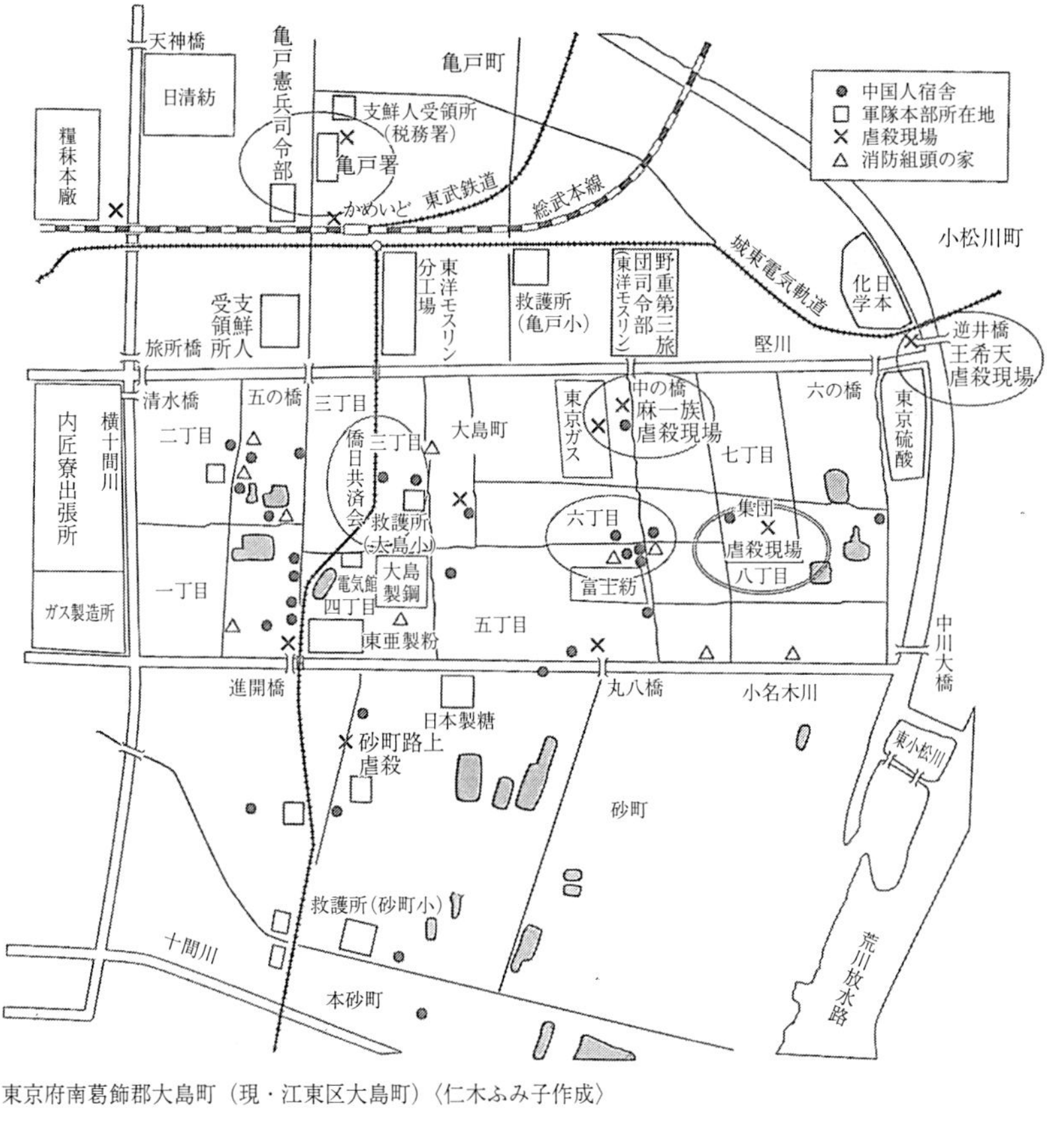

東京府南葛飾郡大島町（現・江東区大島町）〈仁木ふみ子作成〉

出典：仁木ふみ子編・今井清一監修『史料集　関東大震災下の中国人虐殺事件』明石書店、2008年。

図2　王希天
出典：仁木ふみ子『震災下の中国人虐殺――中国人労働者と王希天はなぜ殺されたか』（青木書店、1993年）

の発生により、大部分が倒壊、焼失してしまったため、中国人の多くは横浜港内の汽船や新山下の埋立地に避難していた。横浜でも自警団や警察により多くの中国人が被害に遭い、県西部では鉄道工事にあたっていた労働者が日本人労働者やブローカーによって殺害されている。

震災発生後、東京・大島町の中国人労働者の安否を気遣い、九月九日に大島町へ調査に入った一人の中国人がいた。前述の僑日共済会の役員を務めていた王希天（図2）であった。王希天は当時、中国人労働者の労働・生活条件改善のために尽力していたが、このような活動を地元の警察や人夫頭は快く思っていなかった。

大島町に調査へ入った王希天は九日午後、野戦重砲兵第七連隊に拘束され、一〇日には亀戸警察署へ移送されたが、一二日早朝に麻縄で縛られて警察署から連れ出され、逆井橋のたもとで兵士に殺害される。この王希天の殺害が明らかになったのは、震災から五十年以上経った一九七〇年代のことであり、野戦重砲兵第一連隊の兵士であった久保野茂次氏が自身の日記を公開したことにより、殺害の経緯が明らかにされた。

以上のような経緯を知るはずもない、王希天の友人らは九日夜より、王希天の捜索を始めた。捜索むなしく王希天の行方はわからぬまま、日本では救世軍本営で（一九二三年一二月二〇日）、中国では王希天の出身地である吉林で追悼会が営まれている（日本での追悼会については、仁木ふみ子編・今井清一監修『史料集 関東大震災下の中国人虐殺事件』明石書店、二〇〇八年、五五七～五六二頁を参照）。

流言の拡大やそれに伴う自警団・軍隊による朝鮮人・中国人の殺害が増え、問題が大きくなることを恐れた日本政府は九月四日に朝鮮人・中国人を習志野収容所に移送・拘留することを決定した。一時的に習志野に収容され、帰国を希望した中国人たちは九月一五日から数回に分けて、日本政府が用意した船で上海へ送還された。この上海への送還はただ人を移動させただけではなく、震災時に起こった中国人虐殺の情報を中国に伝えることとなる。

一〇月一二日に上海に到着した山城丸には重傷者四名が乗船しており、到着後すぐに手当てを受けている。その四名の口から大島町事件、王希天のことなどが伝えられ、翌日の上海の新聞（図3）は大々的に報道している。また、山城丸には王希天とともに僑日共済会で活動していた王兆澄が密かに乗船していた。王兆澄は船内で帰国する人々から事件の様子を聞きだし、上海到着後も日本からの帰国者に調査を行い、

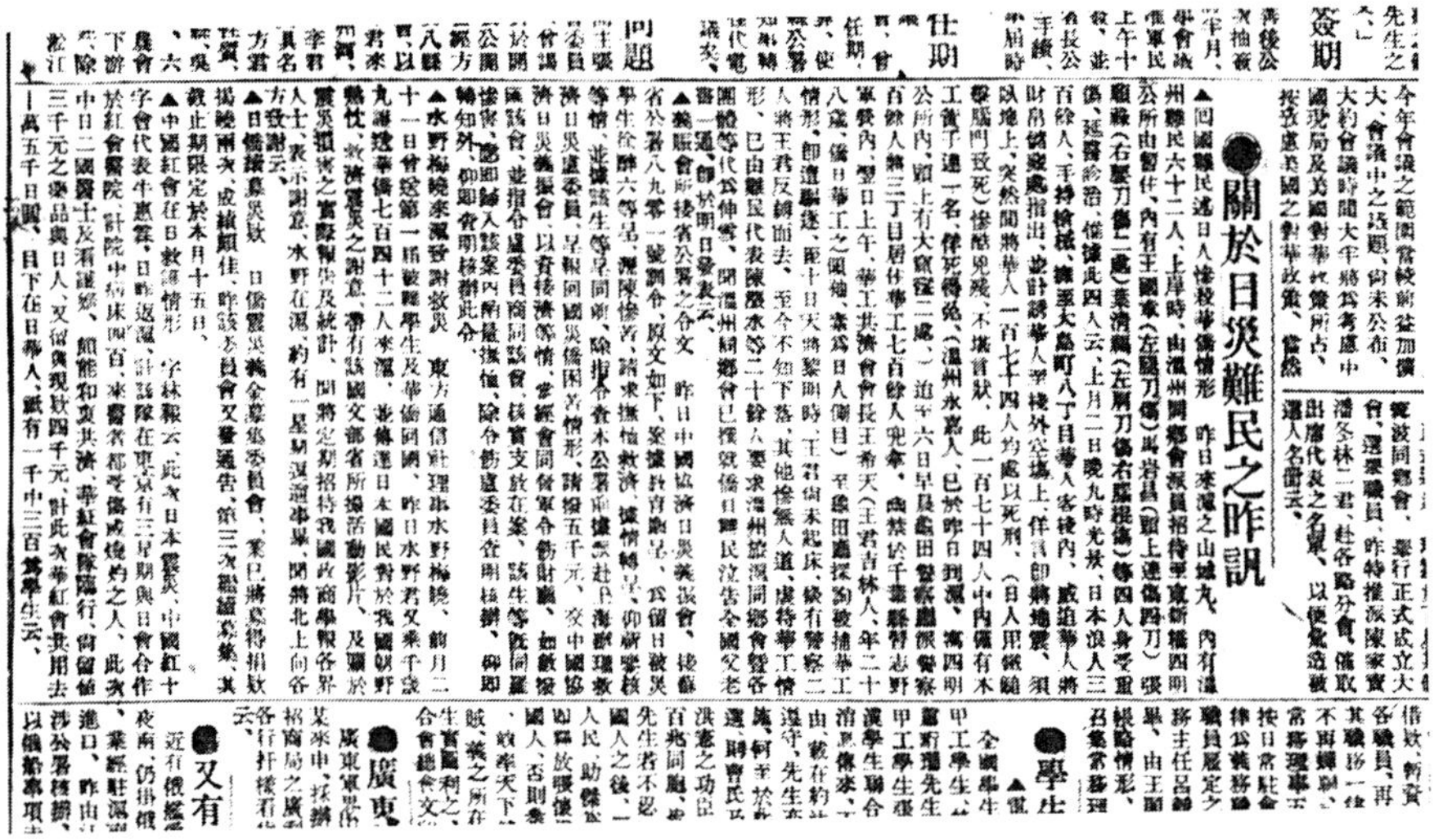

●關於日災難民之昨訊

図３　中国の新聞『時報』が、中国人の被害状況を伝えた記事

出典：『時報』1923年10月13日。

調査報告は連日、新聞に報道された。

日本での出来事が新聞報道されて以降、中国世論は日本への支援ムードから一転して、中国人虐殺事件と王希天事件の解明を要求するものへと変わっていった。一方、日本でも中国人虐殺に関する報道が一〇月一七、一八、二一日に『朝日新聞』に掲載されたものの、一一月七日には『読売新聞』朝刊の「支那《ママ》人殺害事件」と題する社説と関連記事が発禁となっている。その『読売新聞』の社説に触発されたのか、同日、日本政府は五大臣会議（山本権兵衛首相・後藤新平内相・伊集院彦吉外相・平沼騏一郎司法相・田中義一陸相）を開き、大島町事件や王希天事件の隠蔽が決定されている（前掲、『震災下の中国人虐殺』九七〜九九頁）。

中国で日本での虐殺事件が報道されて以降、北京政府には各地から事件の解明を求める声が届けられた。北京政府外交部は日本と交渉にあたっていたが、一九二三年一二月に王正廷を中心とする調査団を日本に派遣し、交渉を本格化させていく。しかし、調査団が派遣された後も情勢に変化はなく、責任者や加害者の処罰はせず、二四年五月に日本政府が「二十万円の慰藉金」を支払うことを決定しただけで（前掲、『震災下の中国人虐殺』九七〜九九頁、川島真「関東大震災と中国外交――北京政府外交部の対応を中心に」（川島真『中国近代外交の形成』名古屋大学出版会、二〇〇四年、五一八〜五四〇頁）、事件は未解決のまま現在に至っている。

以上、パネルの内容に即して、中国人虐殺の概略について説明してきた。繰り返しになるが、関東大震災から九〇年を迎えた現在も事件は未解決のままであり、いまだ不明な部分が多く残されている。この点は朝鮮人虐殺や日本人虐殺についても同様である。

幸いにも一九九五年の阪神・淡路大震災、二〇一一年の東日本大震災の際には、関東大震災と同様のことは起こらなかった。しかし、日中・日韓・日朝関係が不安定な現在、再び起こることはないと断言することはできない。二度と惨事を起こさないためにも、過去のことを史実に沿いながら明らかにしていき、今、そして今後に活かしていかなければならない。

（小笠原強）

団体紹介（団体加盟会員）

日本中国友好協会東京都連合会

一九五一（昭和二六）年、日本が中国やアジアの国々へ侵略戦争を行った歴史を教訓として、日本と中国が再び戦うことがないよう願う、内山完造をはじめとする人々により、設立。戦前の日本における中国蔑視への反省から、中国文化を広く日本人へ知らせる活動と不再戦平和の活動を行っている。設立当初は、日本へ強制連行された中国人犠牲者の遺骨送還運動に取り組み、その後、中国残留孤児支援などを実施。関東大震災については、毎年九月一日に行われる関東大震災朝鮮人犠牲者追悼行事実行委員会へ参加し、中国人犠牲者の追悼を行っている。中国人虐殺についてはいまだ実態がよくわかっておらず、調査および真相解明に取り組んでいる。

連絡先　東京都千代田区西神田二-四-一　東方学会ビル四階　日本中国友好協会東京都連合会　担当　北中一永

日朝協会東京都連合会

一九五五（昭和三〇）年に創立。「日本による三六年間の朝鮮植民地支配の完全清算と歴史認識の共有をめざす」取り組み等を行っている。日朝協会東京都連合会は東京を中心に活動する団体。関東大震災五〇周年にあたる一九七三（昭和四八）年には、この会を中心にした追悼碑建立実行委員会によって、東京都横網町公園内に関東大震災朝鮮人犠牲者追悼碑が建立された。以来、追悼碑の前で「九・一関東大震災朝鮮人犠牲者追悼式」を毎年九月一日に行っており、また、二〇〇七（平成一九）年からは毎月一日に追悼会を開催している。

連絡先　東京都千代田区三崎町二-一一-一三　MMⅡビル五〇一号　日朝協会東京都連合会　担当　赤石英夫

亀戸事件追悼会実行委員会

関東大震災の混乱の中、川合義虎、平沢計七など、一〇人の青年が特高警察に連行され、軍隊により虐殺される事件が発生した。これが亀戸事件である。事件が起こった東京都江東区亀戸の周辺は工業地帯であり、南葛労働会という労働組合が活動していた。殺された一〇人はこの会の青年幹部などであった。亀戸事件追悼会実行委員会は、事件を震災の混乱に乗じて労働運動の弾圧を狙った権力犯罪とし、このような事件を二度と繰り返させないため、事件の真相を後世に伝える活動を行っている。一九七〇（昭和四五）年には、かつての南葛労働会の事務所に程近い赤門浄心寺に、多くの団体・個人の協力を得て追悼碑を建立。毎年九月に追悼会を行うほか、現地フィールドワークや学習会を開催している。
連絡先 東京都文京区湯島二-四-四 平和と労働センター五階 日本国民救援会中央本部内亀戸事件追悼会実行委員会 担当 吉田進悟

千葉県における関東大震災と朝鮮人犠牲者追悼・調査実行委員会

一九七八（昭和五三）年、設立。千葉県の船橋・習志野・八千代などの地域で、関東大震災時の朝鮮人犠牲者に関する調査・追悼・遺骨の発掘等に取り組む。これまで、資料集第一集『関東大震災と朝鮮人 船橋市とその周辺で』（一九七八）、資料集第二集『関東大震災と朝鮮人 習志野騎兵連隊とその周辺』（一九七九）、『いわれなく殺された人びと』（青木書店、一九八三）、『八五周年資料集・会報縮刷版』（二〇〇九）、『千葉の「関東大震災と朝鮮人虐殺事件」を歩く――船橋・習志野・八千代フィールドワーク』（二〇一三）などを発行。会報「いしぶみ」は、一九七八年に創刊。二〇一三（平成二五）年一二月の「九〇周年特集号」で五〇号となった。『地域に学ぶ関東大震災』（日本経済評論社、二〇一二）では、この会の活動が詳細に取り上げられている。
連絡先 千葉県船橋市丸山一-三二-五 担当 平形千恵子

関東大震災時に虐殺された朝鮮人の遺骨を発掘し追悼する会

一九八二（昭和五七）年の発足以来、毎年九月に虐殺現場である東京都墨田区八広の荒川河川敷で追悼式を行っている。この場所は、軍隊が土手に機関銃を据えて多くの朝鮮人を撃ち殺した等、多数の証言が残されている地域である。一九九二（平成四）年、事件の目撃証言を中心とした『風よ、鳳仙花の歌をはこべ』を発行。二〇〇九年、荒川土手下の私有地に「関東大震災時韓国・朝鮮人殉難者追悼之碑」を建立。二〇一〇年、追悼碑維持管理のため、「一般社団法人ほうせんか」を設立した。現在は現地フィールドワーク等を中心に、二度と虐殺を起こさせないための様々な活動を行っている。
連絡先 東京都墨田区八広六-三一-八 一般社団法人ほうせんか 担当 西崎雅夫

もくれんの家
（NPO法人「共に生きる国際交流と福祉の家」）

二〇〇三（平成一五）年、国際交流および豊かな福祉社会の実現を目ざし、故八木ヶ谷妙子を理事長として設立。八木ヶ谷妙子は、関東大震災時に朝鮮人青年が虐殺される現場を目撃、その証言を伝え続けた。一九三〇年代末期に、中国で教員として活動した経験から、アジア平和への思いを強くし戦後民間交流を行ってきた。その後、NPO法人を設立し、在日・滞日の外国人、高齢者、障害者が安心して生きてゆける社会づくりを目指す活動を開始。アットホームな国際交流パーティーや講演会、映画会などを行い、地域での交流を広める。関東大震災時の朝鮮人、中国人虐殺の真相究明を求める団体との連携活動を積極的に続けている。国立歴史民俗博物館第五展示室「近代」の「都市社会と大震災」映像モニターでは八木ヶ谷妙子の証言が紹介されている。

連絡先　東京都杉並区阿佐ヶ谷北五-二七-一一　もくれんの家代表　八木ヶ谷まり

関東大震災朝鮮人虐殺の国家責任を問う会

関東大震災時に起こった朝鮮人虐殺について、日本政府は現在に至るまで虐殺への関与を隠蔽し、その責任を認めておらず、いまだに犠牲者の名前も人数もほとんどわからない状態が続いている。こうした状況を改めるため、これまで各地で追悼と調査研究に携わってきた市民が連帯して、二〇一〇（平成二二）年九月、関東大震災朝鮮人虐殺の国家責任を問う会が発足。政府が朝鮮人虐殺の責任を認め、遺族に謝罪して必要な措置を行うこと、犠牲者やその遺族についての調査を行うこと、虐殺事件の調査結果と資料の恒久的な保存・公開を行うことを求める活動を行っている。

連絡先　東京都新宿区大久保一-一二-一　第二韓国広場ビル八階　文化センターアリラン気付　関東大震災朝鮮人虐殺の国家責任を問う会事務局　担当　田中正敬

あとがき——関東大震災七〇年から九〇年へ

関東大震災九〇周年記念集会は、関東大震災時の朝鮮人、中国人、日本人虐殺の追悼と調査に携わってきた団体と、市民運動や歴史教育・歴史研究などの面からこの問題に関わってきた団体により構成されている。こうした枠組みが始まったのは、一九九三年、関東大震災七〇周年記念集会からであった。集会開催の直接の契機は、亀戸事件の真相究明に取り組んできた加藤文三氏の呼びかけだったという（逢坂英明「実行委員会の記録」、関東大震災七〇周年記念行事実行委員会編『この歴史永遠に忘れず　関東大震災七〇周年記念集会の記録』）。集会の開催の原動力として関東大震災関連研究や地域における様々な取り組みがあったことはいうまでもない。

その後、一〇年ごとの周年行事として、八〇周年、そしてこのたびの九〇周年記念集会がそれぞれ開催されてきた。その主要な加盟団体は、この二〇年間変わらない。そのことは、この集会の運営面や目的の継続性を示すものである。しかし、関東大震災の追悼や調査、そしてそれと関連するであろう社会情勢は、この間大きく変貌を遂げた。

関東大震災七〇周年記念集会は、「犠牲者追悼・体験・証言」、「災害と現代のくらし」、「大震災と歴史研究」、「大震災と歴史教育」という分科会形式で構成されていた。とりわけ南厳、五十嵐元三郎、八木ヶ谷妙子、金道任各氏による、「犠牲者追悼・体験・証言」は、この時代にしかできない企画であったと思う。これは、亀戸事件の体験者、治安維持法による検束の体験者、朝鮮人虐殺の目撃者、そして「行方不明」のまま遺骨も帰らなかった伯父の遺族の話を伺うという趣旨の分科会であり、貴重な証言を伺える機会であった。

現在、二〇〇三年一月に八木ヶ谷氏が亡くなられたことに象徴されるように、直接の体験者・目撃者から話を伺うことは著しく困難になっており、私たちはその体験談を映像記録や手記等を通じて知るか、記憶を受け継ぐ方々からの話により聞くしかない。本書のタイトルに示されるように、何を、いかに「記憶」として継承するかがいま、問われている。手前味噌で恐縮だが、追悼・調査に取り組んでこられた方々に話を伺った田中・専修大学関東大震災史研究会編『地域に学ぶ関東大震災』はそうした問題意識の表れである。千葉県の虐殺についてのドキュメンタリー『払い下げられた朝鮮人』（呉充功監督作品）が九〇周年記念集会の事前学習会で放映されたことも、そうした関心を象徴するものであろう。

関東大震災八〇周年記念集会では、シンポジウム①「世界から見た関東大震災史」において韓国と中国から研究者を招き報告を得たが、これはその後の日韓の研究者による合同の集会の先駆けと言えよう（『関東大震災八五周年朝鮮人犠牲者追悼シンポジウム』など）。また、八〇周年記念集会では、シンポジウム②「朝鮮人殺害事件等の追悼・検証活動」において福田・田中村事件、千葉県の高津における遺骨の発掘と追悼碑建立、朝鮮人の命を救った日本人を偲ぶ「感謝の碑」建立など、地域における新しい成果が紹介された。シンポジウム③「関東大震災と現在・未来」では震災後の復興過程の問題点、阪神・淡路大震災の問題、二〇〇三年八月の日弁連勧告（「関東大震災人権救済申立事件調査報告書」をもとにした小泉首相宛報告）が報告された。なお、この勧告は現在二〇一〇年に設立された「関東大震災朝鮮人虐殺の国家責任を問う会」による国会での真相究明の運動に影響を与えている。

以上のような、ここ二〇年の集会と直接・間接に関連したものを含めたこの問題に対する取り組みについて、管見の限りで書き出しても多くのものがある。前述した高津での遺骨発掘は一九九八年（翌年「関東大震災朝鮮人犠牲者慰霊の碑」を建立）、墨田区の「感謝の碑」建立が二〇〇一年、福田・田中村事件の「関東大震災福田村事件犠牲者　追悼慰霊碑」建立が二〇〇三年である。八〇周年記念集会後も、大宮での事件で亡くなった姜大興の追悼式が始まり（常泉寺、二〇〇七年から）、荒川河川敷脇の「悼」碑の建立（二〇〇九年）、二〇一三年には「関東大震災で虐殺された中国人労働者を追悼する集い」、「関東大震災時朝鮮人虐殺　九〇年　神奈川追悼会」などの集いが新たに始まったこと、などが挙げられる。

九〇年記念集会についての詳細は本書の「はしがき」「資料編」に譲るが、この集会とそれに関連する事前学習会では、こうした近年の取り組みの一端と、研究者による積極的なアプローチを読み取っていただけるのではないかと思う。

関東大震災史研究はいま、虐殺に関わる諸事件の縦軸や横軸のつながり、学際的な視点に関わる新しい枠組みを提示しようとしていると思われる。近年の排外的な言動が隆盛を極め一定の市民権を得ている現状（排外主義自体は歴史的なものだが）のもとで、そうした新たな枠組みをいかに有効に提示できるかが今後の課題になるのではないだろうか。

震災時の「人災」による犠牲者の名前の多くが不明であり犠牲者数を確定する手がかりもない。遺族にとっては未解決の虐殺事件である。九〇年記念集会とこの記録集が、こうした現状を再確認するとともに、新たな問題意識を広げる契機となれば、主催者の一人としてこれにまさる喜びはない。

本書の編集は、関東大震災九〇周年記念行事実行委員会での決定を受け、高野宏康・小笠原強・小薗崇明・本庄十喜・宮川英一から構成される編集委員会が担当した。同実行委員会の坂本昇さんには編集にあたって様々なご協力をいただいた。この場を借りて感謝申し上げる。

最後に、長年にわたり関東大震災関連本の出版を引き受けていただき、このたびも本書の出版を快諾してくださった日本経済評論社の栗原哲也社長と編集担当の新井由紀子氏に感謝申し上げたい。相当に難産であった本書が完成できたのは、お二人からの叱咤激励と的確なアドバイスをいただいたためである。昨今の出版事情のなかでの私どもの地道な仕事は、お二人を始めとした出版人のご理解なくしては成り立たないことを、あらためて実感する。本当にありがとうございました。

田中正敬

関東大震災九〇周年関連年表　二〇〇三～二〇一四年

年	月日	関東大震災関連事項
2003		**関東大震災80周年**
	7・15	展示「大震災と報道展」（日本新聞博物館）-10・19
	7・26	展示「八〇年目の記録　関東大震災といま」（神奈川県立歴史博物館）-9・7
	8	韓国の職人により高津・観音寺（千葉県八千代市）の普化鐘楼を塗り替え
	8・1	展示「THE 地震展「その時」のために」（国立科学博物）-10・26
	8・20	展示「ミニパネル展　描かれた朝鮮人虐殺」（高麗博物館）-9・28
	8・25	日本弁護士連合会が小泉純一郎・内閣総理大臣に「関東大震災時における虐殺事件に関する人権救済」の勧告を行う
	8・27	「関東大震災朝鮮人虐殺八〇周年千葉県報告会」（講師：山田昭次、会場：千葉商工会議所）
	8・30	「関東大震災と記録映画　都市の死と再生」（主催：二一世紀COE研究拠点形成プログラム・生命の文化・価値をめぐる「死生学」の構築、会場：東京国立近代美術館フィルムセンター）
	8・30	「関東大震災八〇年・三宅島避難生活三周年シンポジウム　必ずくる大震災からいのちとくらしをどう守るか」（主催：同シンポジウム実行委員会、会場：文京区民センター）
	8・30	関東大震災八〇周年記念集会（会場：亀戸文化センター）-8・31
	8・31	関東大震災直後の憲兵隊が朝鮮人収容所にスパイを送っていたこ

月	主な著作
1	文京ふるさと歴史館編『移りゆくまちの風景　関東大震災後の文京』文京ふるさと歴史館
3	「福田村事件の真相」編集委員会編『福田村事件の真相　第三集』千葉福田村事件真相調査会
5	武村雅之『関東大震災　大東京圏の揺れを知る』鹿島出版会
7	神奈川県立歴史博物館編『80年目の記憶　関東大震災といま』神奈川県立歴史博物館
	読売新聞東京本社文化事業部ほか編『関東大震災80年　THE 地震展』読売新聞東京本社
	小沢健志編『写真で見る関東大震災』筑摩書房
8	日本新聞博物館編『大震災と報道展　関東大震災八〇周年企画』日本新聞博物館

年	月日	関東大震災関連事項
2003		とを示す内部資料が発見される（『朝日新聞』朝刊）＊同史料の原文は10・5発売の『論座』11月号に掲載
	9・1	「関東大震災八〇周年秋季慰霊大法要」（主催：東京都慰霊協会、会場：東京都慰霊堂）
	9・1	「関東大震災八〇周年記念朝鮮人犠牲者追悼式」（主催：9・1関東大震災朝鮮人犠牲者追悼式実行委員会、会場：東京・横網町公園）
	9・1	関東大震災の死者・不明者数が、長く定説となっていた約一四万人ではなく、約一〇万五千人であることが武村雅之・諸井孝文の研究により判明したことが報じられる（『朝日新聞』夕刊）
	9・6	「関東大震災八〇周年朝鮮人受難者追悼式」（主催：関東大震災時に虐殺された朝鮮人の遺骨を発掘し追悼する会・グループほうせんか、会場：東京・荒川河川敷）
	9・6	「関東大震災八〇周年朝鮮人犠牲者追悼式」（主催：日朝協会埼玉県連合会、会場：埼玉会館集会室）
	9・6	「福田村・田中村事件追悼碑除幕式」（主催：福田村事件を心に刻む会・千葉県福田村事件真相調査会、会場：野田市三ツ堀・円福寺大利根霊園）
	9・7	「関東大震災八〇周年朝鮮人犠牲者追悼・慰霊祭と「お話と懇談の集い」（主催：千葉県における関東大震災と朝鮮人犠牲者追悼・調査実行委員会、会場：千葉・高津観音寺）
	9・7	「亀戸事件八〇周年追悼会」（主催：亀戸事件追悼会実行委員会、会場：東京・赤門浄心寺）
	9・12	「関東大震災八〇周年朝鮮人犠牲者追悼式・学習会」（主催：日朝友好連帯群馬県民会議・連合藤岡地協）-9・13

月	主な著作
9	太平洋戦争研究会編『図説関東大震災』河出書房新社
	松尾章一『関東大震災と戒厳令』吉川弘文館
	山田昭次『関東大震災時の朝鮮人虐殺　その国家責任と民衆責任』創史社、八月書館（発売）
	姜徳相『関東大震災・虐殺の記憶』青丘文化社
	竹久夢二、川村花菱、山村耕花『夢二と花菱・耕花の関東大震災ルポ』クレス出版
	小林恒子『関東大震災　女学校の時代』東京布井出版
12	「女性・戦争・人権」学会学会誌編集委員会編『「特集」関東大震災八〇周年　近現代史再考』行

9・14 「関東大震災八〇周年記念集会　戒厳令と有事法制を考える」（主催：中国山地教育を支援する会、会場：亀戸文化センター）

路社

2004

8・18 関東大震災八〇周年記念集会閉会総会および、同集会の総括集『世界史としての関東大震災　アジア・国家・民衆』の出版記念懇親会開催（会場：東京文教シビックスカイホール）

8・29‐10・3 展示「パネルと写真で見る関東大震災　朝鮮人虐殺と新聞報道」（高麗博物館）

9・5 「講演　亀戸事件の時代と現在」（講師：浜林正夫、会場：亀戸文化センター）

9・5 「関東大震災から八一年　朝鮮人・中国人虐殺を再考する」（主催：日本学術振興会　ジェノサイド研究の展開（CGS・事務局：東京大学）、会場：東京大学駒場キャンパス）

9・5 「在日韓民族無縁之霊慰霊祭」（主催：日韓親善友好交流・慰霊祭五周年記念　在日韓民族無縁の霊碑を守る会、会場：埼玉・高麗山聖天院）

1 山田昭次編『朝鮮人虐殺関連新聞報道史料』（一～四巻、別巻）緑蔭書房

共立女子大学総合文化研究所神田分室編『歴史と文学・芸術　関東大震災　共同研究』共立女子大学総合文化研究所神田分室

3 東京大学大学院人文社会系研究科21世紀COEプログラム「生命の文化・価値をめぐる『死生学』の構築」『関東大震災と記録映画　都市の死と再生シンポジウム報告論集』東京大学大学院人文社会系研究科

7 河野義克、河野啓子編『関東大震災の記』［河野啓子］

8 吉村昭『関東大震災』文藝春秋（文春文庫、新装版）

9 関東大震災80周年記念行事実行委員会編『世界史としての関東大震災：アジア・国家・民衆』日本経済評論社

11 河村いと『関東大震災に遭って　長男真理に書き記す』［関口満津子］

12 鈴木淳『関東大震災　消防・医療・ボランティアから検証する』筑摩書房

2005

7 東京都編『関東大震災と救護活動』（都史資料集成　東京都編第六巻）東京都

年	月日	関東大震災関連事項	月	主な著作
2005			8	ノエル・F・ブッシュ著、向後英一訳『正午二分前　外国人記者の見た関東大震災』早川書房
			11	武村雅之『手記で読む関東大震災』（シリーズ日本の歴史災害　第5巻）古今書院
2006	8・26	「シンポジウム　歴史災害と都市――京都・東京を中心に」（主催：立命館大学21世紀COEプログラム「文化遺産を核とした歴史都市の防災研究拠点」、神奈川大学21世紀COEプログラム「人類文化研究のための非文字資料の体系化」、会場：みなとみらい　クイーンズタワーA）-8・27	7	中央防災会議災害教訓の継承に関する専門調査会編『1923 関東大震災報告書　第一編』中央防災会議災害教訓の継承に関する専門調査会
			9	小櫻景如著、小川益生監修『東京消失　関東大震災の秘録』文藝春秋
			11	田中傑『帝都復興と生活空間　関東大震災後の市街地形成の論理』東京大学出版会
2007	7・30	展示「絵葉書に見る関東大震災」（金沢大学史料館）-9・28	6	和田博文監修『関東大震災』（コレクション・モダン都市文化第26巻）ゆまに書房
	9・3	「関東大震災八四周忌　在日朝鮮人虐殺の真相究明と名誉回復のための特別行事」（主催：アヒムナ（韓国の市民団体）、会場：韓国ソウルの国会議員会館）	9	今井清一『横浜の関東大震災』有隣堂
	11・17	「関東大震災における朝鮮人虐殺の真相究明と名誉回復を求める日韓在日市民の会」（1923 市民の会）発足		
2008		**関東大震災85周年**	3	朝鮮大学校編『関東大震災における朝鮮人虐殺の真相と実態』綜合企画舎ウイル（復刻版）
	8・9	「関東大震災八五周年朝鮮人犠牲者追悼シンポジウム」（主催：関東大震災八五周年シンポジウム実行委員会、会場：在日韓国YMCA）	8	福田和也『昭和天皇　第二部　英国王室と関東大震災』文藝春秋
				関東大震災85周年シンポジウム実行委員会編『震災・戒厳令・虐殺　関東大震災八五周年朝鮮人犠牲

年	月日	事項
	9・9	展示「地図にみる関東大震災」（地図と測量の科学館）－11・3
	10・18	劇団タルオルムによる関東大震災関連の演劇「ゆらぐ」上演（会場：大阪人権博物館リバティホール）、10・19
2009	3・5	千葉県における関東大震災と朝鮮人犠牲者追悼・調査実行委員会が、八千代市史編纂委員会に対して『八千代市の歴史』通史編・下巻（08・3）の関東大震災関係の記述の訂正を要請
	3・14	「公開研究会　震災復興と文化変容　関東大震災後の横浜・東京」（主催：神奈川大学非文字資料研究センター、会場：横浜ランドマークタワー）

牲者追悼シンポジウム　事件の真相糾明と被害者の名誉回復を求めて』三一書房

武村雅之『天災日記　鹿島龍蔵と関東大震災』鹿島出版会

9　歴史地震研究会編『地図にみる関東大震災　関東大震災の真実』日本地図センター

グループほうせんか、関東大震災時に虐殺された朝鮮人の遺骨を発掘し追悼する会『共に生きる明日のために　みんなで建てよう！　関東大震災韓国・朝鮮人犠牲者追悼碑』グループほうせんか関東大震災時に虐殺された朝鮮人の遺骨を発掘し追悼する会

千葉県における関東大震災と朝鮮人犠牲者追悼・調査実行委員会編『関東大震災八五周年　千葉県における関東大震災と朝鮮人犠牲者追悼・調査実行委員会　資料集』同会

10　仁木ふみ子編、今井清一監修『関東大震災下の中国人虐殺事件　史料集』明石書店

3　中央防災会議災害教訓の継承に関する専門調査会編『1923 関東大震災報告書　第二編　第三編』中央防災会議災害教訓の継承に関する専門調査会

千葉県環境財団編『防災誌　関東大震災　千葉県の被害地震から学ぶ震災への備え』千葉県総務部消防地震防災課

年	月日	関東大震災関連事項	月	主な著作
2009	3・28	「国際シンポジウム　関東朝鮮人虐殺：植民地犯罪、日本の国家的責任を問う」（主催：関東大震災朝鮮人虐殺真相究明と名誉回復のための韓・日・在日市民 連帯、後援：東北亜歴史財団、会場：韓国ソウル市、韓国基督教会館）	9	武村雅之『未曾有の大災害と地震学　関東大震災』（シリーズ繰り返す自然災害を知る・防ぐ　第6巻）古今書院
	7・18	「公開研究会　震災復興と文化変容　モダン文化と震災の記憶」（主催：神奈川大学非文字資料研究センター、会場：神奈川大学横浜キャンパス）		千葉県における関東大震災と朝鮮人犠牲者追悼・調査実行委員会編『関東大震災八五周年　千葉県における関東大震災と朝鮮人犠牲者追悼・調査実行委員会　資料集　増補改訂版』千葉県における関東大震災と朝鮮人犠牲者追悼・調査実行委員会
	8・29	荒川河川敷に関東大震災時 韓国・朝鮮人殉難者追悼之碑建立、除幕式開催（グループほうせんか・「関東大震災時に虐殺された朝鮮人の遺骨を発掘し追悼する会」）	12	工藤美代子『関東大震災　朝鮮人虐殺の真実』産経新聞社
	10・31	「公開研究会　よみがえる都市景観　震災復興期の都市美運動」（主催：神奈川大学非文字資料研究センター、会場：神奈川大学横浜キャンパス）		
2010	2・1	展示「横浜・関東大震災の記憶」（横浜市中央図書館）-3・28	4	日本近代史研究会編『関東大震災の時代　写真記録』日本ブックエース、日本図書センター（発売）
	2・3	シンポジウム「横浜・関東大震災の記憶」（主催：横浜市史資料室、会場：横浜市中央図書館）		北原糸子編『関東大震災　写真集』吉川弘文館
	4・24	シンポジウム「「関東大震災」研究の新潮流　文理融合を目指して」（主催：首都圏形成史研究会、共催：関東大震災資料調査会、会場：神奈川県立歴史博物館）	8	渋沢栄一記念財団渋沢史料館編『渋沢栄一と関東大震災　復興へのまなざし』渋沢栄一記念財団渋沢史料館
	9・1	展示「関東大震災時の朝鮮人虐殺と国家・民衆」（在日韓人歴史資料館）-12・25	9	横浜市史資料室編『横浜・関東大震災の記憶　報告書』横浜市史資料室
	9・11	「セミナー　震災時の朝鮮人虐殺を捉える　地域での調査が明らかにしたことと国家責任」（主催：企画展「関東大震災時の朝鮮人虐		「企画展示　関東大震災時の朝鮮人虐殺と国家・

		殺と国家・民衆」実行委員会・在日韓人歴史資料館、講師：田中正敬、会場：在日韓人歴史資料館）		民衆」実行委員会・在日韓人歴史資料館編・発行『在日韓人歴史資料館　第7回企画展「関東大震災時の朝鮮人虐殺の国家・民衆」資料と解説』
	9・24	関東大震災朝鮮人虐殺の国家責任を問う会、発足		「関東大震災を描く」展図録編集員編『関東大震災を描く　絵巻・漫画・子どもの絵』（東都大震災過眼録絵巻　全三巻展示図録）神奈川大学非文字資料研究センター
	10・2	「セミナー　震災下の虐殺を若い世代にいかに伝えるか　スライド作成を通じて千葉県で虐殺に取り組む」（主催：企画展「関東大震災時の朝鮮人虐殺と国家・民衆」実行委員会・在日韓人歴史資料館、講師：西沢文子、会場：在日韓人歴史資料館）	12	フェリス女学院150年史編纂委員会編『関東大震災女学生の記録　大震火災遭難実記』フェリス女学院
	10・22	展示「関東大震災を描く　絵巻・漫画・子どもの絵」（神奈川大学常民参考室）-11・1		
	10・30	「公開研究会　関東大震災を描く　絵巻・漫画・子どもの絵」（主催：神奈川大学非文字資料研究センター、会場：神奈川大学横浜キャンパス）		
	10・30	「公開ワークショップ　関東大震災の布絵づくり」（主催：神奈川大学非文字資料研究センター、会場：神奈川大学横浜キャンパス）		
	11・6	「セミナー　歴史を語り継ぐ　東京・下町と韓国での聞き書きを経て」（主催：企画展「関東大震災時の朝鮮人虐殺と国家・民衆」実行委員会・在日韓人歴史資料館、講師：矢野恭子、会場：在日韓人歴史資料館）		
2011	2・15	新しい歴史教科書をつくる会、国立歴史民俗博物館長宛に「国立歴史民俗博物館の偏向展示の抜本的改善を求める申し入れ書」を提出	1	上西勇『関東大震災　災禍を語り継ぐ石碑』［上西勇］
	3・11	東北地方太平洋沖地震にともなう**東日本大震災**が発生	7	西崎雅夫『関東大震災時　朝鮮人虐殺事件　東京下町フィールドワーク資料』関東大震災時に虐殺された朝鮮人の遺骨を発掘し追悼する会
	4・28	千葉県における関東大震災と朝鮮人犠牲者追悼・調査実行委員会、国立歴史民俗博物館長宛に「第五室　関東大震災関係展示につい	8	北原糸子『関東大震災の社会史』朝日新聞出版

年	月日	関東大震災関連事項
		て」要請文書を提出
2011	6・26	関東大震災朝鮮人虐殺の国家責任を問う会・第一回学習会「ヘイト・クライム（憎悪犯罪）は社会を壊す――排外主義・ナショナリズム・人種差別」（講師：前田朗、会場：文化センター・アリラン）
	8・21	関東大震災90周年記念行事実行委員会準備会（第一回）開催
	9・24	関東大震災朝鮮人虐殺の国家責任を問う会・第二回学習会「なぎの原の発掘と慰霊碑建立」（講師：平形千惠子・大竹米子）
	10・1	展示「関東大震災とお茶の水女子大学本館　校舎焼失からの復興」（お茶の水女子大学歴史資料館）-10・14
	10・22	展示「大震災と外交　関東大震災と明治・昭和三陸地震」（外務省外交史料館）-12・4
	11・26	「シンポジウム　歴史に学ぶ震災への備え　関東大震災と藤沢」（主催：藤沢市文書館、会場：労働会館ホール）
	11・30	関東大震災朝鮮人虐殺の国家責任を問う会・第一回院内集会／第三回学習会「八木ヶ谷妙子さんの証言映像と解説」（解説：西崎雅夫、会場：衆議院第二議員会館）
	12・4	「シンポジウム　表現者たちの関東大震災」（主催：明星研究会、会場：文化学院ホール）
2012	2・1	展示「関東大震災と東京の復興　定点観測者としての通信社」（東京駅前地下広場）-2・28
	4・21	「関東大震災九〇周年に向けての第一回学習会」（講演：高野宏康、

月	主な著作
9	上西勇『石碑は語る　関東大震災の惨害　神奈川県編』1・17希望の灯り
	倉数茂『私自身であろうとする衝動　関東大震災から大戦前夜における芸術運動とコミュニティ』以文社
	山田昭次『関東大震災時の朝鮮人虐殺とその後　虐殺の国家責任と民衆責任』創史社、八月書館（発売）
10	鐵道省編、老川慶喜解題『関東大震災・国有鉄道震災日誌』日本経済評論社
	お茶の水女子大学歴史資料館編『関東大震災とお茶の水女子大学本館　校舎焼失からの復興』お茶の水女子大学歴史資料館
11	朝日新聞出版ＡＥＲＡ編集部編『関東大震災　昭和三陸大津波　完全復刻アサヒグラフ』朝日新聞出版
	筒井清忠『帝都復興の時代　関東大震災以後』中央公論新社
	松葉一清監修『復興建築の東京地図　関東大震災後、帝都はどう変貌したか』平凡社
1	西崎雅夫『関東大震災時　朝鮮人虐殺事件　東京フィールドワーク資料（下町以外編）』関東大震災時に虐殺された朝鮮人の遺骨を発掘し追悼する

主催：千葉県における関東大震災と朝鮮人犠牲者追悼・調査実行委員会、会場：船橋市勤労市民センター）

4・28 関東大震災朝鮮人虐殺の国家責任を問う会・第四回学習会「関東大震災・東京の朝鮮人虐殺事件 証言収集から見えてきたもの」（講師：西崎雅夫、会場：在日韓人歴史資料館）

4・28 展示「睦沢町の大正時代」（睦沢町立歴史民俗資料館）-8・12

7・17 展示「東京 その復興の歴史」（千代田区立日比谷図書館文化館）-9・2

7・24 関東大震災朝鮮人虐殺の国家責任を問う会 第二回院内集会／第五回学習会「関東大震災の虐殺は何だったのか？—体制危機の時代の震災と排外主義」（講師：森川文人、会場：衆議院第二議員会館）

7・30 展示「大震災の記憶と記録」（東京都公文書館）-10・25

8・28 関東朝鮮人虐殺真相究明のための国際シンポジウム「関東コリアンジェノサイドと国家 そして民衆」（共同主催：1923韓日在日市民連帯、韓国基督教長老会済州老会、生命宣教連帯、会場：韓国、済州4・3平和公園）

9・1 展示「関東大震災と復興の時代」（台東区下町風俗資料館）-12・2

9・8 「虐殺された朝鮮人を慰霊するつどい」（主催：「虐殺された朝鮮人を慰霊するつどい」実行委員会、講演：山田昭次、映画『隠された爪跡』呉充功監督、会場：東京朝鮮第五初中級学校）

10・6 関東大震災朝鮮人虐殺の国家責任を問う会・第六回学習会「在日朝鮮人の形成と「関東大虐殺」」（講師：鄭栄桓）

10・7 展示「東京低地災害史 地震、雷、火事？……教訓！」（葛飾区郷土と天文の博物館）-11・25

会

2 新聞通信調査会、共同通信社編『「関東大震災と東京の復興」定点観測者としての通信社 写真展』新聞通信調査会

3 藤沢市文書館編『関東大震災と藤沢 上』（藤沢市史料集）藤沢市文書館

武村雅之『関東大震災を歩く 現代に生きる災害の記憶』吉川弘文館

横山正明編著『草加・越谷と関東大震災』緑風書房

茅ヶ崎市史編集員会編『ちがさきの関東大震災 市民の記憶』（茅ヶ崎市史ブックレット14）茅ヶ崎市

5 尾原宏之『大正大震災 忘却された断層』白水社

6 西崎雅夫『関東大震災時 朝鮮人関連「流言蜚語」・東京証言集』関東大震災時に虐殺された朝鮮人の遺骨を発掘し追悼する会

高橋幹夫『同潤会再考 関東大震災被災者住宅供給と義損金浪費』［高橋幹夫］

7 内田宗治『関東大震災と鉄道』新潮社

8 田中正敬、専修大学関東大震災史研究会編『地域に学ぶ関東大震災 千葉県における朝鮮人虐殺 その解明・追悼はいかになされたか』日本経済評論社

年	月日	関東大震災関連事項
2012	11・18	関東大震災九〇周年記念行事実行委員会設立総会および第一回学習会（講師：山田朗「関東大震災後の社会と軍国主義への道」、会場：明治大学駿河台校舎）
	11・20	関東大震災朝鮮人虐殺の国家責任を問う会・第三回院内集会／第七回学習会「関東大震災時の朝鮮人　虐殺と国家・民衆――なぜ関東大震災で虐殺が起きたのか」（講師：田中正敬、会場：衆議院第二議員会館）
	11・20	展示「後藤新平と東京の震災復興」（東京都公文書館）-12・5
	12・22	展示「写真とことばが伝える茅ヶ崎の関東大震災」（茅ヶ崎市文化資料館）-'13・03・17
2013	1・2	関東大震災で朝鮮人が虐殺される現場を目撃し、その体験を語り伝えてきた八ヶ木谷妙子氏（NPO法人「共に生きる国際交流と福祉の家」代表）が死去
	1・12	関東大震災九〇周年記念行事実行委員会・第二回学習会（講師：椎名則明「震災遭難児童弔魂像の建立と関東大震災の記憶」、高野宏康「関東大震災後の記憶と記録――東京都慰霊堂と復興記念館を中心に」、専修大学神田校舎）
	1・19	展示「関東大震災と東日本大震災　文学は震災とどう向き合ってきたのか」（さいたま文学館）-3・10
	1・24	東京都教育委員会、高校日本史の副読本『江戸から東京へ』の来

年	月	主な著作
2012	9	神沼克伊『首都圏の地震と神奈川』有隣堂 東京都台東区立下町風俗資料館編『関東大震災と復興の時代』台東区芸術文化財団台東区立下町風俗資料館 永沢道雄『江戸・東京が震えた日　安政大地震と関東大震災』潮書房光人社
	11	藤岡洋保監修『明石小学校の建築　復興小学校のデザイン思想』東洋書店
	12	小林正泰『関東大震災と「復興小学校」　学校建築にみる新教育思想』勁草書房 伊東市立伊東図書館編『こわかった地震津波　関東大震災を体験した宇佐見小学校全児童の作文集』伊東市立伊東図書館
2013	1	たみやじゅん『関東大震災で飛躍した企業　今こそ学べ！　成功の発想力』上毛新聞社事業局出版部 さいたま文学館編『関東大震災と東日本大震災　文学は震災とどう向き合ってきたのか　テーマ展』さいたま文学館
	2	鈴木勇一郎、高嶋修一、松本洋幸編著『近代都市の装置と統治　1910～30年代』日本経済評論社

	年度版における朝鮮人虐殺に関わる記述の変更発表	
2・8	「講演会　関東大震災と富士山噴火　目立たぬ神奈川の災害要因」（主催：一般社団法人日本地震工学会、会場：パシフィコ横浜）	
2・8	高校日本史の副読本『江戸から東京へ』の関東大震災記述について、在日本大韓民国民団（民団）が都教委に抗議文を送る	
2・15	展示「記録に見る関東大震災・東日本大震災」（神奈川県立図書館）-3・31	
2・26	展示「大佛次郎が見た関東大震災」（大佛次郎記念館）-3・24	
2・23	関東大震災朝鮮人虐殺の国家責任を問う会、東京都教育委員会（教育長）宛に「東京都立高等学校日本史協会諸『江戸から東京へ』の改訂に関する質問状」提出	
3・9	「シンポジウム　関東大震災と近代日本のリーダー　渋沢栄一・後藤新平・吉野作造」（主催：公益財団法人渋沢栄一記念財団研究部、会場：東北大学川内萩ホール会議室）	3　出崎哲弥『鏡花利生記　泉鏡花と関東大震災』山越
3・9	関東大震災朝鮮人虐殺の国家責任を問う会・第八回学習会「虐殺事件の裁判記録からわかること」（講師：藤野裕子、会場：在日韓人歴史資料館）	北原糸子、武村雅之監修『関東大震災　1923年、東京は被災地だった』東京防災救急協会
3・9	展示「大磯の災害　かつてこの地で起きたこと」（大磯町郷土資料館）-5・12	
3・23	関東大震災九〇周年記念行事実行委員会・第三回学習会「関東大震災下に「誤殺」されたろう者について」（講師：小薗崇明）、「関東大震災の復興事業――同潤会アパートと橋梁を中心に」（講師：東海林次男）、会場：専修大学神田校舎	
4・15	展示「関東大震災　震災から復興へ」（神奈川県立図書館）-7・13	
4・17	関東大震災朝鮮人虐殺の国家責任を問う会・第四回院内集会（衆議	

年	月日	関東大震災関連事項	月	主な著作
2013		院第二議員会館）	6	田中哮義編・解説『日本災害資料集　火災編第2巻（大正大震災大火災、大地震による大火災、関東大震災と帝都復興事業）』クレス出版
	4・20	展示「検証・過去の災害記録」（神奈川県立公文書館）-8・17		
	5・11	関東大震災九〇周年記念行事実行委員会・第五回学習会（映画上映：呉充功監督作品『払い下げられた朝鮮人　関東大震災と習志野収容所』、小笠原強「関東大震災下、船橋・習志野地域における朝鮮人虐殺の解明と記憶の継承について――『地域に学ぶ関東大震災』刊行を通じて」、会場：専修大学神田校舎）		
	6・1	関東大震災朝鮮人虐殺の国家責任を問う会、「関東大震災時の朝鮮人虐殺の真相究明を求める請願」署名活動を開始-12・31		
	6・8	関東大震災中国人受難者を追悼する実行委員会、東京亀戸で発足		
	6・15	関東大震災九〇周年記念行事実行委員会・第五回学習会実施（裵姈美「関東大震災時の朝鮮人留学生の動向」、藤田廣登「亀戸事件と多喜二」、会場：専修大学神田校舎）		
	6・15	「シンポジウム　関東大震災90年とアナキズム文学」（主催：日本社会文学会、会場：日本女子大学目白キャンパス）		
	6・19	関東朝鮮人虐殺事件問題解決のための国会討論会「虐殺、隠蔽、歪曲の九〇年、いま国家が乗り出さなければならない」（共同主催：国会　正しい歴史　教育のための議員の集い、国会　教育から希望を探す議員の集い、1923 韓日在日市民連帯、会場：韓国国会議員会館第二セミナー室）		
	6・29	「首都防災ウイーク関連企画　シンポジウム　建築家伊東忠太が東京都慰霊堂に遺したもの」（講師：村松伸、高野宏康、主催：公益社団法人日本建築家協会関東甲信越支部城東地域会、会場：東京都慰霊堂）		

7・2	韓国民間調査団、関東大震災時朝鮮人虐殺現場の現地調査を実施（千葉、埼玉、東京、神奈川）-7・6
7・13	展示「関東大震災から九〇年　あの時、東京は被災地だった」（消防博物館）-9・1
7・14	「講演　関東大震災と千葉　朝鮮人虐殺と地域の追悼・調査の取り組み」（講師：田中正敬、主催：定住外国人の人権を考える市川・浦安の会）
7・19	展示「関東大震災と横浜　廃墟から復興まで」（横浜都市発展記念館）-10・14
7・19	展示「被災者が語る関東大震災」（横浜開港資料館）-10・14
7・19	展示「レンズがとらえた震災復興～一九二三-一九二九」（横浜市史資料室）-10・14
7・19	展示「震災はどのように伝えられたか」（小田原市郷土文化館）-9・16
7・21	「出張読み聞かせ会　関東大震災被災者の手記」（共催：消防博物館・新宿歴史博物館、会場：新宿区立新宿歴史博物館）、7・27、8・4
8・5	展示「ふじさわの関東大震災」（藤沢市文書館）-9・27
8・5	展示「関東大震災90年記念　近現代大阪の地震」（大阪歴史博物館）-9・27
8・8	「関東大震災90周年「かくされていた歴史」を尋ねる旅」（主催：関東大震災朝鮮人虐殺追悼埼玉実行委員会）
8・11	「関東大震災の史跡を訪ねる出張ガイドバスツアー」（主催：消防博物館）、8・18、25
8・20	展示「災いを乗り越えた植物たちⅡ　関東大震災から90年　災い

7	辻野弥生『福田村事件　関東大震災知られざる悲劇』崙書房出版
	横浜都市発展記念館、横浜開港資料館編『関東大震災と横浜　廃墟から復興まで』横浜市ふるさと歴史財団
8	千葉県における関東大震災と朝鮮人犠牲者追悼・調査実行委員会編『関東大震災90周年　千葉のフィールドワーク』千葉県における関東大震災と朝鮮人犠牲者追悼・調査実行委員会
	上山昭博『関東大震災を予知した二人の男　大森房吉と今村明恒』産経新聞出版、日本工業新聞社（発売）
	石井正己『文豪たちの関東大震災体験記』小学

年	月日	関東大震災関連事項	月	主な著作
2013		を語り継ぐ植物たち」（東京都立神代植物公園）		館
	8・20	東京都復興記念館、常設展示をリニューアル		
	8・20	展示「蘇った九〇年前の震災絵画」（東京都復興記念館）-9・23		
	8・20	展示「子どもが見た関東大震災」（東京都復興記念館）-9・23		
	8・22	「関東大地震九〇年韓日学術会議　関東大地震と朝鮮人虐殺事件」（主催：東北亜歴史財団、会場：韓国ソウル市、東北亜歴史財団大会議室）-8・23		
	8・24	「記念集会　関東大震災九〇周年を迎え」（映画：『払い下げられた朝鮮人』、講演：呉充功、平形千恵子、会場：船橋勤労市民センター）		
	8・24	「関東大震災時朝鮮人虐殺九〇周年　お話と映画の会」（講師：西崎雅夫、映画『隠された爪跡』呉充功監督、会場：横浜中央ＹＭＣＡ）		
	8・24	「関東大震災九〇周年記念　第一六回平和教育研究交流会議」（主催：中国・山地の人々と交流する会、会場：横浜開港資料館）		
	8・25	展示「シミズが見た関東大震災」（清水建設株式会社技術研究所）-10・18		
	8・28	「関東大震災九〇周年記念シンポジウム　過去に学び、未来に備える」（主催：日本地震学会、会場：江戸東京博物館）		
	8・28	展示「関東大震災と松坂屋」（名古屋市博物館）-10・20		
	8・31	関東大震災九〇周年記念集会（会場：明治大学駿河台キャンパスリバティータワー）		
	8・31	「関東大震災九〇周年朝鮮人犠牲者慰霊祭」（主催：日朝友好連帯群馬県民会議・連合藤岡地協、会場：群馬・成道寺）		

8・31	展示「関東大震災九〇周年　墨田区域の被害・救援・慰霊」（すみだ郷土文化資料館）-11・17
8・31	展示「関東大震災から九〇年、清算されない過去　写真・絵・本からみる朝鮮人虐殺」（在日韓人歴史資料館）-12・28
9・1	「関東大震災九〇周年慰霊大法要」（主催：東京都慰霊協会、会場：東京都慰霊堂）
9・1	「関東大震災九〇周年朝鮮人犠牲者追悼式」（主催：9・1関東大震災朝鮮人犠牲者追悼式実行委員会、会場：東京・横網町公園）
9・1	「関東大震災時朝鮮人虐殺九〇周年　追悼の会」（主催：関東大震災時朝鮮人虐殺九〇周年神奈川実行委員会、会場：神奈川・久保山墓地）
9・1	「シンポジウム　関東大震災の災害教訓　東京・横浜の比較から」（講師：吉田律人、武村雅之、鈴木淳、会場：横浜市中央図書館）
9・1	展示「関東大震災」（横浜市中央図書館）-9・30
9・1	展示「摂政宮と関東大震災――宮内庁の記録から」（昭和天皇記念館）-12・1
9・1	「関東大震災九〇周年首都防災ウィーク」（主催：首都防災ウィーク実行委員会、会場：東京都立横網町公園）-9・8
9・1	「関東大震災九〇周年追悼の夜」（主催：墨田区復興支援プロジェクト「ガクツナ」、会場：東京都慰霊堂）
9・1	展示「関東大震災と鎌倉」（鎌倉市中央図書館）-9・10
9・1	展示「関東大震災と寒川」（寒川文書館）-'14・2・28
9・1	展示「災害史に学ぶ」（千代田町立山屋記念図書館）-9・29
9・4	「関東大震災九〇周年朝鮮人犠牲者追悼会」（主催：日朝協会埼玉県連合会、会場：埼玉・常泉寺）

9
首都防災ウイーク実行委員会編『関東大震災90周年　首都防災ウイーク』首都防災ウイーク実行委員会
横浜みなと博物館編『横浜港と関東大震災　震災からの復興』横浜みなと博物館
宮内庁編『摂政宮と関東大震災　宮内庁の記録から』（昭和天皇記念館・宮内庁宮内公文書館共催展示図録）宮内庁
井上公夫『関東大震災と土砂災害』古今書院
茅ヶ崎市史編集員会編『震災から90年　関東大震災を見直す』（茅ヶ崎市史ブックレット16）茅ヶ崎市

年	月日	関東大震災関連事項	月	主な著作
2013	9・7	「関東大震災九〇周年　韓国・朝鮮人犠牲者追悼式　ほうせんかの夕べ」（主催：「ほうせんかの夕べ」実行委員会、会場：東京・荒川河川敷）		
	9・7	「関東大震災九〇周年国際シンポジウム　関東大震災朝鮮人虐殺から九〇年、国家暴力と植民地主義を超えて」（共催：立命館大学コリア研究センター、独立記念館　韓国独立運動史研究所、会場：立命館大学衣笠キャンパス創思館カンファレンスルーム）		
	9・8	「亀戸事件九〇周年追悼会」（主催：亀戸事件追悼会実行委員会、会場：東京・赤門浄心寺）		
	9・8	「関東大震災で虐殺された中国人労働者を追悼する集い」（主催：関東大震災中国人受難者を追悼する会、会場：東京・韓国ＹＭＣＡ）		
	9・8	「関東大震災九〇周年記念シンポジウム　関東大震災から学ぶ他民族共生への道」（主催：川崎市教育文化会館・市民団体「川崎マウル」、会場：神奈川・川崎市教育文化会館）		
	9・8	「関東大震災九〇周年朝鮮人犠牲者追悼・慰霊祭」（主催：高津区・高津観音寺・萱田長福寺・千葉県における関東大震災と朝鮮人犠牲者追悼・調査実行委員会、会場：千葉・高津観音寺）		
	9・14	「講演会　関東大震災九〇周年・朝鮮人犠牲者追悼」（講演：西崎雅夫、平形千恵子、山本すみ子、会場：在日韓人歴史資料館）		
	9・16	「関東大震災を歩く　山手・山下コース」（主催：ＮＰＯ法人横浜シティガイド協会）、9・21		
	9・16	「大杉栄墓前祭・追悼集会」（主催：静岡県近代史研究会、会場：静岡市葵区沓谷霊園・静岡県総合社会福祉会館）		

9・21	「『関東大震災と土砂災害』出版記念講演会と横浜市内現地見学会～O・H・プールの逃避行ルートを歩く」（講師：井上公夫、相原延光、茅野光廣、会場：横浜YMCA会議室）
9・23	「関東大震災を歩く　南区コース」（主催：NPO法人横浜シティガイド協会）、9・28
9・28	「関東大震災九〇周年に向けての第二回学習会」（講演：田中正敬、主催：千葉県における関東大震災と朝鮮人犠牲者追悼・調査実行委員会、会場：船橋市勤労市民センター）
9・28	展示「横浜港と関東大震災　震災からの復興」（横浜みなと博物館）－11・17
10・5	関東大震災朝鮮人虐殺の国家責任を問う会・第九回学習会「東京の「破壊的教育改革」と都教委作成『江戸から東京へ』が描く歴史像の危険性」（講師：鈴木敏夫）
10・12	展示「関東大震災九〇年　市電と震災」（横浜市電保存館）－10・14
10・12	展示「関東大震災から九〇年　よみがえる被害と復興の記録」（湘南くじら館）－10・20
10・14	展示「震災と復興建築　大正時代の駒澤大学」（駒澤大学禅文化歴史博物館）－11・16
10・26	「平沢計七殉難九〇周年　記念の午後」（主催：西田勝・平和研究室、会場：江東区東大島文化センターAVホール）
10・26	「関東大震災から九〇年「帝都復興事業」再考　先人達の知恵とその継承」（主催：日本建築学会良質な建築ストック形成検討小委員会、帝都復興事業調査研究WG、会場：建築会館ホール）
11・2	「講演会　横浜の関東大震災を歩く　九〇年前の記憶をたどって」（主催：横浜みなと博物館、講師：武村雅之、会場：日本丸訓練セ

年	月日	関東大震災関連事項
		ンター）
2013	11・19	大韓民国国家記録院、関東大震災の犠牲者を含む名簿資料が駐日韓国大使館より発見されたことを発表
	11・24	「講演会　歴史に学ぶ防災論　関東大震災と神奈川県」（主催：寒川町企画制作部危機管理課、会場：寒川総合体育館）
	11・30	関東大震災朝鮮人虐殺の国家責任を問う会・第一〇回学習会「横浜フィールドワーク」（案内：今本陽子、山本すみ子）
2014	3・11	展示「歴史にみる震災」（国立歴史民俗博物館）-5・6
	4・6	「シンポジウム　歴史災害を伝える〝災害史〟展示の現状と課題」（主催：首都圏形成史研究会、会場：青山学院大学）
	4・12	「歴博講演会　関東大震災の記憶　震災後から九〇周年まで」（講師：高野宏康、会場：国立歴史民俗博物館）
	4・19	「第94回歴博フォーラム　歴史にみる震災」（主催：国立歴史民俗博物館、会場：国立歴史民俗博物館）
	5・21	関東大震災朝鮮人虐殺の国家責任を問う会・第五回院内集会「『朝鮮人虐殺の真相究明を求める請願』署名の提出と今後の展望」（衆議院第二議員会館）

年	月	主な著作
2014	3	国立歴史民俗博物館編『企画展図録　歴史にみる震災』国立歴史民俗博物館
		加藤直樹『九月、東京の路上で　1923年関東大震災ジェノサイドの残響』ころから
	4	島袋和幸『関東大震災・虐殺事件　秋田・三重・沖縄三県人虐殺〈検見川事件〉の真相』沖縄の軌跡
	5	山田昭次編『関東大震災朝鮮人虐殺裁判資料』（1 埼玉県関係、2 群馬県関係）緑蔭書房
	8	ジェニファー・ワイゼンフェルド著、篠儀直子訳『関東大震災の想像力　災害と復興の視覚文化論』青土社
	9	山田昭次『関東大震災時の朝鮮人迫害　全国各地での流言と朝鮮人虐待』創史社

※各地の追悼行事は基本的に毎年開催されているが、本書には八〇周年と九〇周年の取り組みを中心に収録した。

田中正敬（たなかまさたか）　あとがき

1965年生まれ。現在、専修大学文学部教授

主要業績・活動

田中正敬・専修大学関東大震災史研究会編『地域に学ぶ関東大震災――千葉県における朝鮮人虐殺 その解明・追悼はいかになされたか』（編著、日本経済評論社、2012年）「近年の関東大震災史研究の動向と課題――現在までの10年間を対象に」（関東大震災80周年記念行事実行委員会編『世界史としての関東大震災――アジア・国家・民衆』日本経済評論社、2004年）

「関東大震災時の朝鮮人虐殺とその犠牲者をめぐって」（専修大学人文科学研究所編『移動と定住の文化誌――人はなぜ移動するのか』彩流社、2011年）、など

宮川英一（みやがわひでかず）　編者、年表

1980年生まれ。現在、専修大学社会知性開発研究センター PD に所属

主要業績・活動

「奉天における朝鮮人の国籍をめぐる問題 一九二七年末の瀋陽県・新民県の事例分析」（『専修史学』第47号、2009年11月）、「『近きに在りて』総目録　第1～60号（1981-2011年）」（『近きに在りて――近現代中国をめぐる討論のひろば』第60号、2011年11月）

田中正敬・専修大学関東大震災史研究会編『地域に学ぶ関東大震災――千葉県における朝鮮人虐殺 その解明・追悼はいかになされたか』（共著、日本経済評論社、2012年）

本庄十喜（ほんじょうとき）　編者、ブックガイド、資料編

1980年生まれ。現在、北海道教育大学講師（札幌校）

主要業績・活動

山田朗編著『歴史認識問題の原点・東京裁判』（藏滿茂明と共著、学習の友社、2008年）

「日本社会の戦後補償運動と「加害者認識」の形成過程――広島における朝鮮人被爆者の「掘り起し」活動を中心に」歴史科学協議会編『歴史評論』校倉書房、2013年9月）

芹澤廣衛（せりざわひろえ）　ブックガイド

1945年生まれ。明治大学大学院文学研究科史学専攻考古学修士修了。

主要業績・活動

「関東大震災朝鮮人虐殺の国家責任を問う会」会員

「書籍紹介『九月、東京の路上で』（加藤直樹著、ころから、2014年）を読む」（『関東大震災朝鮮人虐殺の国家責任を問う会会報』第9号、2014年）

呉充功（おちゅんごん） 第11章

1955年生まれ。現在、ドキュメンタリー映画監督
主要業績・活動
映画『隠された爪跡――関東大震災と朝鮮人虐殺』（1983年）
映画『払い下げられた朝鮮人「関東大震災と習志野収容所」』（1986年）
短編映画『あぼぢとおもに』（1984年）

小薗崇明（こぞのたかあき） 編者、第12章、ブックガイド

1979年生まれ。現在、東京都慰霊協会・調査研究員
主要業績・活動
「関東大震災下に虐殺されたろう者とその後のろう教育」（『人民の歴史学』第194号、東京歴史科学研究会、2012年12月）
田中正敬・専修大学関東大震災史研究会編『地域に学ぶ関東大震災――千葉県における朝鮮人虐殺 その解明・追悼はいかになされたか』（共著、日本経済評論社、2012年）

裵姶美（べよんみ） 第13章

1976年生まれ。現在、立命館大学コリア研究センター専任研究員
主要業績・活動
「一九二〇年代の『内鮮融和』政策と在日朝鮮人留学生――寄宿舎事業を中心に」（『歴史評論』第729号、2011年）
在日朝鮮人資料叢書第6『在日朝鮮人留学生資料　全3巻』（編、緑陰書房、2012年）

飛矢﨑雅也（ひやざきまさや） 第14章

1974年生まれ。現在、明治大学政治経済学部講師
主要業績・活動
『大杉榮の思想形成と「個人主義」』（東信堂、2005年）
『現代に甦る大杉榮――自由の覚醒から生の拡充へ』（東信堂、2013年、日本臨床政治学会出版賞受賞）
『大杉栄と仲間たち 「近代思想」創刊100年』（共編著、ぱる出版、2013年）

藤田廣登（ふじたひろと） 第15章

1934年生まれ。現在、労働者教育協会理事
主要業績・活動
『時代の証言者――伊藤千代子』（学習の友社、2005年）
『小林多喜二とその盟友たち』（学習の友社、2007年）

東海林次男（とうかいりんつぐお） 第5章

1951年生まれ。現在、歴史教育者協議会常任委員
主要業績・活動
『平和を考える　戦争遺物』（汐文社、2013年）
『石碑と銅像で読む　近代日本の戦争』（共著、高文研、2007年）
『しらべる戦争遺跡の事典』正・続（共著、柏書房、2002年、2003年）

椎名則明（しいなのりあき） 第7章

1975年生まれ。
現在、下北沢成徳高等学校・日本工業大学駒場高等学校非常勤講師
日本大学文理学部人文科学研究所研究員
主要業績・活動
「近代日本における銅像建設と戦争」（山田朗編『【もの】から見る日本史　戦争Ⅱ——近代戦争の兵器と思想動員』青木書店、2006年3月）
「横浜市震災記念館と関東大震災の記憶」『研究紀要（日本大学文理学部人文科学研究所）』第83号、2012年3月）

鄭栄桓（ちょんよんふぁん） 第8章

1980年生まれ。現在、明治学院大学教養教育センター准教授
主要業績・活動
『朝鮮独立への隘路——在日朝鮮人の解放5年史』（法政大学出版局、2013年）
趙景達編『植民地朝鮮——その現実と解放への道』（共著、東京堂出版、2011年）

西崎雅夫（にしざきまさお） 第9章

1959年生まれ。現在、関東大震災時に虐殺された朝鮮人の遺骨を発掘し追悼する会、一般社団法人ほうせんか理事
主要業績・活動
『関東大震災時朝鮮人虐殺事件東京下町フィールドワーク資料』（2011年）
『関東大震災時朝鮮人虐殺事件東京フィールドワーク資料（下町以外編）』（2012年）

小笠原強（おがさわらつよし） 編者、第10章、ブックガイド、資料編

1979年生まれ。現在、専修大学文学部非常勤講師、愛知大学国際問題研究所客員研究員
主要業績・活動
『日中戦争期における汪精衛政権の政策展開と実態——水利政策の展開を中心に』（専修大学出版局、2014年）
「『周仏海日記』にみる対日和平論の変遷」（『専修史学』第48号、2010年）
田中正敬・専修大学関東大震災史研究会編『地域に学ぶ関東大震災——千葉県における朝鮮人虐殺 その解明・追悼はいかになされたか』（共著、日本経済評論社、2012年）

執筆者紹介

高野宏康（たかのひろやす） 編者、はしがき、第６章、ブックガイド

1974年生まれ。現在、小樽商科大学ビジネス創造センター地域経済研究部学術研究員。東京都復興記念館調査研究員。首都防災ウイーク実行委員。

主要業績・活動

「『震災の記憶』の変遷と展示――復興記念館および東京都慰霊堂保管・関東大震災関係資料を中心に」（『年報 非文字資料研究』第６号、2010年３月）

「東京都慰霊堂保管資料の整理と分類方法――関東大震災および「東京大空襲」関係資料について」（『年報 非文字資料研究』）第７号、2011年３月）

「東京都慰霊堂と復興記念館の関東大震災関連資料――その特徴と今後の課題」（『関東大震災90周年首都防災ウイーク』関東大震災90周年首都防災ウイーク実行委員会、2013年９月）

山田　朗（やまだあきら） 第１章

1956年生まれ。現在、明治大学平和教育登戸研究所資料館館長

主要業績・活動

『大元帥・昭和天皇』（新日本出版社、1994年）

『世界史の中の日露戦争』（吉川弘文館、2009年）

『日本は過去とどう向き合ってきたか』（高文研、2013年）

坂本　昇（さかもとのぼる） 第２章

1956年生まれ。現在、歴史教育者協議会副委員長　都立高校教諭

主要業績・活動

『近代農村社会運動の群像』（日本経済評論社、2001年）

『史料でたどる日本史辞典』（共著、東京堂出版、2012年）

米倉　勉（よねくらつとむ） 第３章

1957年生まれ。現在、弁護士（渋谷共同法律事務所）

主要業績・活動

金景錫氏・戦後補償請求事件（日本鋼管における朝鮮人労働者強制連行事件）

夏淑琴氏・損害賠償請求事件（南京虐殺事件に関する名誉毀損事件）

北原糸子（きたはらいとこ） 第４章

1939年生まれ。2014年３月まで、国立歴史民俗博物館客員教授

主要業績・活動

『関東大震災の社会史』（朝日新聞出版、2011年）

北原糸子編『写真集　関東大震災』（吉川弘文館、2010年）

関東大震災　記憶の継承
——歴史・地域・運動から現在を問う

2014年10月20日　　第1刷発行

編　者　関東大震災90周年記念行事実行委員会

発行者　栗　原　哲　也

発行所　株式会社　日本経済評論社
〒101-0051　東京都千代田区神田神保町3-2
電話　03-3230-1661　FAX　03-3265-2993
URL：http://www.nikkeihyo.co.jp/
印刷＊藤原印刷・製本＊高地製本所
装幀＊渡辺美知子

関東大震災　記憶の継承
——歴史・地域・運動から現在を問う
(オンデマンド版)

Digital Publishing

2023年9月1日 発行

編　者　関東大震災90周年記念行事実行委員会
発行者　柿﨑　均
発行所　株式会社 日本経済評論社
〒101-0062　東京都千代田区神田駿河台1-7-7
電話 03-5577-7286　FAX 03-5577-2803
E-mail: info8188@nikkeihyo.co.jp
URL: http://www.nikkeihyo.co.jp/

印刷・製本　株式会社 デジタルパブリッシングサービス
URL https://d-pub.sakura.ne.jp/

乱丁落丁はお取替えいたします。

Printed in Japan
ISBN978-4-8188-2342-6